Winter
Süffiger Single Malt für MacDonald

Frank Winter

Süffiger Single Malt für MacDonald

Schottland-Krimi mit Rezepten

Münster in Westfalen

Haftungsausschluss: Die Rezepte dieses Buchs wurden von Verlag und Herausgeber sorgfältig erwogen und geprüft. Dennoch kann eine Garantie nicht übernommen werden. Die Haftung des Verlags bzw. des Herausgebers für Personen-, Sach- und Vermögensschäden ist ausgeschlossen.

Frank Winter kennt Edinburgh und Schottland wie seine Westentasche. Immer wieder zieht es ihn in die urwüchsige schottische Landschaft, seine historischen Städte und zu den geheimnisvollen Seen. Gleich seinem Helden Angus MacDonald setzt er sich für die Küche des Landes ein. Sein Buch »Schottisch kochen« (erschienen im Verlag Die Werkstatt) wurde von der Gastronomischen Akademie Deutschlands mit einer Silbermedaille ausgezeichnet.

© 2018 Oktober Verlag, Roland Tauber
Am Hawerkamp 31, 48155 Münster
www.oktoberverlag.de
Alle Rechte vorbehalten

Satz und Umschlag: Thorsten Hartmann unter Verwendung eines Fotos von Kydroon / iStockphoto
Rezepte: Frank Winter
Druck: Books on Demand GmbH
In de Tarpen 42, 22848 Norderstedt

ISBN: 978-3-946938-41-5

Inhalt

Die Personen ... 7
Angus MacDonald verschluckt sich ... 11
Balmorals feine Whisky-Bar ... 27
Auchentoshan/Kilpatrick, Lowlands ... 43
Der Gourmet wird bedrängt ... 63
Fiese Gangster ... 79
Auktionsfieber in Edinburgh ... 97
Tony Wang tischt auf ... 117
Lukull ist zu Hause ... 139
Mister Witherspoons Unglück ... 167
Wangs wollen verreisen ... 185
Versteigerung außerhalb der Reihe ... 201
Der Gourmet lässt sich nicht in Bockshorn jagen ... 219
Emma Anderson geht aufs Ganze ... 243
Rezepte ... 249
   Haggis, Neeps and Tatties, neu betrachtet, Teil eins ... 251
   Haggis, Neeps and Tatties, neu betrachtet, Teil zwei ... 257
   Vegetarische schottische und orientalische Küche vereint ... 263
   Whisky-Cordials: fruchtige Whisky-Drinks ... 267
Whiskys für den alltäglichen Geldbeutel,
die Angus Thinnson MacDonald im Buch verköstigt ... 269
Glossar schottischer, britischer und whiskyhafter Begriffe ... 271
Thema Fake Whisky/Falscher Whisky ... 275

Die Personen

Angus Thinnson MacDonald
Unser Gourmet bekommt unerträglichen Whisky zu trinken und nimmt diesen Fehdehandschuh an, denn niemand peinigt ungestraft die Welt guten Essens und Trinkens!

Alberto Vitiello
Kommt MacDonalds bester Freund in die Wechseljahre oder ist sein erratisches Verhalten anders zu erklären? Steckt gar eine junge Frau dahinter?

Tony Wang
Liebling all derer, die ihn kennen. Der junge Mann aus begütertem Hause sammelt seltene Whiskys und liebt es, sie mit seinen Gästen zu teilen.

Larry Wang
Tony Wangs Bruder rückt MacDonald allzu häufig auf die Pelle.

Peter Gourlay
Der Whisky-Experte des renommierten Auktionshauses Drummonds legt Wert darauf, sich über seine Mitmenschen zu erheben und lebt auf großem Fuß.

Emma Anderson
Interessiert sich die ehemalige Drummonds-Mitarbeiterin und Expertin für gefälschte Whiskys ernsthaft für den Junggesellen Angus MacDonald?

Adam Witherspoon
Ein extrem reicher Privatier, entdeckt gefälschten Whisky in seiner Sammlung und gerät fast bühnenreif außer sich.

Kevin Wordie
Der Inhaber des Geschäftes Imperial Whiskys auf der Royal Mile scheint gesundheitliche Probleme zu haben.

Alastair Carnegie
Schottlands bester Master Blender aus Glasgow steht seinem Freund Angus mit gutem Rat zur Seite.

Signor Londero
Auch der italienische Restaurantinhaber und Geschäftsmann gibt für seltenen Whisky viel Geld aus.

... sowie weitere Personen in Edinburgh.

»Ich weiß nicht, ob Sie sich an das erste Mal erinnern, als Sie Whisky tranken und an den ungeheuren Schock für Ihre Nerven. In Schottland geschieht das in der Regel, wenn Kinder vier Jahre alt werden.«

Billy Connolly, schottischer Kabarettist und Schauspieler

Angus MacDonald verschluckt sich

»Niemals hätte ich gedacht, das von dir zu hören«, sagte Alberto Vitiello und drohte seinem Freund mit dem Zeigefinger, während er den Wasserfleck anstarrte.

MacDonald zog es vor, nicht mit unhöflicher Gestik adressiert zu werden, schwieg aber. In dieser Beziehung war der Italiener unbelehrbar. Auch nach Jahrzehnten in schottischer Emigration fuchtelte er gerne.

»Du willst also weder Haggis noch Whisky, Angus?«

Der große Gourmet verschränkte die Arme und schaukelte auf seinem Stuhl hin und her. »Nein und abermals nein!«

»Certo. Wenn Whisky solch einen komischen Namen hat, ist es nicht verwunderlich. Obbendobben!«

»A-u-c-h-e-n-t-o-s-h-a-n! Sprich: Okentoschen, ein Lowlander.«

»Einverstanden. Aber wieso isst du keinen Haggis mehr?«

»Ich frage mich, wem ich die letzten fünf Minuten mein Leid geklagt habe. Du kannst es kaum gewesen sein!«

»Nimm die Sache nicht so schwer. Ich hatte auch schon Wasserrohrbrüche. Ist alles nur menschlich.«

»Was bitte hat ein Rohrbruch Humanes an sich? Wie auch immer, ich saß gemütlich auf diesem Stuhl und arbeitete am Versöhnungsmenü für Karen …«

»Angus, ich zweifle, ob das mit deiner Hausärztin noch etwas wird. Ihr kennt euch schon so lange.«

»Da brate mir jemand einen Storch! Nun bekomme ich wieder romantische Tipps von Signor Vitiello! Ist es gestattet, fortzufahren?«

»Si, mach nur. Was willst du deiner Bekannten denn kochen?«

»Haggis, Neeps und Tatties, dekonstruiert. Weil Karen unser Nationalgericht nicht mag, habe ich mir gedacht, eine Kreation frei nach Ferran Adrià könnte ihr behagen. Kartoffelroulade mit

Haggisfüllung, dazu pikantes Rübengemüse und Karottenpickles. Das Rezept für Letzteres überließ mir Mister Dinwiddie.«

Alberto strich sich die Hand übers Kinn. »Hm, gar nicht übel.«

»Meinst du das ernst?«

»Si, Signore. Ferran Adrià hat verrückte Ideen und kulinarische Experimente bringen die Küche voran. Moment, ist deine Ärztin nicht Vegetarierin?«

»Karen hat sich zur Flexitarierin gewandelt.«

»Das heißt, sie isst hin und wieder Fleisch?«

»So ist es, und als Aperitif wollte ich zwölfjährigen Auchentoshan präsentieren. Er ist leicht und bekömmlich. Manche Menschen bezeichnen ihn gar als Ladies' Drink.«

»Willst du auch etwas über diesen Tokenhoschen schreiben?«

»Auchentoshan, sprich Okentoschen, und du musst das gar nicht so komisch sagen. Unsere Lowlander werden unterschätzt, und es wäre in der Tat nicht verkehrt, etwas Nettes über sie zu verfassen. Doch zurück zum Thema: Zunächst bemerkte ich das Unglück nicht so richtig.«

»Prego? Redest du über das geplatzte Wasserrohr?«

»No, vom Whisky! Durch meine Arbeit am Menü war ich abgelenkt. Mir dünkte dennoch, dass etwas nicht stimmte.«

»Fehltöne?«

»Der Scotch schmeckte nicht schlecht, nur anders … zu gewöhnlich. Das Original hat delikate Zitrusnoten, die völlig fehlen. Auch vermisste ich den Hauch von Nuss im Finish.«

»Es handelt sich also um eine Fälschung?«

»Jawohl, ein einfacher Blended Scotch, in zu kräftiger Farbe. Man hat wohl mit einer gehörigen Menge Farbstoff nachgeholfen.«

»Wo willst du jetzt wohnen?«, fragte Alberto und sah gebannt zum Eimer, der gleich überschwappte. Er an Angus' Stelle hätte sich um das häusliche Problem gekümmert und nicht um irgendeinen Whisky mit albernem Namen! »Du musst deine Küche und das darüber liegende Badezimmer evakuieren und ausziehen, bis die Handwerker alles repariert haben. Porca miseria, der Eimer ist voll!«

»Gut, dass ich vorgesorgt habe.« Angus bückte sich, zog unter dem Tisch ein zweites Behältnis hervor und tauschte es gegen das volle aus.

Vitiello ging in die Knie und schüttelte den Kopf. Wie erwartet, stand dort kein weiterer Eimer. Was wollte Angus unternehmen, wenn der Ernstfall eintrat? »Allora, ich meine, dass …«

»Braid Hills, Morningside Road.«

Alberto sah ihn hilflos an.

»So heißt das Hotel, in das ich ziehe, und bevor du dich beschwerst, weil ich nicht in der Villa Buongiorno nächtige: Erstens hättet ihr nach Aussage deiner lieben Frau nichts Adäquates für mich und zweitens gehört zum Braid Hills ein ausgezeichnetes Restaurant …«

»Als ob ich dir nicht hätte kochen können!«

»… und ein weiteres, das Buckstone's, befindet sich schräg gegenüber. Doch zurück zu unserem neuen Fall.«

»Wo hast du den Whisky gekauft? Parkplatz oder Pub?«

»Good Lord! Meine Spirituosen pflege ich immer noch in Fachgeschäften zu erwerben.«

Vitiello wurde erneut durch das Tropfwasser abgelenkt. »Angus, wann kommen denn die Handwerker?«

»Schwer zu sagen.«

»Typisch für das Land! Wie Könige lassen die Burschen sich bitten. Demokratie ist schön und gut. Aber nur, wenn sich alle Menschen an unsere Spielregeln halten.«

»Um ehrlich zu sein, habe ich noch niemanden angerufen.«

»Non posso credere! Das glaube ich nicht!« Der Italiener zückte sein mobiles Telefon und rannte aus der Küche.

»Er ist ein netter Kerl, doch immer so eilig«, informierte Angus die Decke. Vom Flur war Alberto zu hören: »So geht das nicht! Was bilden Sie sich ein?! Mein Freund muss leben können wie ein Mensch!«

Alberto bestand darauf, in den nächsten Supermarkt zu fahren und ein Kontingent an breiten Wannen zu kaufen, die er um den Küchentisch gruppierte. Er liebte es, als Detektiv zu arbeiten, aber handwerkliche Probleme zu lösen, war noch befriedigender für ihn. MacDonalds favorisierte Metiers hießen Kulinarik und Drinkologie, und so ließ er seinen Freund alleine, nicht sicher, ob das die noble schottische Art war. Doch niemand schadete ungestraft der Whisky-Welt! Die Flasche Auchentoshan hatte er bei Imperial Whiskys auf der Royal Mile erworben. Obwohl passionierter Gast städtischer Busse, stieg er, seiner Kalamität wegen unleidlich, in ein geräumiges, braunes Taxi. Der Fahrer setzte ihn in der Nähe des Geschäftes ab. Seine Aktenmappe mit dem Corpus Delicti unter den Arm geklemmt, schlenderte er durch die Fußgängerzone. Selbst im Winter mangelte es der Old Town nicht an Touristen aus aller Welt, die MacDonald gefällig benickte. Natürlich, wem würde die kopfsteingepflasterte Straße mit ihren historischen Gebäuden nicht gefallen? Fast ein Vierteljahrhundert zuvor hatte Kevin Wordie Imperial Whiskys eröffnet, und nie hatte MacDonald etwas zu beanstanden gehabt. Als er den Laden betrat und die dunkelbraunen Holzregale mit Whiskys und einer Auswahl an schottischen Bieren erblickte, besserte sich seine Laune. Ein junger Mann mit modischem Hipsterbart und Koteletten trat ihm in den Weg. In seinem Alter hätte er nicht so tiefe Stirnfalten haben dürfen. Das Gesicht dagegen war glatt und ohne Makel. Ob hier mit Nervengas nachgeholfen worden war? Zu viele Menschen hingen heutzutage einem narzisstischen Körperkult an.

»Kann ich Ihnen helfen, Sir?«

»Seien Sie gegrüßt, junger Mann. Würden Sie bitte Kevin sagen, dass ich hier bin? Mein Name ist Angus MacDonald.«

»So, Mister Wordie wollen Sie? Gibt's einen Termin?«

»Ich darf Ihnen versichern, dass so etwas in den vergangenen 25 Jahren nicht notwendig war.«

»Wir sind sehr beschäftigt!«

»MacDonald sah sich im Laden um. Außer ihm waren nur zwei Kunden zugegen. »Verraten Sie mir Ihren Namen?«

»Somerled. Das kommt aus dem Altnordischen und bedeutet ...«

»Sommerwanderer, von Sumarlioi abgeleitet. Es war der Name des ersten *Lord of the Isles*, dem Gründer der Clans MacDonald und MacDougall.« Zumindest eine Sache hatten sie gemeinsam!

Somerled starrte ihn grimmig an.

»Trifft das nicht zu?«

»Doch, alles in Ordnung, aber Kevin Wordie hat keine Zeit!«

»Schön, dann erzähle ich Ihnen von dem grauenhaften Trunk, der mir hier als Auchentoshan über die Theke gereicht wurde.« MacDonald zog die Flasche aus der Tasche. »Dieses Konstrukt stammt nicht aus den Lowlands!«

Als die anderen Kunden zu Somerled blickten, wurde er nervös. »Ich werde sehen, was ich tun kann, Mister …«

»MacDonald!«

Der Verkäufer kniff sich mit Daumen und Zeigefinger die Nase. »Bin gleich zurück.«

»Gut, ich warte hier.«

»Könnten Sie die Flasche …?«

MacDonald nickte und verstaute den Lowlander wieder in seiner Mappe. Während der junge Mann weg war, sah er sich im Geschäft um, konnte aber keinen Auchentoshan ausfindig machen. Ob Wordie von dem Problem wusste und deshalb nichts nachbestellt hatte?

»Potzblitz, wenn das nicht mein Freund Angus ist!«

MacDonald drehte sich um und war entsetzt, wie schlecht der Ladenbesitzer aussah, aufgeschwemmt, mit dicken Tränensäcken unter den Augen. »Kevin, schön, dich zu sehen. Bist du wohlauf?«

»Tadellos, Angus, und du?«

War Wordie geschrumpft? Mit knapp fünfzig Jahren? »Ich kann nicht klagen, was bezüglich der Flasche …«

»Pst!«, sagte Wordie nachdrücklich. »Lass uns in mein Büro gehen.«

»Bitte, wenn das gewünscht wird.« Zisch- und Brummlaute hatten in menschlicher Verständigung seit dem Ende der Höhlenzeit nichts zu suchen!

Der altersschwache Schreibtisch im Büro würde unter seiner Last, unzähligen, schiefen Papierstapeln, bald kapitulieren. Von einer geordneten Registratur hielt man bei Imperial Whiskys wohl nicht mehr viel. Dringendste Aufgabe einer Reinigungskraft: Wände von flaumigen Spinnennetzen und Schriftstücke von respektablen Staubschichten befreien.

»Ich komme im Moment einfach nicht zum Aufräumen«, sagte Wordie mit hängenden Schultern und setzte sich auf einen Holzstuhl hinter dem Sekretär. »Nimm doch bitte Platz, Angus.«

MacDonald konnte keine weitere Sitzgelegenheit ausmachen. »Ich will nicht wählerisch sein, doch wo genau soll ich mich niederlassen?«

Der Ladenbesitzer schien wie aus einer Trance zu erwachen. »Oh, entschuldige bitte. Ich bin etwas zerstreut.« Sein linker Arm schnellte in die Luft.

»Kevin, falls du, äh, gesundheitliche Probleme hast, kann ich dir eine gute Ärztin empfehlen.«

»Nein, wird nicht nötig sein, muss nur mal ausschlafen.«

»Bist du sicher?«

»Jaja. Was kann ich für dich tun?« Wordie versuchte zu lächeln, wobei sein Mund außer Kontrolle geriet und bizarre Kreise drehte.

Ob der Mann vergessen hatte, seine Medizin einzunehmen? Danach zu fragen, wäre nicht gentlemanmäßig gewesen. Behutsam zog MacDonald die Flasche aus der Aktenmappe. »Diesen Zwölfjährigen kaufte ich kürzlich bei dir.«

»Hat er geschmeckt?«, fragte Wordie und blickte auf einen fragilen Papierstapel.

»Langweile ich dich mit meinem Geplapper?«

»Im Gegenteil!«, antwortete der Shop-Besitzer fast quiekend. »Du hast etwas zu beanstanden?«

»Ist dir aufgefallen, wie kräftig die Farbe ist?«

»Ohne dir widersprechen zu wollen, das alleine ist …«

»Du kannst gerne probieren!«, unterbrach MacDonald ihn. »Nimm doch bitte einen tüchtigen Schluck.«

Wordie zog den Mund ein und sah wieder nicht sehr intelligent aus. »Wird nicht nötig sein. Möchtest du eine neue Flasche oder lieber das Geld zurück?«

»Mit einem anderen Whisky wäre ich wohl am besten bedient.«

»Ja, mit Vergnügen. Wenn sonst nichts ist … mein Stellvertreter hilft dir gerne.«

»Der junge Mann mit der exaltierten Haarpracht im Gesicht? Großartig, aber eine Frage hätte ich noch. Woher hast du …«

Wordie schnappte sich ein brummendes Mobiltelefon und streckte die Hand in MacDonalds Richtung, ohne ihn anzusehen. Ebenfalls eine Geste, die der Gourmet verschmähte! Warum musste jedwede direkte Konversation zu Gunsten tragbarer Telefone unterbrochen werden!

Hitzköpfig und mit einer Flasche zwölfjährigem Glen Garioch stieg MacDonald in ein Taxi, das ihm im Schritttempo gefolgt war. »Gepanschten Whisky veräußern und dann sachdienliche Auskünfte verweigern! Wo kommen wir da hin!«

»Unser Ziel, Sir?«, fragte der Fahrer und drehte den Kopf halb zu ihm, ein kleiner Mann mit grauem Haarkranz und Mütze.

»Zum Braid Hills, bitte.«

»South Morningside Road. Okay, Sir, wird gemacht. Schöner Tag heute, nicht wahr?«

MacDonald nickte. Wordie hatte ihn zwar verärgert, aber es ziemte sich nicht, Fremden Intimes mitzuteilen. Am Verdächtigsten wirkte dieser Assistent. Beim Übergeben der neuen Whiskyflasche trieb er die Unhöflichkeit auf die Spitze, schaute ihn, als zwei bildhübsche, junge Französinnen den Laden betraten, kaum noch an! »Kennen Sie Imperial Whiskys, mein Herr?«, fragte er den Taxifahrer.

»Sie meinen den Laden, in dem Sie gerade waren?«

»Genau.«

»Wie es aussieht, ist es ein gutes Sortiment. Hab kein Problem damit, die Jungs zu empfehlen.«

»Kommt das häufig vor?«

»Ay?«

»Werden Sie von Touristen nach Whisky-Läden gefragt?«

»Jaja, klar.«

»Kaufen Sie selbst dort ein?«

»Ich bin kein großer Whisky-Trinker. Mehr so Bier und Gin.«

»Woher wissen Sie dann, dass das Geschäft gut sortiert ist, wenn ich fragen darf?«

»Mein, äh, Schwager kennt sich mit Whisky aus. Kaum Verkehr heute. Gleich sind wir da.«

Abrupter Themenwechsel! Zudem waren sie noch über eine Meile entfernt.

»Bleiben Sie länger im Braid Hills?«

»Weshalb wollen Sie das wissen?«, fragte MacDonald, skeptisch werdend.

»Ich würde Ihnen gerne meine Visitenkarte geben.«

»Ja, gerne. Normalerweise bringe ich hier nur Gäste von außerhalb unter. Für mich ist es das erste Mal.«

Der Fahrer fuhr den Berg hoch und hielt direkt vor dem Hoteleingang. MacDonald stöhnte.

»Stimmt was nicht, Sir?«

»Alles in bester Ordnung. Ich hatte nur vergessen, wie schön es hier ist.«

Nie war der Ausspruch »My home is my castle« treffender als bei diesem heimeligen, dreistöckigen Hotel aus unverputzten Backsteinen, mit seinen vielen Türmchen, Dachfenstern und Vorsprüngen.

»Brauchen Sie eine Quittung?«

»Bitte, wenn es möglich wäre.«

Der Fahrer reichte ihm den Beleg und seine Visitenkarte. »Darf ich Sie noch etwas fragen, Sir?«

»Sehr gerne.«

»Mir fällt auf, dass Sie kein Gepäck haben …«

»Gebrochener Kaffeefilter! Wie konnte ich das vergessen? Bringen Sie mich nach Dean Village.«

»Zum anderen Ende der Stadt?«

Es war nicht nötig zu grinsen, weil er sich einen weiteren Batzen verdiente!

Alberto stand vor seinem Haus, neben ihm ein Klempner in blauem Overall und mit rotem Irokesen-Haarschnitt! »So, das wären dann genau 17 Pfund, Sir«, meinte der Taxifahrer.

MacDonald wischte ein Staubkörnchen von der Hose. Wie erwartet! »Hier, bitte.«

Der Taxifahrer nickte, ließ MacDonald aussteigen und raste davon.

»Guten Tag, oh Sir!«, rief der Indianer-Handwerker unbändig laut.

»Auch Ihnen einen schönen Tag.« Durfte man sich der lauen Hoffnung hingeben, dass der Herr trotz Kostümierung sein Metier verstand?

»Oh, auf Wiedersehen, Sir«, sagte der Irokese, stieg in seinen Pick-up und donnerte ebenfalls die Straße hoch.

MacDonald wollte Alberto nicht auf seltsame Haarpracht und schnelle Abreise hinweisen, denn das würde unweigerlich zu einem Lamento über die mangelnde Moral zeitgenössischer Handwerker führen und dass man glücklich sein könne, wenn überhaupt jemand aufkreuzte!

»Bevor ich dir alles erkläre, Angus, musst du mir sagen, ob Dougal Dinwiddie friedlich ist.«[1]

»Es spielt keine Rolle, da ...«

»Ich schicke dir keinen guten Handwerker, damit er dann von einem wandelnden Bettlaken rausgeekelt wird!«

»... Mister Dinwiddie für zwei Monate nach Indien gefahren ist.«

»Ich dachte, Gespenster fliegen?«

»Wie auch immer, Angst muss der Indianer keine haben.«

»Angus, hör mir genau zu, es ist sehr einfach. Er fängt übermorgen früh um acht Uhr an. Heute und morgen gibt es noch einen anderen Auftrag, und das Wasser in deinem Haus ist abgestellt.«

---

[1] Alberto spielt hier auf MacDonalds Hausgast in »Currys für Connaisseure« an, das Gespenst Dougal Dinwiddie.

»Auch das noch!«

»Bist du von allen guten Geistern verlassen?« Alberto sah ihn wütend an. »Wie soll der Mann sonst arbeiten und weiterer Wasserschaden vermieden werden?«

»Ich habe mich für meine unprofessionelle Äußerung zu entschuldigen. Die Geschichte mit dem falschen Auchentoshan macht mich unleidlich.«

»Sisi, aber ein defektes Wasserrohr kann lebensgefährlich werden! Kommst du vom Whisky-Laden?«

»So ist es.« Vom Umweg über das Hotel würde er ihm keinesfalls erzählen. Der Rügen wegen seiner angeblichen Unbeholfenheit im Alltag waren heute bereits genug.

»Hast du unterwegs ein bisschen getrunken?«

»Nein!«

»Ich frage nur, weil Whisky aus deinem Täschchen ragt.«

MacDonald fuhr mit Daumen und Zeigefinger über den Flaschenhals. Irgendetwas daran störte ihn. »Diese Flasche Glen Garioch habe ich als Ersatz für den falschen Lowlander erhalten.«

»Am besten gibst du mir einen Hausschlüssel, damit ich alles beaufsichtigen kann. Du wirst in den Bergen wohnen, und für mich ist dein Haus von Fountainbridge aus besser zu erreichen.«

»Vielen Dank. Kann ich dir kurz von unserem neuen Fall erzählen?«, fragte Angus.

»Wenn es unbedingt sein muss, gehe ich kurz mit dir ins Haus. Eine Sache für kulinarische Detektive kann ich nicht sehen. Mister MacCracken denkt das auch.«

»Ein Bekannter von dir?«

»No! Dein Klempner!«

»Was zum Milchmann hat er damit zu tun?«

»Detektive und Journalisten sollten niemals voreingenommen sein und alle möglichen Quellen zu Rate ziehen.«

»Sagt wer?«

»Angus Thinnson MacDonald, der Erste«, antwortete Vitiello und verbeugte sich. »MacCracken schätzt einen guten Whisky und meint, Fälschungen gibt es häufiger, als man annimmt. Die werden aber in Pubs verkauft.«

»Wie interessant. Kann der Herr auch etwas zu Imperial Whiskys sagen?«

»Eher weniger.«

»Wo kauft er seinen Whisky?«

»Im Supermarkt.«

»Wunderbar! Da bin ich froh, dass uns unter die Arme gegriffen wird. Kennen wir MacCrackens liebsten Pub?«

»*Bow Bar*.«

»In der Old Town? Unmöglich. Ich kenne die Lokalität. Sie haben ein hervorragendes Sortiment an Whiskys und Bieren. Wie hast du diesen MacCracken überhaupt so schnell ausfindig gemacht?«

»Traf ihn im Baumarkt.«

»Welch bemerkenswerter Zufall.« MacDonald betastete erneut den Flaschenhals. »Mir ist nach einer schönen Tasse Tee. Lass uns hineingehen. Ich erzähle dir, was ich im Whisky-Shop erlebt habe. Danach werde ich meine Koffer packen.« Angus führte seinen Freund in die Küche. Als er den Wasserhahn aufdrehte und sich nichts tat, lachte der Italiener laut auf. »Ich habe dir doch gesagt, dass wir die Wasserzufuhr abgestellt haben.«

»Schön, dann gibt es eben keinen Tee!«

Vitiello öffnete den Verschlag unter der Spüle und reichte ihm zwei Wasserflaschen. »Du kennst mein Motto: Gut organisiert lässt sich jede Krise meistern.«

Bei mehreren Tassen chinesischen Oolong-Tees informierte MacDonald seinen Co-Detektiv.

»Hm, ich finde, wir sollten zuerst im Pub ermitteln«, sagte Alberto.

»Aufgrund des Hinweises vom Native-American-Handwerker, den ich heute zum ersten Mal in meinem Leben sah?«

»Ich habe eine starke Ahnung.«

»Bald werden wir noch aus Kaffeesatz lesen.«

»Trinken Indianer Kaffee?«

»Nur in romantischen Hollywoodfilmen. Apropos, sehr pittoresk ist die Auchentoshan-Destillerie, mein Freund.«

Alberto grinste. »Früher oder später wirst du also hinfahren müssen? Wer ist der Besitzer?«

»Beam-Suntory.«

»Da haben wir es! Du weißt, welch schlechte Erfahrungen ich mit Japanern in meinem Guest House gemacht habe.«[2]

»Ich sehe keine Verbindung zu unserem Fall.«

»Entsetzlich war das mit denen und ihren kampflustigen Klosett-Reinigern. Die chemische Reaktion in der Schüssel vergesse ich meinen Lebtag nicht!«

»Alberto!«

»Sisi.« Vitiello sah ihn wie ein kleiner Junge an, der warmen Kuchen vom Blech stibitzt hatte.

»Wenn du keine Fragen mehr hast, werde ich die Koffer bestücken. Du erinnerst dich noch, wo das Futter für Sir Robert steht?«

»Mach dir keine Sorgen, ich kümmere mich um deinen Edelkater, werde ihn füttern und ausgiebig kraulen. Aber jetzt muss ich mich auf den Weg machen. Heute reisen neue Gäste an.«

»Hättest du morgen Zeit?«

»Wofür denn, bitte?«

»Um Imperial Whiskys zu observieren.«

»Geh du mal lieber alleine. Zwei Mann braucht es dazu nicht.«

MacDonald nickte und verabschiedete Vitiello freundlich, obwohl er sich über sein seltsames Verhalten wunderte. Dass er sich bei jedem neuen Fall ein wenig zierte, war Usus. Aber befederte Klempner als Kronzeugen vorzuschieben, um zu schwänzen, war neu. Er spülte das Geschirr mit dem restlichen Wasser aus den Flaschen, ging nach oben und packte Kleidung und Bücher für zwei Wochen ein. Seine Koffer schleppte er zum VW Käfer und hievte sie in den Kofferraum. Wehmütig sah er sein geliebtes Dean Village im Rückspiegel verschwinden. Wenigstens hatte sich der Verkehr auf der Morningside Road gelegt. In weniger als 15 Minuten stand er vor der Eingangstür des Hotels, die sich automatisch in seine Richtung öffnete.

---

[2] Vitiello bezieht sich auf »Dicke Luft in der Küche«, das zweite Abenteuer unserer beiden Detektive.

Das Braid Hills erfüllte all seine Wünsche an ein Hotel, war gemütlich und zugleich elegant eingerichtet. Dem Himmel war es gedankt, dass weder Sauna, Schwimmbad, Wellnessoasen und die entsprechende Kundschaft vorhanden waren. Nur weil diese überflüssigen Einrichtungen fehlten, trug das Braid Hills keine fünf Sterne. Zunächst trat man in einen kleinen Vorraum, der an einen Wintergarten erinnerte. Innen fiel dann die gemütliche Telefonzelle auf, die den Computer mit Internetanschluss beherbergte. Zur Linken drei mal vier gemütliche Ohrensessel und gegenüber die Empfangstheke aus dunkelbraunem Holz. Eine nette junge Frau begrüßte ihn im melodischen Sprachgesang der Iren. Auf MacDonald wirkte dieser wie Musik und er hätte ihr auf Wunsch mindestens zwei Waschmaschinen abgekauft. »Zimmer 326, Mister MacDonald«, sagte sie und reichte ihm das Heftchen mit dem Scheckkarten-Schlüssel. »Brauchen Sie Hilfe mit Ihrem Gepäck?«

MacDonald wollte der hübschen jungen Frau nicht als Schwächling erscheinen. »Meine Koffer sind zwar nicht sehr schwer, doch etwas unhandlich.«

»Natürlich, einen Moment, bitte.« Sie griff zum Telefonhörer und tippte eine hausinterne Nummer ein. Ein hinkender, junger Mann tauchte auf, halb so groß wie er. Wie sollte er diesem Dilemma entkommen? Ohne ihn zu beleidigen, konnte er dem Hotelangestellten schwerlich vorschlagen, das Gepäck selbst zu tragen. Wohin war er nun entschwunden? MacDonald drehte sich um, sah den Pagen seine beiden Koffer aus dem Käfer wuchten und die leichte Anhöhe zum Eingang hochrennen, so schnell, dass er beinahe mit der automatischen Tür kollidierte, durch die Lobby und die Treppen hoch. MacDonald schleppte sich hinterher und kam bereits im nächsten Stockwerk außer Atem. Vom langen Korridor mit dem dicken Teppich und den Ölporträts schottischer Berühmtheiten wie Bonnie Prince Charlie, Walter Scott, Robert Burns und Mary, Queen of Scots, war er aber sehr angetan und, sich keuchend seinem Zimmer nähernd, kam der junge Mann ihm auch bereits entgegen. »Habe Ihr Gepäck ins Zimmer gebracht, Sir.«

»Das dachte ich mir«, sagte MacDonald und reichte ihm diskret eine mehrfach gefaltete Fünf-Pfund-Note.

»Oh, vielen Dank, Sir. Wenn Sie während Ihres Aufenthaltes etwas benötigen, eine spezielle Flasche Whisky vielleicht ...«

»Darf ich fragen, wie Sie darauf kommen?«

Der Page deutete auf MacDonalds Aktenmappe. »Glen Garioch. Nicht jeder kennt diesen Highland Malt.«

»Hm, da haben Sie Recht. Sie interessieren sich für Whisky?«

»Nur so ein bisschen. Ein Verwandter von mir hat ... ich will Sie nicht länger aufhalten, Sir. Wünsche eine schöne Zeit im Braid Hills.«

MacDonalds Zimmer war von angenehmer Größe, kein Riesenraum, in dem man sich verlor, aber auch nicht zu klein. Ein kleiner Vorraum trennte es vom Badezimmer, das fast so geräumig wie das Zimmer war. Durch drei schmucke Panoramafenster in jedem Raum bot sich ein prächtiger Ausblick. Auf der anderen Seite der Straße, über die seine geliebte Bus-Linie Elf fuhr, befand sich der Braidburn Valley Park. Darüber erhoben sich schmucke, kleine Häuser. Robert Louis Stevenson marschierte zwei Jahrhunderte zuvor von der City über den Park nach Hause, zum Swanston Cottage. Zur Linken konnte MacDonald die Braid Hills sehen, und zur Rechten war in der Ferne das Meer auszumachen. Wie konnte man dieses Spektakel noch steigern? Er zog kurzentschlossen Mister Glen Garioch aus seiner Mappe und entfernte die Plastik-Ummantelung vom Flaschenhals. Verdächtig leicht ging das vonstatten. Er schenkte zwei Schlückchen Whisky in ein Nosing-Glas, nippte daran und beließ ihn, den zwölf Lebensjahren entsprechend, ein Dutzend Sekunden im Mund, über der Zunge, darunter, links, rechts, bis er zu brüllen begann: »Krakelendes Moorhuhn! Das darf doch nicht wahr sein!«

*»Mein Gott, ich mag den Geschmack von Whisky so sehr, dass
ich mitunter denke, ich sollte Igor Strawhisky heißen.«*

Igor Strawinsky (1882-1971), Komponist

Balmorals feine Whisky-Bar

MacDonald schlief unruhig. Alpträume wechselten sich ab, und am Morgen war er froh, aufstehen zu können. Neben seinem Kopfkissen lag ein Zettel, auf dem groß »Karen« stand. Er wollte seine Herzensdame bereits am Abend anrufen und ihr den Menüvorschlag präsentieren, doch nach dem flüssigen Schock verließ ihn die Stimmung. Er nahm den vermeintlichen Glen Garioch und brachte ihn außer Sicht im Schrank unter. Nach einem gemütlichen Vollbad begab er sich nach unten, in den Frühstücksraum. »Nummer 326«, informierte er den langen Gentleman in weißem Hemd und schwarzer Hose, der hinter der Theke stand. Die anderen Angestellten traten ganz in schwarz auf. Er musste der Chef sein. »Sie haben freie Tischwahl, Sir.«

Ein Nordire, dachte MacDonald. Die grüne Insel war gut vertreten.

»Tee oder Kaffee, Sir?«

»Tee, bitte.«

Der Mann nickte und schritt mit riesigen Schritten in die Küche. MacDonald ging zu seinem Tisch. Hohe, schlanke, mit Leder bezogene Holzstühle standen an dunkelbraunen Tischen. Durch zwei bodenlange, karierte Vorhänge wurde der lange Raum geteilt. MacDonald verstaute seine Aktenmappe auf der Fensterbank, ging in den Nebenraum und holte sich am Buffet Müsli und Orangensaft. Auf dem Tisch dampfte aus einem Kännchen sein Tee. Hätte der Oberkellner nicht an ihm vorbeikommen müssen? Ein Brummen in seiner Tasche lenkte ihn ab. »Angus Thinnson MacDonald. Alberto, schön, dass du anrufst. Ich muss dir dringend etwas erzählen.« Als er mit seiner Glen-Garioch-Story zu Ende war, blickte er sich im Raum um. Ein kleiner Mann asiatischer Provenienz kippte ruckartig den Kopf nach unten. Der Bursche hatte seine Konversation belauscht! Lustlos beendete MacDonald sein Müsli und holte sich nur Eier und Speck. Als er zurückkam, waren sowohl Oberkellner als auch Beobachter verschwunden. Was für ein komischer Morgen. Er ging in sein Zimmer, putzte sich die Zähne und verbrachte die nächsten Stunden damit, an den neuen Rezepten zu feilen. Falls Karen seine fleischlichen Versöhnungsmenüs nicht zusagten, würde er sich mit einer Kreuzung zwischen schottischem und orientalischem Essen lieb Kind machen. Feuriger Rote-Bete-Salat, Gerstentopf und süßsauer eingelegter Kürbis.

Gegen halb zehn wandelte er die enge, steinerne Treppe nach unten, zur Straße. Die Linie Elf fuhr um diese Uhrzeit sehr häufig und so musste er nicht lange auf den nächsten Doppeldecker warten. Er schob seine Karte über den elektronischen Scanner, bedankte sich beim Fahrer und setzte sich in den vorderen Bereich. Die Morningside Road war schon immer eine seiner liebsten Straßen in Edinburgh. All die vielen kleinen Geschäfte bewiesen, dass sich mit einem treuen Kundenstamm eine Existenz abseits von Ladenketten führen ließ. Er fuhr bis zur Princess Street, nahm von dort ein Taxi in die Old Town und ging noch einige Meter zu Fuß, um etwas für seine Gesundheit zu tun. Was er von weitem sah, als er sich Imperial Whiskys näherte, konnte nicht wahr sein! Somerled, der komische Stellvertreter, schloss die Tür ab und drehte das Schild mit dem Hinweis »Sorry, we are closed« nach außen. Angesichts der Tatsache, dass sie in fünf Minuten öffnen sollten, war das bodenlos! Dann streckte der Kerl auch noch den Daumen nach unten! Was bildete er sich ein, nach zwei Flaschen Fusel! So einfach käme er ihm nicht davon. Wenn er vor der Tür stehen blieb, erschiene niemand. Auf der anderen Straßenseite würden sie aber nicht merken, dass er observierte. Er musste nur noch für eine gute Verkleidung sorgen. In einem der Touristengeschäfte wurde er fündig: ein Schlapphut mit angenähter, roter Perücke und ein Schal im Royal-Stewart-Tartan aus Polyacryl sollten genügen. Seine Mappe steckte er in eine große Plastiktüte und fertig war der Zwei-Tage-Stadtbesucher. Etwa dreißig Minuten später riss ein Mann in Tour-de-France-Montur die Ladentür auf, Sturzhelm auf dem Kopf und Rad auf dem Rücken. Der unhöfliche Verkäufer! »Hallo, Sie da!«, rief MacDonald laut und eilte über die Straße. Als Somerled ihn ausmachte, sprang er aufs Rad und strampelte davon, mit der Linken abermals den Daumen nach unten richtend. Auch ein schlankerer Mensch hätte den Mann nicht stellen können. MacDonald klopfte an die Tür und rief nach dem Besitzer. »Kevin Wordie, bitte für ein klärendes Gespräch erscheinen.« Im Geschäft fiel eine Flasche auf den Boden. Ob Wordie seine falschen Whiskys zerstörte? Er konnte ihn leise wimmern hören. Was hatte der Mann bloß? Am besten warten, bis er ebenfalls das Geschäft verließ. Doch war nicht gesagt, wie das vonstattengehen würde. Wordie kam vielleicht auf einer Kanonenkugel geflogen! Nein, da ging er lieber zum Coffee-Shop in der Blackwell's-Buchhandlung und trank eine schöne Tasse Kaffee. Über drei Scones kam die Mittagszeit und er schlenderte ins Kebab Mahal am Nicholson Square, um seinen gewohnten Imbiss zu nehmen: Chicken Curry mit Cashewnüssen, Reis und Naan. Um sich eines Völlegefühls zu entledigen, würde ein Spaziergang hilfreich sein, in die Whisky-Bar des Balmoral Hotel, für weitere Ermittlungen …

Im Jahr 1902 unter dem Namen North British Station Hotel eröffnet und direkt am Waverley-Bahnhof gelegen, war das Balmoral der Inbegriff eines gediegenen Etablissements. Wie eine Burg ruhte es in der Stadt. Nicht zufällig war Balmoral das gälische Wort für majestätisches Gebäude. Etwa 460 Scotch Whiskys, und nur solche, konnten in der Whisky-Bar verköstigt werden, denn niemand reiste nach Edinburgh, um Bourbon zu trinken. Gordon and MacPhail, der Händler und Abfüller von raren Whiskys, hatte bei der Bestückung der Bar geholfen. Alle 122 Malt-Destillerien waren vertreten. Es gab Whiskys zu einem Betrag in dreistelliger Höhe und Flaschen für 8.000 Pfund, etwa einen Benromach, Jahrgang 1970. Doch auch für wenige Pfund konnte man ein Gläschen trinken. Natürlich versuchte keiner der drei Whisky-Botschafter, so hießen die versierten Barkeeper, Gäste reinzulegen. Man war bemüht, im Zwiegespräch ein passendes Tröpfchen zu finden. Zwischen 35 und 40 Flaschen sehr alter Scotch wurden offeriert, von stillgelegten Destillerien wie Port Ellen, Rosebank oder Little Mill. Die Whisky-Botschafter, alle sehr nett, teilten sich die Bar. Da die meisten Gäste aus dem Hotel stammten und sich nicht zwangsweise mit Scotch auskannten, waren die Herren immer erfreut, MacDonald zu sehen. Der wiederum hoffte, den Jüngsten von ihnen anzutreffen. Es war beeindruckend, wie gut der Herr sich bereits mit Scotch Whisky auskannte. Als der Gourmet das Hotel betrat, bereute er es fast, sich nicht hier einquartiert zu haben: Eine von seinen Eltern tradierte Vorsicht im Umgang mit Geld hatte ihn davon abgehalten. An der Rezeption fiel ihm ein Mann auf, der mindestens 2,20 Meter groß war, karierte Hose und Gehrock trug. Gehörte er zum Personal? MacDonald sah durch die Glastür in die Bar. Blitzblank poliertes Parkett aus Kiefernholz, eine Theke aus Kirschbaum, davor schwarze Hocker mit schwarzweißem Schaffell, die Bar dreigeteilt mit einem dunkelbraunen Regal in der Mitte. Links und rechts davon standen in beleuchteten Glasschränken Whisky-Flaschen. Sein favorisierter Botschafter war zugegen und bislang noch ohne Gäste. Da ließ es sich gut plauschen. Der junge Mann polierte Gläser und lächelte ihm zu. »Mister MacDonald, wie schön, Sie zu sehen.« Er trug einen Kilt in Farben, die mit Whisky harmonierten: gold, beige und braun, dazu weißes Hemd, Krawatte und schwarze Weste, die Haare akkurat gescheitelt.

»Ganz meinerseits, Mister Weir.«

»Geht es Ihnen gut, Sir?«

Er hätte seinen Wasserschaden erwähnen können, aber wie die Queen von England zu sagen pflegte: »Never complain, never explain«, sich niemals beschweren oder für irgendetwas entschuldigen. »Danke, alles bestens bei mir.«

Die Antwort schien Mister Weir zu verunsichern. »Sind Sie sicher?«

Wieso sollte er sich irren? »Ja, keine Sorgen.«

»Was darf ich Ihnen eingießen?«

»Gute Frage. Es ist noch früh, vielleicht einen Auchentoshan zum Start?«

»Bitte?!«

MacDonald nahm auf einem der sandfarbenen, um ein Tweed-Sofa gruppierten Sessel Platz. »Au-chen-to-shan, von den Lowlands.«

»Ich weiß, Mister MacDonald. Es ist nur so, dass ich gestern Abend die letzte Flasche ausgegossen habe und noch kein Nachschub eintraf.«

»Bitte? Ausgegossen?«

»Verbraucht, ausgeschenkt, meinte ich.«

Bei einem Haus wie dem Balmoral durfte so etwas nicht passieren. »Dann nehme ich einen Glen Garioch.«

»Puh!«

»Wie meinen?«

»So leid es mir tut, aber damit haben wir ebenfalls einen Engpass.« Weir sah über MacDonalds Haupt hinweg.

»Zwölfjährigen Highland Park, bitte. Am Orkadier wird sich hoffentlich niemand vergriffen haben?«

»Haha, aber nein.«

Der junge Mann klang komisch. Wenn MacDonald nur den geringsten Fehlton entdeckte, würde er in Zukunft Whisky anderer Länder trinken! Ohnehin wollte er das profunde Buch *Canadian Whisky* seines Kollegen Davin de Kergommeaux studieren. »Wissen Sie was, ich nehme einen Doppelten.«

Weir holte eine Flasche Highland Park aus dem Regal, schenkte vier Zentiliter in ein Gläschen und stellte es ihm hin. MacDonald zog einen Bogen weißes Papier aus seinem Jackett und hielt den Whisky davor. »Bernsteinfarben. Wie er sein sollte.«

»Darf ich Ihnen einen Snack reichen, Mister MacDonald?«

»Nein, danke. Im Moment nicht.« Warum war der junge Mann so fahrig?

»Wildschweinsalami, dunkle Schweizer Schokolade, geräucherte Mandeln, auf Kosten des Hauses selbstverständlich. Nur wenn Sie möchten …«

Der Gourmet schüttelte den Kopf. Nicht unhöflich, aber entschieden genug, um nicht weiter behelligt zu werden. »Nun zum Geruch oder zur Nase, wie wir sagen.« Er führte das Gläschen zum linken Nasenloch, dann nach rechts.

»Alles in Ordnung?«

»Oh ja, rauchige Kartoffelfeuer-Süße, wie mein Freund *Michael Jackson* meinte. Heidekraut und Sherry.« Er nahm ein Schlückchen und ließ es im Mund kreisen. »Perfekt.«

Weir tupfte sich Schweiß von der Stirn. »Da bin ich aber erleichtert!«

»Sie meinen das ironisch«, erwiderte MacDonald stirnrunzelnd.

»Natürlich, ja.«

»Er prostete ihm mit dem Gläschen zu. »Süßer Heidehonig und ein Malzton. Rundum köstlich. Eine herausragende Destillerie, in der man die Gerste noch selbst mälzt. Hatten Sie schon Gelegenheit, die Damen und Herren auf Mainland/Orkney zu besuchen, Mister Weir?«

Der Whisky-Botschafter trat einen Schritt zurück. »Nein, warum?«

»Ich frage nur, weil Sie mir einmal erzählten, dass Sie gerne Destillerien besichtigen.«

»Stimmt, aber auf den Orkney-Inseln war ich leider noch nicht.«

»Ihr Steckenpferd sind die Flaschen der Flora-und-Fauna-Serie, nicht wahr?«

»Mortlach und Rosebank interessieren mich auch!«

»Wo erstehen Sie die Flaschen?«

»Bei verschiedenen Händlern.«

Unpräziser ging es nicht. »Imperial Whiskys?«

»Nicht mehr so oft«, rutschte es dem Barkeeper heraus.

»Hat die Qualität nachgelassen?«

»Dazu würde ich keinen Kommentar abgeben wollen. Ich dachte mehr an den Service der Angestellten ...«

»Ich empfinde es ebenso. Kevin Wordie ist allerdings ein nobler Mann, der seine Whiskys kennt.«

»Sie hatten Grund zur Beanstandung?«, fragte Weir etwas zu neugierig.

»Auchentoshan und Glen Garioch.«

»Umso mehr tut es mir leid, dass wir die beiden nicht vorrätig haben.«

»Wann rechnen Sie mit einer neuen Lieferung?«

»Da müsste ich Mister Cipriano fragen. Er kommt leider erst in zwei Stunden. Wenn Sie so lange warten möchten …«

»Haben Sie herzlichen Dank, Mister Weir. Das wird nicht nötig sein. Sie veranstalten regelmäßig Seminare mit Destillerie-Managern?«

»Äh, ja …?«

»Hatten Sie in der letzten Zeit Glen Garioch oder Auchentoshan zu Gast?«

»Nicht, dass ich mich erinnere. Vielleicht haben die beiden Destillerien gegenwärtig zu viel Arbeit? Extrem schwer zu sagen.«

Ob der Bar auch falscher Whisky untergekommen war? Wusste Mister Weir Kompromittierendes über die beiden Destillerien? Auch wenn es so wäre, könnte der junge Mann diese Fragen nicht bejahen. MacDonald verließ das Balmoral und trat auf die Princess Street. Er wollte ein wenig über die Einkaufsmeile schlendern, um seine Gedanken ins Reine zu bringen. Obwohl kein Freund von Ladenketten, bedauerte er, dass die East-End-Filiale der Waterstones-Buchhandlung ihre Pforten geschlossen hatte. Sie führten stets seine Bücher. Auch die Filiale in der George Street musste dichtgemacht werden. Desweiteren eine zweite Buchhandlung in der Straße. Kein Wunder, wenn träge Kunden alles übers Internet bestellten! So praktisch er das Medium für vergriffene Bücher fand, würde er niemals ein neues Werk darüber beziehen. Als er beim Scott Monument ankam, atmete er bereits stakkatohaft und stieg in den nächsten Bus, um ihn dann vor der West-End-Filiale von Waterstones zu verlassen. Ein Kassierer, der ihn bemerkte, grüßte respektvoll. Bislang hatte er aus jedem seiner neuen Bücher gelesen. So etwas merkten sich Buchhändler und schätzen es, wenn ein bekannter Autor keine Allüren hatte. Er nahm den Lift ins oberste Stockwerk, wo die Kochbücher feilgeboten wurden. Seine letzte Arbeit, »Currys für Connaisseure«, stand im Regal und war mehrfach auf einem der Tische ausgelegt. Zum zweiten Mal an diesem Tag hatte MacDonald das Gefühl, beobachtet zu werden.

Als Alberto den Frühstücksraum seines Guest Houses mit einer zweiten Kanne Tee betrat, hoffte er, schleunigst aus dem Alptraum zu erwachen. Die vier Chinesen, älteres und jüngeres Ehepaar – so wie seinerzeit bei den japanischen Gästen! Böses Omen! – packten die Bestandteile seiner professionell gekochten Full Breakfast zwischen Toastscheiben! Porca miseria! Waren die von allen guten Geistern verlassen? »Darf ich fragen, was Sie da machen?«

»Gutes Frühstück, Mister Vitiello«, antwortete der Sippenvorstand. »Sehr gut.«

»Si, das weiß ich! Nun?«

»In China machen wir gerne, wie sagt man …« Seine Frau flüsterte ihm diskret ins Ohr. »Experimente.«

Am liebsten hätte Alberto gesagt, dass sie sich nicht in Asien, sondern in Edinburgh, Scotland, befanden. Doch im Zeitalter extremer politischer Korrektheit und auch weil Maria ihn wegen seines Umgangs mit Gästen rügte, nickte er nur düster.

»Wir wollen finden, wie ein Full-Breakfast-Sandwich schmeckt.«

Alberto bemerkte eine farbige Substanz in einem der Brote. »Haben Sie etwa auch Marmelade reingeschmiert?«

»Alles, natürlich. So will es Experiment.«

Warum nicht noch eine Serviette zur Krönung! Gut durchgekaut, sollte das unproblematisch sein! Vitiello stellte die Teekanne auf den Tisch und ging in die Küche, wo Maria gerade sehr laut Teller in die Spülmaschine räumte. Er vermied es, ihr in die Augen zu sehen, um so mit etwas Glück das drohende Gespräch zu vermeiden.

»Hast du dich mit unseren neuen Gästen auch schon angelegt?«

»Besucher haben Rechte und Pflichten.«

»Was bedeutet, dass sie deiner strengen Regimentordnung folgen müssen. Warum bringst du deine Gebote nicht an zentralen Plätzen des Hauses an?«

Alberto setzte sich, was bedeutete, dass er interessiert war.

»Denk nicht darüber nach. Ich habe nur Spaß gemacht.«

»So schlecht ist deine Idee …«

»Alberto!«

»Überleg doch mal. Wenn alle die Regeln kennen und sich daran …«

»Basta cosi!«

Selten wurde seine Frau so wütend. Es war besser, den Rückzug anzutreten. »Ich schau mal, ob die Gäste noch etwas brauchen.«

»Ottima idea! Tolle Idee!«

Alberto klatschte in die Hände, als es an der Haustür klingelte. »Ciao, Angus, wie schön, dich zu sehen.«

»Oh, vielen Dank.« MacDonald hatte damit gerechnet, dass sein Freund auf die geschäftige Frühstückszeit verwies und war deshalb hocherfreut über die nette Begrüßung. »Ich schlief wieder sehr unruhig und …«

Alberto hob den Zeigefinger vor den geschlossenen Mund. »Lass uns nach oben gehen. Zimmer eins ist frei.«

»Sind noch Gäste im Frühstücksraum?«

»Die Chinesen!«

»Müssen wir unbedingt die Treppe hoch?«

»Si! Es sei denn, der Raum kommt zu uns geflogen!«

»Dicke Luft in der Küche?«

»Kann man wohl sagen. Hast du deine Ärztin angerufen, Angus?«

»Leider habe ich Sie, äh, noch nicht erreicht. Ich würde gerne über den Fall mit dir sprechen. Bei Imperial Whiskys bin ich nicht weitergekommen und schätze, morgen wird die Tür wieder verschlossen werden, sowie ich mich nähere. In der Balmoral-Whisky-Bar konnte ich auch nichts Sachdienliches ermitteln. Rufst du den Indianer an?«

»Hat das nicht Zeit, bis er die Arbeit in deinem Haus beginnt?«

»Ich fürchte nein, denn es ist die einzige Spur, die wir haben.«

Alberto grinste, verließ das Zimmer und kehrte erst nach fünf Minuten zurück. »Alles klar. Wir sehen ihn heute Abend um sieben Uhr in der Bow Bar.«

»Können wir uns nicht woanders treffen? Ich bin dort bekannt und möchte meinen schönen Pub nicht in Verruf bringen.«

»Genug, ich werde MacCracken nicht noch einmal anrufen.«

»Wird er gefedert erscheinen?«

»Non so. Weiß ich nicht!«

Wer Campbeltown-Whiskys im Sortiment hatte, so wie die Bow Bar, besaß MacDonalds Sympathie. Von einst stolzen 21 Brennereien im Jahr 1885 (1794 waren es sogar 34 gewesen) existierten nur noch drei: Springbank, Glen Scotia und Glengyle. Er war etwas früher erschienen, um einen Tisch zu besetzen. Keinesfalls wollte er mit MacCracken am Tresen stehen. Ein zehnjähriger Springbank würde ihn aufheitern. Sämtliche Produktionsschritte fanden in der Destillerie statt. Außer Springbank stellte man noch Longrow und Hazelburn Scotch her. Die Whiskys wurden keiner *Kühlfilterung* unterzogen. Er führte das Gläschen zur Nase. Die Marketingmenschen von Springbank verglichen den Geruch mit einem Obstgarten. Wem das zu allgemein war, der durfte mit der in Klammern aufgeführten Birne glücklich werden! MacDonald roch Eiche, Torf und eine exotische Frucht. Der Geschmack war salzig und pfeffrig, leicht getorft, mit einem würzigen Ende. MacCracken kam laut tönend herein, einen Kumpel, ohne Irokesenbürste, aber mit knallgelben Haaren, im Gefolge. Der Klempner blieb dicht hinter der Tür stehen und betrachtete aufmerksam alle vier Wände. Vorsichtsmaßnahme oder suchte er instinktiv nach einem lukrativen Wasserschaden? Er nickte seinem Begleiter zu und ging, das sah MacDonald erst jetzt, auf riesigen, breiten Füßen zur Theke. Im Ernstfall würde er keine Schneeschuhe benötigen! Die beiden Männer gaben ihre Bestellung auf. Mit vier Pints (!) kamen sie an seinen Tisch und setzten sich, ohne ein Wort zu verlieren.

»Guten Abend, Gentlemen.«

Der Handwerker und sein Kumpel leerten ihre Gläser mit aufdringlichem Geräusch, das sich wie »gulp-gulp« anhörte. MacCracken streckte ihm den Zeigefinger entgegen. »Ihnen will ich mal was sagen, MacArthur …«

»MacDonald ist der Name, mit Angus und Thinnson davor.«

Der Klempner streichelte seine Irokesenbürste. »Sie ham was anderes vor?«

»Möchten Sie mir Ihren Begleiter vorstellen?«, antwortete MacDonald, auf die stupide Frage nicht eingehend.

»Hä? Ach, so. Billy ist das.«

Der Mann lehnte sich zurück und lachte wie ein Truthahn. »Bin aber nicht verwandt mit Connolly, hohoho.«

»Ihr Bruder?«

»Nein!« Erneut sah MacCracken sich im Pub um.

»Sie kennen die Bow Bar gut, nicht wahr?«

»Sagt wer?«

»Mister Vitiello.«

»Viti…, was, wer soll das sein?«

»Der italienische Gentleman, den Sie unlängst im Baumarkt trafen.«

»Kann sein. Treff 'ne Menge Leute. Das mit Ihrem Rohrbruch geht mindestens zwei Wochen, wenn nicht länger. Hab Ihrem Kumpel, dem Italo-Mann, schon alles erzählt.«

Wieso hatte Alberto ihm nicht berichtet? Lag es am Stress mit seinen neuen Gästen? Dem Himmel war es gedankt, dass er just in diesem Moment erschien. Er nickte allen zu und holte sich am Tresen einen Orangensaft. »Habt ihr ohne mich angefangen?«

»Ja!«, antwortete MacCracken bellend und leerte das zweite Glas, imitiert von Billy.

Alberto sah zu Angus: »Wenn du so gut wärst?«

»Wie bitte? Ach, so, ja, natürlich! Das Gleiche noch mal, meine Herren?«

Sollte er zwei oder vier Pints kaufen? Er konnte sich an keinen Präzedenzfall erinnern. Besser vier! Noch einen Ardmore Legacy, leicht getorften Highlander, für ihn. Bestellen war nicht schwierig, das Balancieren von vier Pints schon eher! Er wankte zum Tisch zurück. »Können wir bitte zur Sache kommen?« MacCracken und Billy leerten ihr drittes Glas Bier. Wenn irgendjemand Kampfschlucker genannt werden sollte, dann die beiden, dachte MacDonald.

Des Handwerkers Halsadern schwollen an. »Wir haben schon geredet!«

Wie viele Menschen bezog MacDonald seine Kenntnisse über Native Americans von Filmen und befürchtete, dass der Mann ihm gleich einen Tomahawk an die Gurgel drückte!

»Ich bin sicher, Mister MacDonald hat es nicht so gemeint«, versuchte Alberto zu schlichten. »Er holt Ihnen später auch wieder etwas zu trinken.«

»Auf gar keinen Fall!«, sagte MacDonald lautstark.

MacCracken bekam Respekt. Jemanden, der sich wehrte, mochte er leiden. »Okay! Was wolln Se hören?«

Angus war über diesen Sinneswandel ebenso erstaunt wie Alberto, ließ sich jedoch nichts anmerken. »Wir würden gerne wissen, welcher Whisky Ihnen hier illegal angeboten wurde.«

»Auchentoshan und Glen Garioch.«

»Wirklich?«

»Warum sollte ich 'n das erfinden?!«

»Da muss ich ihm recht geben«, sagte Vitiello.

MacCracken breitete die Hände auf dem Tisch aus und betrachtete sie wie Kunstwerke. »Was noch?«

»Wann war das?«

»Vor 'n paar Wochen. Immer sonntags kommt der Typ.«

»Woher wussten Sie, dass es gefälschter Whisky war?«

»Drei Mal dürfen Sie raten. Eine Flasche sollte sieben Pfund kosten!«

»Erinnern Sie sich noch an den Verkäufer?«

»Klar. Der hatte so 'nen komischen Bart und Koteletten wie Elvis.«

»Ich fasse es nicht!«, sagte Angus so laut, dass einer der beiden Barkeeper zu ihm sah.

»Wieso nicht?«

»Dass ihm das erlaubt wurde, meine ich.«

»Quatschen Se von den Jungs da drüben? Sonntags haben sie 'ne Menge Drinks auszuschenken. Da bleibt keine Zeit, um sich groß umzusehen. Um noch mal auf Ihre Rohre zurückzukommen, Mister …«

»Jetzt nicht, bitte«, sagte MacDonald und eilte aus dem Pub.

»Was hat er denn?«, fragte der Klempner.

»Ich weiß nicht«, erwiderte Vitiello und eilte seinem Freund hinterher.

Angus stand vor der Tür. »Können wir endlich gehen?«

»Du nimmst dein häusliches Problem auf die leichte Schulter!«

»Geht es wieder um Karen?«

»Was? Nein, obwohl wir darüber auch reden müssen. Ich erkläre es dir, Angus. In Schottland ist es einfacher, in der Lotterie zu gewinnen als einen Handwerker aufzutreiben. Du kannst dir nicht vorstellen, wie außergewöhnlich es war, den Mann zu treffen.«

»In einem Baumarkt.«

»Wo sonst? Im Blumenladen vielleicht? Ein Handwerker benötigt Ersatzteile!«

»Ich finde den Mann verdächtig. Hast du seine Adresse überprüft?«

»Si, was denkst du denn? Bereits im Supermarkt, mit meinem Telefonino.«

»Das ist ein Mobiltelefon, ja?«

»Sisi. Allora, was machen wir?«

»Nach Hause fahren und schlafen. Morgen ist auch noch ein Tag.«

»Aber Signor MacCracken?«

»Er kann bis auf Weiteres bei mir arbeiten.«

»Sehr großzügig von dir! Ich darf den Herrn beaufsichtigen?«
»Wenn du so liebenswürdig wärst, ja.«
»Mille grazie und arrivederci! Viel Spaß beim Detektiv spielen.« Alberto rannte davon. An das impulsive Verhalten seines italienischen Freundes hatte MacDonald sich gewöhnt. Doch das nun war sehr barsch gewesen. Er nahm sich ein Taxi und fuhr zum Braid Hills. Sollte er noch einen schönen Schlummertrunk zu sich nehmen? Lieber nicht! Wer konnte wissen, was für ein Gebräu ihn dieses Mal erwartete! Er winkte dem Nachtportier mit angewinkeltem Arm und ging die hölzerne, mit flauschigem Teppich belegte Treppe hoch. Etwa zehn Minuten später kam er leicht überhitzt in seinem Zimmer an und freute sich über die vielen blinkenden kleinen Lichter auf der Straße. Der nächste Ermittlungsschritt war klar. Nach dem Frühstück würde er die Stadt verlassen!

> *»Campbeltown Loch, I wish you were whisky*
> *Campbeltown Loch, och-aye,*
> *Campbeltown Loch, I wish you were whisky*
> *I would drink you dry.«*

Schottisches Lied

Auchentoshan/Kilpatrick, Lowlands

MacDonald stieg auf der Princess Street aus dem Bus und ging den Rest des Weges zu Fuß. Der Haymarket-Bahnhof wäre auch eine Option gewesen, aber heute war ihm nach dem emsigeren Getümmel in Edinburghs Hauptbahnhof, der Waverley Station mit dem schönen Glasdach. Im Verkaufsraum holte er seine Fahrkarten und entnahm der riesigen Anzeigetafel das Gleis. Es war noch Zeit, um »Guardian« und »Evening News« zu kaufen, an einer Kasse mit menschlichem Wesen! Den Trend, Kunden ihre Waren selbst einscannen und bezahlen zu lassen, würde er bekämpfen, wo immer er sich manifestierte! Vor allem bei Marks & Spencer nahm er überhand. Die Zeitungen unter dem Arm, die Aktenmappe in der Hand, ging er zum Gleis und setzte sich auf eine Bank. Mit einem Verfolger im Rücken? Nein, nur ein Bahnangestellter. Gut, dass er Alberto nicht mitgenommen hatte. Der würde ihn auslachen. Auch die Fahrt zur Auchentoshan-Destillerie hätte ihm zum Amüsement gereicht. »Angus, du willst dir nur einen hinter die Binde kippen!«

»Hallo, schöne guten Tage«, sagte ein Mann chinesischen Aussehens, mit großen Ohren, bieder gekleidet, und setzte sich neben ihn, viel zu dicht für MacDonalds Empfinden. Der junge Mann aus dem Frühstücksraum!

»Auch wohnen Sie im Braid Hills«, stellte er fest und lächelte charmant.

»Ja, durchaus.«

»Gefällt Ihnen?«

»Hm.« MacDonald strich über die beiden Zeitungen auf seinem Schoß, ein deutlicher Hinweis, dass er sich ihnen widmen wollte.

»Mir auch. Vor allem Frühstück.«

»Sehr wohl.«

»Wohin fahren?«

»Bitte?« Dieser Konversation würde nichts Fruchtbares entspringen.

»Heute meinen ich.«

»Wenn Sie einverstanden sind, widme ich mich meiner Lektüre, junger Mann.«

»Gut verstehen. Ich reisen Glasgow.«

MacDonald nickte und versteckte sich hinter dem »Guardian«. Als er eine Viertelstunde später wieder aufblickte, war der Mann verschwunden. Sehr schön! Der Zug fuhr pünktlich in Glasgows Queen Street Station ein und er ging für den Anschlusszug zur Tiefebene. Das unterirdische Gleis hatte etwas Bedrückendes an sich. Die Züge dort hätten auch Kampffahrzeuge sein können, so schnell tauchten sie aus dem Dunkeln auf. Dreißig Minuten später erreichte er das einst von Iren gegründete Kilpatrick. Man konnte darüber spekulieren, ob die Dreifach-Destillation bei Auchentoshan ein Erbe der keltischen Brüder war, wo doch in vielen irischen Destillerien dreimal destilliert wurde. MacDonald hatte vergessen, ein Taxi vorzubestellen und marschierte, Karen wäre stolz auf ihn, immer an der Schnellstraße entlang. Kein Unwissender hätte direkt am Verkehr eine liebreizende Destillerie erwartet: weiß bepinselte Gebäude und Hallen, wohl proportioniert über das grüne Gelände verteilt. Zur Linken ein künstlich angelegter Teich. Waren das Kühe am Ende des Grundstückes? Aus einem Pförtnerhäuschen marschierte ihm ein älterer Herr mit aufrechtem Rücken und in zackigem Schritt entgegen. Ehemaliges Armeemitglied?

»Good morning, Sir!«

Bei seinem letzten Besuch hatte er sich keiner Eingangskontrolle unterziehen müssen. »Auch Ihnen einen guten Morgen, mein Herr. Ich komme zur Führung um zwölf Uhr.«

»Folgen Sie bitte den Pfeilen auf dem Boden. Dann kann nichts schiefgehen.«

»Gerne. Verzeihung, kann ich Sie etwas fragen?«

»Dafür bin ich da.«

»Seit wann hält sich die Destillerie Kühe?«

»Schöne Tiere, nicht wahr? Sie gehören einem unserer Gärtner und haben schon bei landwirtschaftlichen Wettbewerben Preise gewonnen.«

»Dürfen Sie auch in die Produktion schnuppern?«

»Klar, Alice VII Heather Hills Glenlivet, Alice of Kilpatrick, Alice III of Kilpatrick und Fiona XXIV Craigowmill kommen als erste in den Genuss des *Draff*.«

MacDonald fragte sich, ob der Mann die Namen erfunden hatte. Vermutlich nicht, denn dafür klangen sie zu exaltiert und auch wie auswendig gelernt. »Ich meinte tatsächlich die Produktion, nicht die Reste, die übrig bleiben.«

»Würden Sie das erklären, Sir?«

»Könnten die Kühe versehentlich in die Destillerie spazieren?«

»Völlig ausgeschlossen«, antwortete der Mann mit harter Miene. »Ich wünsche Ihnen einen angenehmen Aufenthalt, Sir.« Der Portier griff hektisch zum Telefon, wie MacDonald beim Weggehen bemerkte. Er meldete sich für die Führung an, zahlte dem Guide die sieben Pfund Eintritt und sah sich im Shop um. Es gab die gängigen Single Malts, aber auch einige seltene Flaschen. Die teuerste war die 2007er-Abfüllung eines fünfzig Jahre alten Scotch, 171 Flaschen zum Stückpreis von 5.000 Pfund. Dann einen 38-Jährigen, mit 500 Pfund wesentlich billiger und schließlich einen 24-Jährigen für 220 Pfund. Über den halben Hundertjährigen war zu lesen: »Kräftige Bronze als Farbe.« Erstaunlich, er dachte immer, Bronze gab es wie Silber und Gold nur in einer Ausprägung. »Anfängliche Aromen von leichtem, frischem Eukalyptus.« Im Gegensatz zu schwerem, getrocknetem Eukalyptus? »Ausbalanciert mit der Süße von Butterscotch und *Treacle*. Ein wenig reines Mineralwasser befreit Spuren von reifen, weichen Früchten.« Welche weichen Früchte bitte? Himbeeren, Erdbeeren, Brombeeren? Als Abgang: »Seidige Glattheit, komplex und köstlich.« Der 38-Jährige musste folgende Beschreibungen erdulden: »Eine besonders frische und taufeuchte Fruchtigkeit.« Taufeuchte Fruchtigkeit?! Es kam noch besser: »In der Nase sonnendurchtränkte, reife Früchte; ein Geschmack von gebackener Ananas führt zu cremigen Haselnüssen und Mandelkuchen. Der Abgang ist delikat mit Anklängen weißer Trauben, von Holunder und Mandeln.« Der geschmackliche Unterschied zwischen roher und gebackener Ananas sollte in Whisky erkennbar sein? Cremige Haselnüsse? Für diese Wortmonster hatte die Marketingabteilung wohl mehrere Nächte geschuftet! Die dritte Flasche wurde als atemberaubendes Beispiel eines dreifach destillierten Whiskys bezeichnet, auf feinster Qualitätseiche gereift, mit tiefem, reichem Gewürz und weicher, honigsüßer Birne, dazu eine seidige, glatte Textur. Schön, wenn eine Destillerie ihren eigenen Whisky atemberaubend fand. Abgesehen davon, dass alle Auchentoshan-Whiskys dreimal destilliert wurden. Qualitätseiche? Honigsüße Birne? Ausgemachter Blödsinn! Wollte man die Käufer auf den Arm nehmen, nach dem Motto, gib uns dein Geld, wir kümmern uns nicht darum, was in der Flasche ist und ob man es noch trinken kann? Entgegen dem weitverbreiteten Missverständnis, dass Whisky immer besser wurde, je länger er im Fass lagerte, war nach etwa 16 Jahren alles Glückssache, weil die negativen Noten des Holzes überhandnehmen konnten. An den hohen Schwund durch Verdunstung gar nicht zu denken. Der Herr an der Kasse, der ihm seine Eintrittskarte verkauft hatte, mit aufwändig getrimmtem Vollbart, der Schnurrbart fein ziseliert, merkte, dass etwas nicht stimmte.

»Wir haben auch einen Filmraum, wenn Sie möchten, Sir …«
»Ich bin sicher, das wird mir gut gefallen. Wo denn, bitte?«
»Hier, zu meiner Linken.«
MacDonald nahm hinten Platz. Bei den Whisky-Regionen war man nicht auf dem richtigen Stand. Campbeltown fehlte! Auf die Speyside-Region, welche die Scotch Whisky Association 2006 eingeführt hatte, könnte man eher verzichten, lag sie doch innerhalb der Highlands. Über die Lowlands hieß es: »Von ehemals sieben Destillerien blieben nur wenige übrig.« Insgesamt vierzehn, um genau zu sein! »Es gibt wenige Dinge im Leben, die erfreulicher sind als das Klicken von Eiswürfeln in einem Glas.« Wie sein guter Freund, Master Blender Alas-

tair Carnegie, zu sagen pflegte: »Wer Eis in seinen Whisky gibt, muss gerichtlich belangt werden.« Wollte Beam-Suntory anderen Whisky bewerben? Japanischen vielleicht? Aber Auchentoshan war, wie die gesamte schottische Whisky-Industrie, eine Geldmaschine, und es konnte nicht sinnvoll sein, das eigene Produkt lächerlich zu machen. Andererseits gab es von Auchentoshan sehr viele reguläre Whiskys: American Oak, Three Wood, Blood Oak, Noble Oak etc. Hinzu kamen die seltenen Flaschen. War es gemein, anzunehmen, dass in der Produktion dieser Tage so nachlässig wie in der Marketingabteilung gearbeitet wurde? Zeit, das Privatkino zu verlassen.

»Hat Ihnen unser Film gefallen, Sir?«

»Stark verbesserungsfähig, junger Mann.«

Der Guide schluckte, sah MacDonald perplex an. »Sind Sie bereit?«

»Wozu?«

»Für die Tour, Sir«, antwortete der Mann in nachsichtigem Ton.

»Wo stecken denn die anderen Teilnehmer?«

»Sie sind der Einzige.«

Die Führung versöhnte MacDonald wieder ein wenig, denn die Produktionsstätten konnten sich sehen lassen, funktional und dennoch ästhetisch bestechend. Japanische Eleganz war unverkennbar. Schnell stellte sich auch heraus, dass der Mann Expertise besaß.

»Welche Gerste verwenden Sie?«

»Concerto. Zu hundert Prozent.«

»Hefe?«

»Anchor, eine Trockenhefe, die wir seit 1992 benutzen. Bei uns bleibt die *Wash* 55 Stunden in der Washback.«

»Veräußern Sie Fässer an Privatleute?«

»Nein, nur an renommierte Abfüller und Firmen, wie etwa die Scotch Malt Whisky Society.«

»Kaufen Geschäfte wie Imperial Whiskys aus Edinburgh direkt bei Ihnen ein oder über Zwischenhändler?«

»Leider ist das nicht mein Arbeitsbereich.«

»Verkaufen Sie viele alte Whiskys?«

»Medium, würde ich schätzen. Für eine exakte Antwort müsste ich die Kollegen konsultieren. Kürzlich besuchte uns ein asiatischer Gentleman und kaufte je zwei Exemplare der drei ältesten Scotch im Shop.«

»War der Herr alleine unterwegs?«

»Nein, mit einer Gruppe von Freunden, ein außergewöhnlicher Mensch, spendierte den Fünfzigjährigen noch im Shop.«

»Der Gentleman schenkte Ihnen den Whisky?«

»Wie schön wäre das gewesen! Nein, er kaufte ein Set Nosing-Gläschen, öffnete die Flasche und schenkte seinen Begleitern ein. Können Sie sich vorstellen, dass die Gesellschaft die Flasche leerte?«

»Wie viele Personen waren es?«

»Sechs oder sieben.«

»Dann kann ich es mir gut denken. Was hat der Herr mit der leeren Flasche gemacht?«

»Bitte, was?«, fragte der Guide viel zu laut.

»Warf er sie weg?«

»Auch beim besten Willen kann ich mich nicht mehr erinnern.«

MacDonald war lange genug Detektiv, um zu merken, dass der Mann schwindelte.

Irgendjemand hatte die Flasche an sich genommen, entweder der Besucher oder der Guide. »Waren die anderen Teilnehmer auch aus Asien?«

»Die meisten unserer Besucher kommen aus den USA, Großbritannien und Mitteleuropa.«

»Schön, aber woher stammte diese Gruppe?«

»Asien. Japan oder China.«

»Hatten Sie in der letzten Zeit Probleme mit gefälschtem Whisky?«

»Mir ist nichts bekannt.«

»Auch nicht mit Ihrem Zwölfjährigen?«

»Unsere Produkte müssen höchsten Ansprüchen genügen, bevor sie das Areal verlassen.«

Blablabla, ergänzte MacDonald im Geist. »Veränderte sich Ihre Arbeit, als Beam-Suntory übernahm?«

»Nein, überhaupt und gar nicht, und wenn, im Gegenteil.«

»Wissen Sie, ob es in den anderen Destillerien des Konzerns Probleme gibt? Glen Garioch, Laphroaig, Ardmore, Bowmore?«

»Keinesfalls, nein, kann ich mir kaum vorstellen.«

MacDonald kaufte eine Flasche Whisky und verließ das Gebäude in schlechter Stimmung. Wer auch immer die leere Flasche an sich genommen hatte, fand eine Verwendung dafür, als Souvenir, Kerzenhalter, oder um billigeren Whisky einzufüllen. Er trottete zum Bahnhof und wartete auf den nächsten Zug nach Glasgow. In der Ferne konnte er Loch Katrine sehen. Das Seewasser wurde für die Produktion von Auchentoshan verwendet. Ein Jammer, dass er keine Zeit für einen kleinen Ausflug hatte. Auf dem Rückweg stieg er im Haymarket-Bahnhof aus. Beim Weg durch die große, helle Halle glaubte MacDonald wieder, verfolgt zu werden. Zurück im Braid Hills, loggte er sich im Hotelcomputer ein, um zu klären, ob jemand leere Auchentoshan-Flaschen zu verkaufen hatte, zum Beispiel bei Ebay, fand aber nichts. Weder Exemplare antiker Flaschen noch neuere Exemplare gab es. Er dachte an den Werbefilm bei Auchentoshan und die fehlende Region Campbeltown. Die Scotch Whisky Association in Edinburgh war nicht nur für die Benennung der Whisky-Regionen zuständig, sondern kümmerte sich auch um gefälschten Whisky. Es wäre keine schlechte Idee, die Recherche dort fortzusetzen. Er setzte sich auf einen der bequemen Ohrensessel und wählte die Nummer seiner Ansprechpartnerin im Management. Heather Murphy antwortete sehr kurz angebunden. Gewöhnlich war sie die Hilfsbereitschaft in Person …

»Regelmäßige Arbeitszeiten hat er nicht, junge Frau.«

»Wolln Se sagen, dass er Rentner ist und ich mich mit 'nem alten Knacker treffen soll?«

Ob diese Dame, in Hotpants, schwarzen Nylonstrümpfen und Stöckelschuhen, die Richtige war, musste sich zeigen. Nur weil sich sonst niemand finden ließ, hatte er sie in das Ketten-Restaurant Wagamama bestellt. »Blödsinn, er ist ein renommierter Buchautor.«

»Renoviert?«

»Erfolgreich als Autor und TV-Koch!« Beachtlich, dass ihr der Kaugummi nicht aus dem Mund fiel, soweit wie sie ihn aufriss. »Das Dickerchen hat 'ne eigene Show? Das wüsste ich.«

Der Mann stöhnte. »Aber wieso denn, bitte?«

Sie machte den Rücken gerade und parkte den Kaugummi an einem Backenzahn. »Na, weil ich jeden Abend vor der Glotze sitze! Is mein Hobby. Da hätt er doch irgendwann mal über die Scheibe flimmern müssen.«

»Verstehe. Sie futtern dabei bestimmt jede Menge Kartoffelchips?«

»Klaro. Wer tut das nich?«

»Ich zum Beispiel.«

»Mann, Sie wissen kaum, was Ihnen entgeht.«

»Ungesundes esse ich nicht.«

»Probieren Sie doch mal Chips mit Rote-Bete-Geschmack. Hab die Dinger entdeckt, als ich in einer Fabrik arbeitete. Den ganzen Tag ham wir nix anderes gemacht, als Chips mit schwarzen Punkten drauf aussortiert. Mit bloßen Händen! Knochenjob.«

»Am besten, Sie sprechen viel über Whisky.«

»Lieber trink ich ihn. Hoho! Ein Spruch von meinem Bruder.« Sie haute sich auf den ledernen Minirock, der ein unschönes Geräusch von sich gab. »Schaun Se mal, wie die Typen da drüben ihre Suppe schlürfen. Sind wohl Chinesen.«

»Ja!«

»Hä?«

»Ich habe es bemerkt.«

»Muss ich das auch machen?«

»Was denn?«

»So laut schmatzen.«

»Wüsste nicht warum. Wann fangen Sie im Braid Hills an?«

»Morgen. Bin schon mächtig aufgeregt.«

Warum jemand wie sie eingestellt wurde? Im Allgemeinen mangelte es dem Hotel nicht an gutem Personal. »Sie kommen ursprünglich aus Glasgow?«

»Ay! Bin stolz drauf! Sie sin kein Schotte, oder?«

»Das tut nichts zur Sache!«

»Chinese?«

»Nein!«

»Für mich sehn Se arg chinesisch aus.«

»Sie sollten in der Lage sein, einen Draht zu ihm aufzubauen. Dann läuft alles von selbst.«

»Elektrisch? Hab ich keine Ahnung von.«

»Essen gehen, reden, küssen und dergleichen Dinge.«

»Ay, das! Klar, is doch in meinem Interesse. Jetzt, wo ich weiß, dass er Mäuse hat, macht's mir doppelt Spaß.«

»Fühlen Sie sich der Aufgabe wirklich gewachsen?«, fragte der Mann eindringlich.

»Woher soll ich wissen, ob das Dickerchen schnell wächst! Das is bei jedem Mann anders. Verstehen Se, was ich meine?« Sie blies den Kaugummi zu einer dicken Blase auf und ließ ihn wieder abschwellen.

Wenn der Plan nur funktionierte! »Haben Sie noch Fragen?«

»Zum Thema Nummer eins?«

»Genug davon!«

»Mann, Sie sind mir ein Ernster! Hoffentlich is das Dickerchen besser drauf.«

»Eine der zentralen Aufgaben der Scotch Whisky Association ist es, heimischen Whisky zu schützen, individuelle Unternehmen wie auch die Industrie im Ganzen. Scotch Whisky ist eine geografische Indikation, was bedeutet, dass Ersterer nur in Schottland mit Wasser, Getreide und Hefe produziert werden darf.«

MacDonald saß dem jungen Mann, Mister Rossie, bereits eine Viertelstunde gegenüber und brachte es nicht fertig, ihm ins Wort zu fallen, obwohl er vor Langeweile fast starb. Augenscheinlich arbeitete Rossie noch nicht lange für die SWA und wollte alles aufsagen, was er wusste. Heather Murphy musste kurzfristig nach Europa reisen und stand für ein Gespräch nicht zur Verfügung! Rossies Nadelstreifenanzug, die Hosenbeine zu kurz, überlange Jackettärmel, das korrekt gescheitelte Haar, unterstrichen sein jungenhaftes Aussehen. »… unterbinden wir unfairen Wettbewerb. Dieser kann folgendermaßen aussehen: Irgendwelche Spirituosen werden fälschlicherweise als Scotch Whisky bezeichnet. Es werden Namen benutzt, die eine assoziative Verbindung zu Schottland herstellen sollen.«

»Wie zum Beispiel Glen«, warf MacDonald ein.

»Tartan ist auch beliebt.« Mister Rossie lächelte verschmitzt. »Sie wollen mehr Beispiele? Scottish Gold, Scottish Piper, Highland Stag …«

»Der Grund, aus dem ich heute zu Ihnen …«

»… irreführendes Verpackungs- und Werbematerial ebenso.«

»Welche Länder fälschen die meisten Scotch Whiskys?«

»Da es wechselt, besitzen wir keine klare Hierarchie. Überall, wo Scotch Whisky beliebt ist, versuchen Verbrecher sich zu bereichern.«

»Gehört China gegenwärtig dazu?«

»Warum fragen Sie?«

»Weil die Fälschungsindustrie des Landes legendär ist.«

Rossie betrachtete seine Fingernägel. »Wie gesagt, eine klare Reihenfolge haben wir nicht.«

»Gibt es bestimmte Orte in Schottland, an denen viel Scotch gefälscht wird?«

»Nein, es ist mehr ein Problem mit Märkten in Übersee.«

»Was wird gefälscht? Single Malt oder Blended Scotch Whisky? Oder eher seltene Whiskys?«

»Die SWA konzentriert sich darauf, falschen Scotch vom Markt zu entfernen. Individuelle Scotch-Produzenten konzentrieren sich auf ihr eigenes Produkt.«

»Sind viele Menschen involviert? Reden wir von großen Organisationen oder wenigen Ganoven in einer Garage?«

»Jeder Fall ist anders. Werden leere Flaschen mit Billigscotch aufgefüllt, sind mehr Personen mit von der Partie.«

»Um wie viele Liter geht es?«

»Unmöglich, eine Zahl zu nennen. Wenn wir gefälschten Whisky entdecken, wissen wir ja nicht, wie viele Flaschen davon verkauft wurden. Doch Zahlen sind nicht das Wichtigste. Unsere Priorität ist, die Reputation von Scotch zu schützen. Alle Konsumenten müssen sicher sein können, ein authentisches Produkt zu erhalten.«

»Wie vertreiben die Gangster ihren Stoff?«

»Von Fall zu Fall anders. Manche haben ihre eigenen Wege, andere nutzen einen fremden Vertrieb.«

Über Rossie sah MacDonald eine große Comic-Sprechblase, gefüllt mit unzähligen Blablas. Auch diese Lebenszeit war verloren! »Was sind die üblichen Fehler beim Fälschen von Scotch?«

»Auch das variiert. Manche Fälschungen sehen sehr authentisch aus. Wenn wir einen Verdacht haben, testet ein unabhängiges Labor für uns, ob es sich bei der Flüssigkeit um Scotch Whisky handelt. Einer der teuersten Bereiche der Scotch-Produktion ist die Fass-Reifung. So begegnen wir oft Alkoholika, die sich nicht einmal in der Nähe von Holz befanden und nur mit einer kleinen Menge genuinen Whiskys gemischt wurden.«

MacDonald hätte sich das Leben einfach machen und seine beiden falschen Whiskys der SWA aushändigen können. Aber er wollte Kevin Wordie, der sehr wahrscheinlich unschuldig war, nicht ans Messer liefern. »Entstehen gesundheitliche Risiken, wenn zum Beispiel Methanol anstelle von Ethanol verwendet wird?«

»Unterschiedlich, manche Verbrecher verwenden neutralen Alkohol, den sie färben. Zum Glück ist uns noch kein Fall untergekommen, in dem sich jemand verletzt hätte.«

»Sind Sie sicher?« Regelmäßig wurden illegale Wodka-Fabriken gestürmt und Menschen erblindeten oder starben qualvoll, weil sie Fusel tranken. Warum sollte gefälschter Scotch eine Ausnahme sein? »Wie erfahren Sie von Fälschungen?«

»Unser Team besteht aus fünf Anwälten, einer Anwaltsgehilfin und weiteren Angestellten. In Übersee arbeiten wir mit externen Anwälten zusammen. Auch gibt es immer wieder Mitglieder und Konsumenten, denen Verdächtiges auffällt.« Rossie blickte demonstrativ zu MacDonalds Tasche, aus der eine Flasche Auchentoshan ragte. »Wir dachten, dass Ihr Besuch heute damit zu tun hat.«

MacDonald erlitt einen kapitalen Hustenanfall. »Wie kommen Sie darauf?«

»Mrs Murphy machte eine Andeutung.«

»Ich, äh, recherchiere ganz allgemein.«

»Für einen Zeitungsartikel?«

»Jawohl, das sagte ich Heather auch.«

»Hat die Flasche Auchentoshan mit Ihrem Artikel zu tun?«

»Insofern ich davon getrunken habe, ja, haha.« Das war zumindest nicht gelogen. »Sind Destillerien gut bei der Sache, wenn es um das Melden von Fälschungen geht?«

»Das liegt in ihrem Interesse.«

»Wie gehen Sie gegen Fälscher vor?«

»Gegenwärtig arbeiten wir über den Globus verteilt an siebzig Fällen und Hunderten von administrativen Vorgängen. Für gewöhnlich können wir die Gangster stoppen, bevor die Sache zu Gericht geht.«

»Kommt es vor, dass Fälscher sich ein bestimmtes Produkt vornehmen, um einem Unternehmen gezielt zu schaden?«

»Ist eindeutig ein Punkt. Aber alle Produzenten sind außerordentlich daran interessiert, ihre Produkte zu schützen, wie auch die der gesamten Industrie.«

»Haben Sie gegenwärtig einen großen Fisch an der Angel?«

»Sie verstehen sicher, dass ich darüber nicht sprechen könnte …«

Gut gepasst hätte noch, wenn Rossie die Hand auf die Brust gelegt hätte.

MacDonald fuhr ins Braid Hills, kochte sich einen Becher schottischen Heidetee und dachte über das fruchtlose Gespräch nach. Heather Murphy hatte er mitgeteilt, dass es um eine wichtige Sache ging, und dennoch blieb sie mit der ältesten Ausrede der

Welt fern. Er schob die Spiegeltür des Kleiderschranks zur Seite und entnahm ihm die Flasche 24-jährigen Auchentoshan. Test Nummer eins: Korken aus der Flasche ziehen (ging viel zu leicht vor sich!), eine großzügige Portion in das Nosingglas gießen und gut hin- und herschwenken. Obacht! Ein Scotch mit einem Vierteljahrhundert auf dem Buckel hätte respektable *Kirchenfenster* präsentieren müssen. Er verkorkte die Flasche wieder und schüttelte sie kräftig. Je mehr Bläschen sich am Flaschenhals bildeten, umso höher war der Alkoholgehalt, ein probater Test von Schwarzbrennern. Die Bläschen lösten sich hier aber nicht wieder auf, sondern blubberten lustig fort wie in einem Schaumbad! Dieses Elixier musste er gar nicht erst verköstigen, weder daran riechen noch probieren! Mit Bedacht hatte er den Schütteltest im Verkaufsraum der Destillerie unterlassen, denn niemand konnte wissen, ob Auchentoshan nicht selbst für Fälschungen verantwortlich war. Auch der Markt für ältere Whiskys war demnach kontaminiert. Er schlug den aktuellen Katalog des Auktionshauses Drummonds auf. Vier Auchentoshans im Alter von zehn bis einundzwanzig Jahren waren für die nächste Versteigerung angekündigt, in einem Preisgefüge von 380 bis 420 Pfund. In der Beschreibung hieß es: Kapsel beschädigt, Mantel noch intakt. Abgefüllt hatte die vier Flaschen die Destillerie. Bis in die 90er-Jahre machten das unabhängige Abfüller wie Blackadder, Douglas Laing, Gordon & MacPhail oder die Scotch Malt Whisky Society in Edinburgh. Wo Drummonds seine Auchentoshans eingekauft hatte, war dem Katalog nicht zu entnehmen, denn über die Ankäufe schwieg man sich prinzipiell aus. Aber wer veräußerte vier Flaschen, durchweg mit beschädigter Kapsel? Wie sollte dieser spezifische Schaden bei mehreren Flaschen entstanden sein? War es gefälschter Whisky, dem jemand Patina verleihen wollte? Auktionshäuser hielten sich bei der Produktbeschreibung auf der sicheren Seite. Im ersten Abschnitt der »Hinweise für Auktionsteilnehmer« war zu lesen: »Wenn die Mitarbeiter von Drummonds die zu versteigernden Gegenstände beschreiben oder sich zu diesen äußern, tun sie das im Auftrag des Verkäufers. Bieter und Käufer, die keine Experten des jeweiligen

Sujets sind, sollten vor der Auktion die Hilfe eines unabhängigen Experten in Anspruch nehmen. Wenn Drummonds selbst als Verkäufer auftritt, wird dies entweder im Katalog ausgewiesen oder bei der Versteigerung erklärt.« Mit anderen Worten, Drummonds schrieb auf, was immer der Verkäufer erzählte? So konnte das Auktionshaus sich bei Fälschungen leicht aus der Verantwortung stehlen. Aber was war mit der Expertise des eigenen Whisky-Experten, eines Mister Gourlay? Sortierte er nur die schlimmsten Fakes aus? Im Kleingedruckten hieß es, dass eine Fälschung nach dem Kauf nicht als solche anerkannt wurde, wenn die Flasche vor der Auktion von Gelehrten und Experten bzw. von einem führenden Experten im Metier Whisky als authentisch bezeichnet worden war, und selbst wenn sich die Experten nicht einig waren, übernahm Drummonds keine Verantwortung! Man durfte sich fragen, ob das Auktionshaus bei einer Reklamation jemals den betreffenden Whisky überprüfte und gegebenenfalls das Geld erstattete. MacDonald studierte weiter den Katalog. Glen Garioch war nicht vertreten, dafür aber alle anderen schottischen Single Malts des Beam-Suntory-Konzerns: Laphroaig, Ardmore und Bowmore. An der nächsten Auktion in drei Tagen würde er teilnehmen und gleich noch einige Telefonate machen. Master Blender Alastair Carnegie von der Whisky-Firma McVicar and Whitelaw in Glasgow war der Erste auf seiner Liste. Seit ihrem gemeinsamen Abenteuer in Pitlochry war er ihm noch mehr ans Herz gewachsen.[3]

»Hier spricht Alastair Carnegie«, sagte sein Freund in einer Tonlage, die manchen Schauspieler neidisch machen würde.

»Hallo, Alastair, ich bin es, Angus.«

Pause. »Schön, deine Stimme zu hören, mein Freund.«

»Kannst du gerade reden?«

»Im Prinzip ja, aber lieber wäre es mir in fünf Minuten. Darf ich dich zurückrufen?«

»Natürlich, überhaupt kein Problem. Ist mit deiner Nase alles in Ordnung?«, fragte MacDonald.

---

[3] MacDonald spielt auf seinen dritten Fall »Whisky für die Engel« an.

Carnegie lachte. »Ja, Angus. Seit der Episode in Pitlochry hat es mich glücklicherweise nicht mehr erwischt. Toi, toi, toi. Bis gleich, mein Lieber.«

Aus den fünf Minuten wurden zehn, fünfzehn, schließlich zwanzig.

»Tut mir leid, dass ich dich so lange habe warten lassen. Geht es dir gut, Angus?«

»Blendend, ja, sieht man von dem falschen Whisky ab, der in Umlauf ist.«

»Äh, wie bitte?«

»Ich habe in meinem Hotelzimmer zwei Flaschen Auchentoshan und eine Flasche Glen Garioch, jeweils als Imitat, stehen.«

»Bist du auf Reisen?«

»Schöne Vorstellung. Doch war es ein Wasserrohrbruch, der mich ins Braid Hills führte. Einer der drei Whiskys, von Auchentoshan, ist 24 Jahre alt. Die Verbrecher sind also in beiden Segmenten tätig.«

»Woher weißt du, dass es dieselben Personen sind?«

»Es ist nur eine Vermutung, Alastair. Warum ich dich anrufe: Hattet ihr bei McVicar and Whitelaw in der letzten Zeit Probleme mit gefälschtem Whisky?«

»Angus, unsere Produkte verlassen das Haus nur nach strengsten Qualitätsprüfungen.«

»Also nein? Das ist schön.«

»Wo hast du die Flaschen gekauft?«

»Die jungen Tropfen bei Kevin Wordie auf der High Street und den alten Auchentoshan in der Destillerie. Kannst du mir etwas Sachdienliches mitteilen, Alastair?«

»Mit Imperial Whiskys kennst du dich als Edinburgher besser aus.«

»Auchentoshan?«

»Eigentlich dürfte ich es dir nicht sagen. Auchentoshan erwarb ein großes Kontingent an raren Whiskys. Solche, die sie selbst nicht mehr besaßen. Die Authentizität ist zum Teil, hm, zweifelhaft.«

»Bei wem wurde denn gekauft, bitte?«

»Gute Frage. Nach allem, was ich weiß, waren es einzelne Personen, die ihre Sammlung veräußerten.«

»Wie viele Personen? Zwei, drei, fünf?«

»Das entzieht sich leider meiner Kenntnis.«

»Könntest du nachfragen?«

»Mehr wird der Herr mir nicht sagen, lebt er doch bereits in Angst. Wenn es mit der Destillerie den Bach runtergeht, verliert der Mann seinen Job und ob er in seinem Alter etwas Neues findet, ist fraglich.«

»Wieso kauft Auchentoshan denn so viele alte Whiskys?«

»Sie möchten die Flaschen verkaufen und wittern auch Morgenluft im Replika-Markt.«

»Das hat uns gerade noch gefehlt.«

»Was soll das heißen?«

MacDonald, kein Fan von Replika-Whiskys, hatte Carnegies »Whisky für die Engel«, den wiederentdeckten Flaschen der Antarktis-Expedition von Shackleton nachempfunden, für einen Moment vergessen. Wie peinlich, wo er diesen Scotch doch liebte. »Ich, äh, meinte, auf Fälschungen können wir verzichten. Außerdem sind deine Kreationen nicht zu übertreffen.«

»Replikas sind keine so schlechte Idee, Angus. Whiskys, die vor dem Krieg produziert wurden, bilden eine Klasse für sich. Damals gab es mehr Personal und Zeit. Das Mälzen der eigenen Gerste war Ehrensache und die Fermentation dauerte bis zu einer Woche. Verschiedene Hefen kamen zum Einsatz, Bäckerhefe, leichte Hefe, Brauerhefe. Sherryfässer waren Standard. Die Whiskys schmeckten unverkennbar ölig, nicht so stark torfig wie heute. Es war eine dezente, fragile Torfigkeit.«

»Plant ihr einen Whisky in der Art?«

»Eher nein, ich meine nur, das Projekt von Auchentoshan ist kein schlechter Einfall.«

»Stimmt. Es wird allerdings schwiryig sein, nach Fälschungen Replikas zu kreieren.«

»Niemand hat gesagt, dass sie ausschließlich Fakes kauften.«

»Wie hat man festgestellt, dass unter den Ankäufen Fälschungen sind? Mit Labortests oder durch eigene Expertise?«

»Man vertraute wohl auf die eigene Anschauung. Aber Angus, ich habe dir bereits mehr erzählt, als ich durfte.«

»Es gibt nicht allzu viele Personen, die bereits vor dem Krieg guten Whisky tranken und es immer noch tun. Wer erkennt also durch Augenschein, ob ein alter Whisky gefälscht ist? Beam-Suntorys Master Blender ist versiert, redlich noch dazu, nicht wahr?« Mehr war aus Carnegie nicht herauszubekommen. Das musste man akzeptieren. »Ich danke dir für das Gespräch, Alastair.«

»Sehr gerne. Wie hast du den Geschmack der falschen Whiskys verdrängt? Mit Laphroaig?«

»Exakt. Der Zehnjährige war mir eine große Hilfe.«

»Natürlich. Angus, noch etwas …«

»Ja?«

»Da der Markt für seltene Whiskys ein verhältnismäßig junges Phänomen ist, könnte es theoretisch sein, dass zwei ältere Damen, sagen wir in Elgin, kürzlich ihre Keller mit seltenen Whiskys auflösten und an Auchentoshan verkauften.«

Eine deutliche Kritik am Destillerie-Management, das sämtliche Flaschen vor dem Ankauf hätte überprüfen lassen müssen! Die Replika-Serie erklärte, warum die Firma sich wegen gefälschter Whiskys weder an die Polizei noch an die Scotch Whisky Asscociation wenden würde. Ob sie einen privaten Ermittler beauftragt hatten?

»Ich muss verrückt sein. Oder war es der Whiskey?«
F. Scott Fitzgerald (1896-1940), US-Schriftsteller

Der Gourmet wird bedrängt

»Heilige Rohre, hua, kleine Rohre, große Rohre, hua, hua!« MacCracken, mit feuerrotem Overall bekleidet, Feder in der Irokesenbürste und einen großen Schraubenschlüssel in der Hand, tanzte um Wasserrohre, welche wie eine Opfergabe auf dem Boden vor dem Haus lagen. MacDonald war gekommen, um Unterlagen aus seinem Arbeitszimmer zu holen. Hinter den Vorhängen der angrenzenden Häuser genossen seine Nachbarn das kostenlose Schauspiel.

»Darf ich fragen, was Sie hier veranstalten, Mister MacCracken?«

Der Klempner riss die Augen auf. »Nach was sieht es aus? Mach Ihre Rohre fertig.«

»Ich verstehe noch immer nicht.«

»Sonst platzen die Dinger schneller, als sie A oder B sagen können.«

»Es handelt sich um ein mystisches Segnungsritual?«

»Hä?«

»Sprechen Sie den Dingen Mut zu?«

»Ay, so was Ähnliches.«

»Welcher Indianerstamm?«

»Selbst entwickelt. Wir sin hier in Schottland und nicht in den USA.«

Meine Güte, wen hatte Alberto ihm da angeschleppt?

»Ham Se die alten Rohre fertig gemacht?«

»Sie meinen gesegnet? Nein, aus irgendeinem Grund vergaß ich das.«

»Kein Wunder, dass se platzen!«

»Lässt sich abschätzen, wie lange Ihre Zeremonie noch dauern wird?«

»Was?«

»Ihre Tänze …«

»Bin schon fertig.«

»Großartig. Zu einem völlig anderen Thema: Begegneten Sie den Falschwhisky-Verkäufern wieder?«

MacCracken drehte sich zweimal im Kreis. »Der Typ wurde aus der Bow Bar geschmissen un verkauft sein Zeug jetzt auf dem Parkplatz vom Kinnaird Shopping Centre. Dachte, dass Sie sich dafür interessieren und hörte mich 'n bisschen um. Is nie verkehrt, 'n Pint zu zischen.«

»Wohl wahr«, antwortete MacDonald und drückte ihm eine Fünf-Pfund-Note in die Hand.«

Der Handwerker steckte den Geldschein grießgrämig ein. »Muss mal überlegen, ob mir noch was einfällt.« Weitere zehn Pfund wirkten Wunder. »Dieser Typ von Imperial Whiskys ...«

»Somerled?«

»Kann sein, dass er so heißt. Jedenfalls hat er 'nen Komplizen.«

»Was wissen wir über ihn?«

»Hä?«

»Wer is der zweite Typ?«

»Kann ich doch nicht wissen!«

»An welchen Tagen verkaufen die Männer sogenannten Whisky auf dem Parkplatz?«

»Sonntags, so wie im Pub. Schätze, weil da mehr Leute Zeit haben.«

»Was wird angeboten?«

»Na, Whisky eben!«

MacDonald seufzte. »Selbstredend, und welche Marke, bitte?«

»Keine Ahnung. Müssen Se selber schaun. Ich geh jetzt rein. Sonst wird Ihr Häuslein nie fertig.«

»Ein Pflichtbewusstsein, das Sie ehrt.«

MacCracken griff sich in den Schritt, was MacDonald tunlichst übersah. Dieser obszönen Geste, südlich von Mailand täglich im Gebrauch, begegnete er in Edinburgh zum Glück nur etwa alle fünf Jahre. Ein Grund mehr, seine geliebte Stadt nicht zu verlassen. Beim Betreten des Hauses atmete er auf, weil weder Marterpfahl noch Tipi zu sehen waren. Doch selbst im Obergeschoss hörte er den Handwerker klopfen. Man hätte sich auch wünschen dürfen, dass seine Naturreligion zu Hause blieb. Zu Alberto hätte er das nicht sagen können, denn wie allseits bekannt, waren Handwerker in Edinburgh mit Gold aufzuwiegen. Seit dem Treffen in der Bow Bar hatten sie nicht mehr miteinander gesprochen. Er packte die kulinarischen Tagebücher seines letzten USA-Aufenthaltes ein. Falls Karen weder die mit Haggis gefüllte Kartoffelrolle noch das vegetarische Essen zusagte, würde er sie mit einer Fusion von schottischer und nordamerikanischer Küche überraschen: Haggis-Chili-Cheeseburger mit Irn-Bru-Senf, Tattie Chips, Neep Chips und selbst gemachter Dreifruchtketchup. Fast schon ein Casanova-Menü.

»Oi! Alles klar bei Ihnen, MacArthur?« MacCracken stand mit einem armlangen Hammer im Türrahmen.

»Kann ich Ihnen helfen?«, fragte MacDonald.

»Na! Aber ich Ihnen vielleicht. Mir is noch was eingefallen, dieser Whisky-Laden is offiziell zu.«

»Imperial Whiskys? Wissen Sie, wie es Mister Wordie geht, dem Besitzer?«

»Verschwunden, verduftet, über alle Berge.«

Nach dem Dinner im hauseigenen Restaurant des Braid Hills begab er sich zur Hotelbar. Eine junge, dralle Dame mit blond verfärbten Haaren stand hinter dem Tresen. Im Braid Hills stellte man für gewöhnlich seriöses Personal ein. Gab es einen Engpass?

»Hi, Sir.« Sie beugte sich so ungeschickt nach vorne, dass der fehlende Büstenhalter überdeutlich wurde! »Was darf es sein? Scotch?«

»Bitte, ja.«

»Johnnie, Grouse, Bell's? Entschuldigung, Sie trinken sicher nur Single Malt.«

»Nicht unbedingt, doch heute Abend habe ich mir etwas sehr Feines verdient.«

»Harter Tag?«

»Oh, ja. Führen Sie Auchentoshan?«

»Odendoden?«

»Nein, Auchentoshan.«

»Glaub ich nicht!«

»Verzeihung, aber da unten steht doch eine Flasche?« MacDonald zeigte zum Lowlander.

Die junge Frau drehte ihm den Rücken zu. Schock und schwere Not! Ihr Rock war viel zu kurz! Zum Glück konnte Leder nicht reißen.

»Tatsächlich! Otenkoschen.« Sie hielt die Flasche mit zwei Fingern am Hals und ließ sie hin- und herbaumeln.

»Er heißt ... ist nicht so wichtig.« Sinnlos, manche Menschen wollten nichts lernen.

Sie schenkte ihm eine doppelte Portion ein und ließ die Flasche mit vielsagendem Blick auf der Theke stehen. Als er kostete, beobachtete sie ihn mit Argusaugen. »Na? Kann man den trinken?«

MacDonald nickte. »Ein sehr guter Lowlander, das Original.«

Sie lehnte sich wieder auf den Tresen. »Ham Se angenommen, dass ich Fake Whisky ausschenke?«

»Das haben Sie gesagt, junge Frau.«

»Hab nur Spaß gemacht. Kucken Se doch nicht so verbissen.«

»Niemals, gnädige Frau!«

»Sie kennen sich aus mit Whisky?«

»Ein wenig, ja.«

»Was is noch ein guter Schluck?«

»Schwierige Frage angesichts von 122 Malzwhisky-Destillerien.«

»Speyside ist okay?«

»Im Allgemeinen ja.« Um dem aufdringlichen Dekolleté der Dame zu entweichen, sah er auf den Boden. Verblüffend, dass Sie die Speyside-Region kannte.

»Was Bestimmtes von dort?«

»Macallan oder Glen Garioch.«

»Glen Goriach? Taugt der was?«

»Glen … warum wollen Sie das wissen?«

»Nur so. Schlückchen gefällig?«

»Ich würde einen Macallan vorziehen. Den Zwölfjährigen bitte.«

»Ay, ist überhaupt kein Problem.«

MacDonald starrte das Gläschen an.

»Stimmt was nicht mit dem Macellen?«

»Macallan, und nein. Es ist alles in Ordnung, zumindest farblich.« Er führte das Gläschen zum linken Nasenloch und atmete ein. Wieder stützte sich die junge Frau auf den Tresen. Das musste doch wahrlich nicht sein! Es blieb ihm nur, den Whisky im Wortsinn blind zu verkosten.

»Jetzt mache Se's aber spannend, Mann.«

Als MacDonald die Augen wieder öffnete, war sie leider immer noch da. »Sehr gut. Sie können mir noch einen eingießen, bitte.«

»Jetzt hab ich's. Sie sin der Fernsehkoch.«

»Heute Abend vor allen Dingen inkognito.«

»Ui, Sie kennen aber ne Menge Wörter.«

»Ich möchte gerne anonym bleiben.«

»Wird schwer gehen. Kann die Bar nich verlassen.«

»Anonym bedeutet unerkannt.«

»Soll mir recht sein. Verdienen Sie viel Geld?«

Was für eine vulgäre Frage! »Ich kann nicht klagen.«

»Aha, aha«, antwortete sie mit schriller Stimme. »Woran arbeiten Se denn im Moment?«

»Verschiedene Projekte.«

»Trinken Se auch richtig teuren Whisky?«

»Der Preis sagt nicht zwangsweise etwas über die Qualität.«

»Wenn's aber ganz alter Whisky is?«

»Selbst dann könnte der Preis übertrieben sein.«

»Frag nur, weil ich Ihnen antiken Stoff besorgen könnte. Sehr günstig …«

»Von wem, wenn ich fragen darf?«

Sie sah zu den besetzten Tischen im Raum und erwiderte unerwartet leise: »Ein Verwandter hat Kontakte.«

»Ist es Originalware?«

»Hä?«

»Fälschungen?«

»Wir sin keine Chinesen!«

»Schön, dennoch muss ich passen.«

»Hinlegen wollen Se sich?«

Er lachte laut auf. »Jawohl, das auch. Haben Sie vielen Dank für Ihre Gesellschaft. Gute Nacht.« MacDonald erhob sich und sah, dass sie ihm mit offenem Mund nachstarrte, als ob er ein unschickliches Angebot gemacht hätte. In seinem Zimmer blätterte er ein wenig im *Whisky Guide Deutschland* und wünschte sich, dass seine Deutsch-Kenntnisse noch besser wären. »Ha, kleine Fluchten sind das. Man muss keine Psychoanalyse studiert haben, um zu verstehen, dass ich mich nach den Whiskys anderer Länder sehne.« Irgendwann in der tiefen Nacht weckte ihn ein seltsames Poltern. Pong! »Ist ja gut! Bin schon unterwegs. Früh um drei!« Er öffnete die Tür zu dem kleinen Vorraum und dann die Eingangstür. Vor ihm stand die Barkeeperin, in gerüschtem Nachthemd, das einer halb so großen Dame vielleicht gepasst hätte. Schuhe trug sie keine, stand barfuß im Türrahmen und sah an ihm vorbei. Schlafwandlerei! Wenn das Karen mitbekam! Reiß dich zusammen, MacDonald! Weit und breit kein Mensch zu sehen, schon gar nicht Frau Doktor. »Dann treten Sie eben ein. Aber wirklich nur für ein paar Minuten, junge Frau.« Miss Kidd ging zur linken Bettseite, hob das Leintuch an und legte sich schlafen! Ein leicht durchschaubares Komplott. Doch was, wenn sie wirklich schlafwandelte? Er wollte nicht für den gesundheitlichen Schaden bei abruptem Aufwachen verantwortlich sein.

»Sie wollen mir erzählen, dass wir überhaupt nichts gemacht haben?«, fragte Miss Kidd am nächsten Morgen.

MacDonald sprach durch die geschlossene Badezimmertür mit ihr. »So ist es.«

»Warum sind Se dann nicht hier bei mir, wie es sich für einen noblen Gentleman gehört?«

Verflixt und zugenäht! Weil sie ihm pausenlos Avancen gemacht hatte, in ihrem Nachthemd, das fast bis zum Hals rutschte! »Ich erfrische mich im Badezimmer.«

»Toll! Sind Se jetz endlich fertig?«

»Ja, weshalb?«

»Entweder Sie kommen raus oder ich rein.«

»Immer mit der Ruhe.« Vorsichtig öffnete er die Tür.

»Das is doch nicht Ihr Ernst!«, rief Miss Kidd und MacDonald bereute es, geöffnet zu haben.

»Prego, sie hat was getan?«, fragte Alberto bereits zum zweiten Mal, obwohl er alles verstand. Der Italiener hatte neuen Gästen die eisernen Regeln der Villa Buongiorno erklärt, ließ sich aber gerne von Maria das Telefon reichen. »Was machte die junge Frau?«

»Sich ausgeschüttet vor Lachen!«

»Nur weil du ein lustiges Käppchen getragen hast?«

»Meine Schlafmütze für die Wintermonate.«

»Si, aber warum hast du das Ding nach dem Duschen wieder aufgesetzt?«

»Ojemine, weil mich fröstelte.«

»Weshalb will sie dich verklagen?«

»Sexuelle Belästigung, und wollte, wollte verklagen. Ich überzeugte Miss Kidd vom Gegenteil, weil Aussage gegen Aussage stünde und ich ja nichts Verwerfliches tat. Wie sähe es denn aus, wenn sie zugibt, die Nacht in meinem Zimmer verbracht zu haben? Hotelangestellte dürfen nicht mit den Gästen fraternisieren. Viel mehr beschäftigt mich jedoch, dass ein Verwandter von ihr angeblich Markenwhisky verkauft.«

»Vielleicht besitzt er ein Geschäft.«

»Es handelt sich eher um Hehlerware, vom Lastwagen gefallen.«

»Si, ho capito! Vom LKW eines Italieners! Blödes Klischee aus zweitklassigen amerikanischen Filmen! Immer sind die Verbrecher Italiener! Lasst euch endlich mal etwas Neues einfallen!«

»Reg dich bitte nicht auf, Alberto. So habe ich es nicht gemeint und fühle auch mit dir, denn in englischen TV-Produktionen sind die Verbrecher zu häufig Schotten. Oder Iren.«
»Hast du ihr etwas abgekauft?«
»Nein, du hast keine Vorstellung, wie aufdringlich Miss Kidd ist. Ich konnte mich auch nicht des Eindrucks erwehren, dass es sich um eine käufliche Person handelt.«
»Come? Eine Prostituierte? Auf keinen Fall.«
»Weshalb nicht?«
»Molto facile, sehr einfach. Das hätte ich gemerkt!«
»Du kennst Miss Kidd doch gar nicht.«
»Eine Prostituierte im Braid Hills wäre mir aufgefallen. Wie seid ihr verblieben?«, unterbrach Vitiello ihn.
»Bitte?«
»Macht ihr noch mal etwas zusammen?«
»Bist du von allen guten Geistern verlassen?«
»No! Es war nur eine Frage, Angus.«
»Wir machen nichts zusammen. Willst du dich der Ermittlung nun anschließen? Ein halbes Detektivteam ist nicht das Wahre. Hallo? Hallo-o?« Vitiello hatte aufgelegt, und als MacDonald seine Nummer erneut wählte, war besetzt.

Peter Gourlay, Whisky-Experte des Auktionshauses Drummonds war kaum die Sorte Mensch, mit der man gerne eine Tasse Tee trank, verdrießlich und vermutlich an Verdauungsproblemen leidend. Seine dicke, knollige, vernarbte Nase schien sich ebenfalls unbehaglich zu fühlen, und die maßgeschneiderte Garderobe schuf keinen Ausgleich. Den Termin hatte MacDonald ihm abringen müssen. Nun saß der schlaksige Mann ihm in einer winzigen Mönchsklause mit gekreuzten Beinen und stocksteifem Oberkörper gegenüber und ließ sich jedes Wort wie Feingold entlocken. In Regalen, die vom Boden bis zur Decke reichten, standen sündhaft teure Whisky-Flaschen. Am penibel aufgeräumten Schreibtisch hätte MacDonald nur ungern gearbeitet. Nicht, dass er Akkurates ablehnte, doch kontrolliertes Chaos war seiner Kreativität förderlicher.

»Auchentoshan, erst war es der Zwölfjährige, dann eine Flasche Vierundzwanzigjähriger, beide schlecht gefälscht.«

»Sie kennen sich aus mit Scotch, Mister ... MacDonald?«

Die ehrlichste Antwort wäre eine Ohrfeige gewesen, doch das würde er nicht tun. »So ist es Mister ... Gourlay und momentan recherchiere ich für einen Artikel über seltene Whiskys.«

»Schon mal eine Destillerie von innen gesehen?«, fragte sein Gesprächspartner gönnerhaft.

»Eine? Ich habe jede unserer 122 Malzwhisky-Destillerien mindestens zweimal besichtigt, mein Herr! So auch die sieben Grain-Whisky-Destillerien! Thank you very much.«

»Oh, wirklich?«

»Ich würde es nicht behaupten, wenn es nicht so wäre.«

»Zum zwölfjährigen Auchentoshan kann ich nichts sagen, weil er für unser Haus zu simpel ist. Auch Ihr Vierundzwanzigjähriger würde sich nicht so richtig einfügen. Was möchten Sie noch von mir wissen?«

»Sie versteigern demnächst Produkte von Beam-Suntory?«

»Produkte von Beam-Suntory?« Gourlay reckte die Nase nach oben. »Wir haben den einen oder anderen hochwertigen Whisky des Unternehmens in unserer Auktion, wenn es das ist, was Sie meinen?«

»Stellten Sie irgendwelche Anomalien fest? Unregelmäßigkeiten?«, fügte MacDonald hinzu, damit er nicht wieder seine Wortwahl sezierte.

»In solchem Fall, und ich betone, dass es im Hause Drummonds noch nie geschah, ginge der fragliche Whisky nicht in die Versteigerung. Wir sind ein ehrenwertes Unternehmen. Ich arbeite, wie Sie sicherlich recherchierten, seit zwanzig Jahren hier. Zuvor war ich bei Sotheby's beschäftigt. Es wird Ihnen also einleuchten, dass ich einen Ruf zu verlieren habe und meine Arbeit überhaupt gewissenhaft verrichte.«

»Wie ist Ihr Whisky-Background?«

»Präzisieren Sie bitte Ihre Frage.«

»Haben Sie schon einmal für eine Destillerie gearbeitet?«

»Für meine Position ist das nicht zwangsweise vorgeschrieben. Ein Buchrezensent muss auch kein Autor sein!«

»Also nein?«, fragte MacDonald, nicht sehr dezent, aber wo gehobelt wurde, fielen Späne, in beide Richtungen.

Gourlay machte einen Schmollmund.

»Wie examinieren Sie eine neue Flasche?«

»Sie wollen mich auf den Arm nehmen?«

»Im Gegenteil. Für meine Recherche ist es unerlässlich, einen Experten bei der Arbeit zu sehen.«

»Gut, eine kurze Demonstration kann sicher nicht schaden.«

»Herzlichen Dank.« Eitlen Menschen war schnell geschmeichelt.

Gourlay ging, düster nickend, zum Regal hinter seinem Stuhl und griff nach der erstbesten Flasche: Ardbeg. »Ich nehme den Scotch in die Hand, schaue mir Korken und das Papier mit dem Aufdruck an und kann gleich sagen, ob es sich um ein Original handelt.«

Kaum zu glauben! Warum nicht noch die Augen schließen? Wenn er das immer in diesem Tempo machte, waren Fälschungen Tür und Tor geöffnet. Unbedingt hätte er das Etikett näher untersuchen und eine Lupe zur Hand nehmen müssen, denn so manche Fälscher scannten Etiketten von alten Flaschen ein und druckten sie auf neuem Papier aus: Gepixelter Laserdruck war vergrößert besser zu erkennen. Auch das wichtige Destillationsdatum konnte niemand im Hauruckverfahren erkennen. Stand auf einer Ardbeg-Flasche beispielsweise ein Jahr zwischen 1981 und 1989, war es definitiv eine Fälschung, weil die Destillerie in der Zeit geschlossen war. »Spielt es eine Rolle, wie viel Whisky in der Flasche ist?«

Gourlay schlug die Beine in die andere Richtung über. »Sie werden mir wieder auf die Sprünge helfen müssen, Mister Donald.«

»Ist es nicht so, dass sich mit zunehmendem Alter weniger Whisky in der Flasche findet, weil er verdunstet?«

»Korrekt.«

»Wenn also eine sehr alte Flasche bis dicht unter den Korken gefüllt ist, könnte es sich um eine Fälschung handeln?«

»So pauschal lässt sich das nicht sagen.«

MacDonald sah demonstrativ zu der Flasche 47-jährigem Glenfiddich aus dem Jahr 1964, der fast den Korken berührte. Nach einem halben Jahrhundert war das kaum möglich.

»Haben Sie sonst noch Fragen, Mister ... MacDonald?«

»Ich habe gehört, dass es hilfreich sein kann, den Flaschenhals mit etwas Spucke zu reinigen.«

Gourlay verzog angewidert das Gesicht. »Sie belieben zu scherzen?«

»Nein, Mister Gourlay.«

»Wer macht denn so etwas Bizarres?«

»Menschen, die Tee oder Tabak entfernen.«

»Tee oder Tabak? Auf einer Whisky-Flasche?«

Der Mann hatte keinen blassen Schimmer von seltenem Whisky! »Damit soll eine gewisse Patina vorgetäuscht werden.«

»Ist das so?«

Hoffnungslos! »Kennen Sie Auktionshäuser, die kürzlich mit gefälschten Whiskys zu tun hatten?«

»Wir treffen uns nicht zum wöchentlichen Stammtisch, auch wenn manch einer das zu denken scheint.«

»Sammeln Sie Whisky?«

»Wird das in Ihrem Artikel erwähnt?«

Der Gourmet schüttelte den Kopf. »Sie haben Recht, ist nicht so wichtig. Ihre primäre Zielgruppe?«

Gourlay richtete sich wie eine Marionette im Stuhl auf. »Sie können unserem Auktionskatalog leicht entnehmen, dass wir alle Arten von Käufern ansprechen, wie hoch oder niedrig das Budget auch sein mag.«

Zwar gab es die eine oder andere Flasche, deren Eröffnungsgebot bei hundert Pfund lag, aber das war eine Ausnahme. Fast immer wurden mindestens dreihundert Pfund veranschlagt.

»Blended Scoch Whisky nehmen Sie ins Programm?«

»Ins ... Programm, wie Sie es nennen, gelangen Blended Scotch Whiskys eher nicht. Es müsste schon eine sehr seltene

Flasche sein, beispielsweise Johnnie Walker Red Label aus dem Jahre 1930.«

»Und Ihre Käufer?«

»Wie meinen?«

MacDonald wollte auf seine Darbietung »Ich bin ja so überlegen und bringe dir bei, wie du als Journalist Fragen zu formulieren hast« nicht eingehen. »Sind es Geschäftsleute oder Privatiers?«

»Ah, das meinten Sie. Wir kennen solitäre Sammler und Geschäftskunden, die für Restaurants oder Hotels einkaufen.«

So langsam verging MacDonald die Lust, weiter mit dem Mann zu reden. »Kaufen Sie auch Fässer?«

»Nein.«

Selten hatte MacDonald sich in der Gegenwart eines Mitmenschen physisch so unwohl gefühlt. Die Verabschiedung verlief entsprechend frostig. Gourlay übersah die ihm entgegengestreckte Hand und der Gourmet war überfroh, dieses Haus verlassen zu können, lehnte es sogar ab, sich nach unten begleiten zu lassen. Hatte der sogenannte Whisky-Experte aus dem Hause Drummonds ihm bewusst zu wenig erzählt oder ging es mit seiner snobistischen Art einher? MacDonald würde die nächste Auktion besuchen und alles beobachten, Gourlay wie auch das Publikum!

»Miss Kidd musste uns überraschend verlassen. Sehr bedauerlich«, sagte der Gentleman mit dem Dreitagebart taktvoll wie ein Pfarrer.

Mit starker Betonung auf müssen, dachte MacDonald, der sich an der Rezeption nach dem Verbleib der jungen Dame erkundigte, um weitere unerquickliche Begegnungen zu vermeiden. »Hoffentlich nicht aus gesundheitlichen Gründen?«

»Nein, sie kann wegen anderer Belange nicht mehr hier tätig sein«, erwiderte der junge Mann.

»Oh, ich verstehe«, antwortete MacDonald. Mittlerweile bedauerte er es, ihr Angebot billigen Whiskys ausgeschlagen zu haben. So sackgassenartig, wie der Fall sich präsentierte, konnte jeder kleine Hinweis hilfreich sein.

»Kann ich sonst noch etwas für Sie tun, Mister MacDonald?«

»Danke, nein.« In seinem Zimmer versuchte er, Karen zu erreichen. Wie so häufig, sprang der Anrufbeantworter an, oder die Box, wie sie jenen kurioserweise nannte. Er ging zum Fenster. An der Bushaltestelle saß ein Mann mit Feldstecher, schlecht versteckt hinter einer Tageszeitung. Sein Schatten aus dem Frühstücksraum und vom Waverley-Bahnhof! MacDonald schob das Fenster nach oben und winkte ihm. Im selben Moment erschien, wie auf Bestellung, ein Bus. Wenn er den Burschen noch einmal ausmachte, konnte er etwas erleben! Sich einem Gefühl der Schläfrigkeit hingebend, legte er sich hin und wachte erst am Nachmittag wieder auf. Was nun, Angus? Musste er besorgt sein, weil er öfter mit sich selbst sprach? Nein, das war logisch, wenn ein Mann auf seinen besten Freund verzichten musste, im täglichen Leben wie beim Ermitteln? Er hätte natürlich zur moralischen Unterstützung seinen Vater anrufen können. Aber Malcolm MacDonald machte sich über Alberto lustig, seitdem sie sich kannten und das Gerede (»Ich hab dir immer gesagt, auf Italiener ist kein Verlass!«) wäre ihm schnell über gewesen. Nein, diesen Fall würde er ganz alleine lösen.

»Wenn mich jemand fragt, ob ich Wasser zu meinem Whiskey möchte, antworte ich, dass ich durstig bin und nicht schmutzig.«

Joe E. Lewis (1902-1971),
US-amerikanischer Komiker und Schauspieler

Fiese Gangster

Um 23.30 Uhr machte MacDonald sich auf den Weg nach Fort Kinnaird. Das Shopping-Center hatte eineinhalb Stunden zuvor geschlossen. Das sollte den Whisky-Fälschern ausreichend Zeit gelassen haben, sich zu positionieren. MacDonald liebte die USA, aber Geschäfte an einen Parkplatz zu reihen, fand er zu beiden Seiten des großen Teichs unschön. Wenn schon Einkaufsmeile, dann bitte alles unter einem Dach wie im ästhetisch ansprechenden Ocean Terminal. Die Strecke zu seinem Ziel führte durch unbehagliche Wohnviertel, sodass er, auch angesichts der Uhrzeit, mit dem Taxi anreiste. Der Fahrer schlug vor, bei laufender Uhr zu warten. Kein seriöses Angebot.

»Sind Sie sicher, Sir? Hier wohnen nicht gerade die besten Nachbarn.«

»Keine Sorge«, erwiderte MacDonald, »wenn mir etwas zustößt, nehme ich Sie aus der Verantwortung.«

»Äh, danke«, sagte der Mann verwirrt.

»Gute Fahrt«, fügte der Gourmet hinzu, weil der Herr noch immer keine Anstalten machte aufzubrechen. Wusste er von einem drohenden Unheil? »Setzen Sie öfter Fahrgäste hier ab?«

»Was? Nein, wie kommen Sie darauf? Auf Wiedersehen.«

Endlich legte er einen Gang ein und brauste hupend davon. Das Gelände war nach Ladenschluss wie ausgestorben und einsetzender Regen machte die Situation nicht gemütlicher. Er ging an den Rand des Parkplatzes, wo die Chance, überfahren zu werden, am geringsten war. Etwa fünf Minuten später tauchte auf der Straße ein Kleinbus auf, Standardszene in TV-Krimis. Erlaubte sich jemand einen Schabernack oder war er unwissentlich in Dreharbeiten gelangt? Bevor MacDonald weitere Überlegungen anstellen konnte, steuerte der Wagen rasant auf ihn zu und machte eine Vollbremsung. Die seitliche Schiebetür wurde geöffnet und ein kleiner, korpulenter Mann mit roten Haaren herrschte ihn an. »Los einsteigen, aber dalli!«

»Ein verlockendes Angebot, mein Herr. Doch bin ich gerade erst gekommen, um etwas Whisky zu erstehen.«

»Jaja, da biste richtig. Immer rein in die gute Stube.«

Nicht dass die zweite Aufforderung höflicher gewesen wäre, aber der harte Gegenstand in seinen Rippen, eine Feuerwaffe, überzeugte ihn. »Wenn Sie so charmant bitten, bleibt mir wahrlich keine Wahl. Doch könnten Sie Ihr Pistölchen bitte in eine andere Richtung drehen?«

»Jetzt reicht's, Dicker!«

»Ich verbitte mir solche Beschimpfungen und ...« MacDonald kam nicht dazu, den Satz zu beenden. Als er wieder erwachte, fiel ihm das Atmen wegen der muffigen Kapuze auf seinem Kopf schwer. »Ich schätze es nicht, gefesselt zu werden!«

»Nehmt ihm die Masken vom Kopfen. Fesseln bleiben.«

Die Sprachmelodie verrät den Italiener, dachte MacDonald und blinzelte, als das stinkende Etwas entfernt wurde. Sie befanden sich in einer ehemaligen Autowerkstatt mit zünftigen Schlaglöchern und Ölpfützen. Freundlicherweise hatte man ihm einen rostigen Stuhl überlassen.

»Schöne gude Abend, Mister MacDonalde. Wie geht es Ihnen?«

Der oberste Entführer trug eine dicke, gelbe Perücke und roch nach rohem Knoblauch. Selbst auf einen Klebe-Schnurrbart hatte er nicht verzichtet! Dabei war Halloween in diesem Jahr schon gefeiert worden. Hinter ihm standen der Rothaarige und ein Mann mit öligen, schwarzen Haaren. Zumindest er wirkte halbwegs authentisch.

»Blendend, Sir. Danke der Nachfrage. Wie fühlen Sie sich?«

»Haha, der Mann hate Humore. Oder Jungs?«

»Humore, ja genau.«

»Sagen wir, eh, so, wenn Sie so viele Frage nicht stelle würde, es wäre meine Lebe leichter!«

»Sie besitzen mein aufrichtiges Mitgefühl, Sir. Darf ich nach Ihrem werten Namen fragen?«

»Donald Ducke!«

»Ducke! Ducke!«, wiederholten die Handlanger künstlich belustigt.

»Schön, Mister Duck, wie kann ich Ihnen helfen?«

»Sie trinke gerne Whisky?«

»Haben Sie welchen zu veräußern? Die letzten Minuten deuteten nicht darauf hin.«

»Weiß ich doch!!«

Der Rothaarige trat hinter ihn. Die Situation wurde brenzlig. Doch statt einen weiteren Hieb auf den Kopf zu erhalten, hörte er etwas plätschern. Wollte man ihn ertränken, ein sogenanntes Waterboarding veranstalten? Er würde es den Henkersknechten so schwer wie möglich machen, stemmte beide Füße fest auf den Boden! Sowie man ihn wieder berührte, wollte er aufspringen und die Stuhlbeine rücklings als Waffe einsetzen! So schnell gab ein MacDonald sich nicht geschlagen! Der Handlanger ging an ihm vorbei und reichte dem Boss zwei Whisky-Degustiergläschen. »Grazie, Giulio. Hast du gut gemachte.«

Wie kompliziert war es, Whisky in Gläschen zu gießen? Sollte der Bursche sein minderbemittelter Sohn sein?

»Möchten wir Sie auf eine Schlückchen einladen, Mister MacDonalde.«

»Ich bin nicht durstig.«

»Whisky ist nicht vergiftet. Sie zweifle? Keine Problem, ich trinke von beide Gläsche.«

»Ihre Determiniertheit bewundere ich, Sir.«

Donald Duck nippte am ersten Gläschen. »Sie sehe, lebe ich noch! Allora, zweite Probe.« Wieder nahm er einen kleinen Schluck. »Wunderbare Scotch! Tutto a posto!«

Alles in Ordnung hieß das, wie MacDonald von Alberto wusste.

»Sie wollen es auch wage, Signore?«

»Habe ich eine Wahl?«

»No, hoho! Was meint ihr, Ragazzi?«

»Hoho, no!«

So langsam wurde die Repetiernummer langweilig. Auch hatte MacDonald keine Lust, länger in dieser Halle zu sitzen, deren muffiger Geruch bereits an seiner Kleidung haftete. »Schön, reichen Sie mir bitte das Gläschen.«

»Hört, Jungs, eine echte Gentleman. Giulio, gibe dem Signore das Glase, bitte. Vorher musst du Fesseln abnehmen.«

Die Assistenten wollten wieder losprusten, doch ihr Boss hielt sie mit ausgestreckter Hand zurück. »Basta cosi! Fesseln weg!«

»Herzlichen Dank, Senor.«

»Sagen wir Signore, nicht Senor!«

Das wusste der Gourmet sehr genau und genoss seine kleine Rache. Er nahm das Gläschen in die Hand, roch daran und schüttelte den Kopf.

»Stimmte etwas nicht?«

»Befindet sich in dem Glas der Whisky, von dem ich glaube, dass er es ist?«

Der Italiener grinste. »Sisi.«

MacDonald hielt das Glas schräg, wieder senkrecht und betrachtete die langsam zurücklaufenden Schlieren, hier ein Zeichen hohen Alters. Er nippte am Whisky, schloss die Augen. Zweimal in seinem Leben hatte er das Vergnügen gehabt, Black Bowmore zu verkösigen, den legendären Whisky von der Insel Islay. Im Jahr 1964 destilliert, wurde die erste Edition 1993 abgefüllt und zum geradezu lachhaften Preis von unter 100 Pfund verkauft. Damals gehörte die Destillerie noch zu Morrison-Bowmore und man war daran interessiert, große Mengen Whisky billig an Supermärkte zu veräußern. Ein bemerkenswertes Schnäppchen angesichts der Summe, die man dieser Tage anlegen musste. Drummonds veranschlagte im aktuellen Katalog als Eröffnungsgebot 5.000 Pfund.

»Hallo, sind Sie noch bei uns?«

MacDonald blinzelte. »Ja, Mister Duck.«

»Wie ist Ihre Urteile?«

»Ein Meisterstück aus dem Hause Bowmore. Außerordentlich dicht konzentrierter Whisky mit perfektem Gleichgewicht von Frucht und Torf. Nur verstehe ich nicht, warum mir eine Probe im Wert von gut zweihundert Pfund offeriert wird?«

»Muss ich eine Grunde habe?«

»Ach, wissen Sie, jemand, der jetzt zu uns stieße, würde nicht gerade eine fröhliche Runde erblicken.«

»Danke Sie mir so den gute Tropfe?«

»Sie haben recht und hätten mir auch weitaus schlechteren Whisky servieren können, eine Fälschung gar.«

»Ich mag, mit Whisky-Kennern zu spreche. Das Beste ist gerade gut genug für uns. Giulio, zweite Probe, per favore.«

»Machen Sie sich keine Umstände. Ich wollte gerade aufbrechen.«

»Nur noch eine Schlückche, si?«

»Gut, so machen wir es.« Wenn der Gangster ihn danach entkommen ließ, zahlte er einen kleinen Preis! Erneut plätscherte es hinter ihm.

»Für Test Nummer due wir machen Sie wieder blind.«

MacDonald nickte. An einem Lufthauch merkte er, dass der Sitz der Binde überprüft wurde.

»Bitte, Signore«, sagte der Assistent.

Er roch etwas zu süßen Whisky. Welche Destillerie mochte es sein?

»Probieren Sie ruhige, Signore.«

Das tat er und konstatierte einen starken Qualitätsabfall zum Black Bowmore.

»Allora? Was sagt unsere werte Experte?«

»In Ordnung, würde ich meinen.«

»Aber kaum so gute wie Black Bowmore?«

»Nein, das nicht«, erwiderte MacDonald, froh, weil der Gauner es genauso sah.

»Loch Dhu eventuell?« Die Mannochmore-Destillerie in der Speyside-Region unternahm zwischen 1996 und 1997 ein gewagtes Experiment und produzierte schwarzen Whisky. Die Produzenten behaupteten, die Farbe käme von doppelt ausgebrannten Fässern. Doch MacDonald vermutete eher, dass reichlich Zuckerkaramell verwendet worden war, was auch die leichte Süße erklärte.

»Blinde zu sagen, ist difficile, si? Haha, so geht es alle diese große Tester! Koche nur mit Wasser! Sie möge koste mit Auge?«

MacDonald übersetzte im Geist sein eigenwilliges in properes Englisch und nahm noch einen Schluck. Es war Donald Ducke anzusehen, dass er etwas Positives hören wollte. »Viele Kritiker bezeichneten Loch Dhu als den übelsten Scotch der Welt. Das sehe ich nicht so, Mister Duck. Ich habe in meinem Leben weitaus schlechtere Whiskys getrunken, solche, mit denen ich nicht einmal eine Schulterzerrung behandeln würde.«

»Bravo!«

»Außerdem ist es unfair, die Whisky-Industrie wegen mangelnder Innovation zu hänseln, dann aber alle Experimente zu verurteilen.«

»Sisi, noch immer kaufe Mensche Loch Dhu! Es gibte sogar eigene Website.«

Obwohl die Produktion mehr als zwanzig Jahre zurücklag. War Donald Ducke der Betreiber der Internetseite?

»Sisi, aber es gibte Whiskys, die noch älter sind und verkauft werde. Mister MacDonalde, Sie als Experte, sagen mir bitte, welche alte Whiskys man kaufen sollte.«

»Ich soll Sie beraten? Hier und jetzt?«

»Prego, wenn es mögliche wäre. Lieben wir doch beide goldene Spirituose.«

»Sie wissen bestimmt, dass nicht jeder Whisky eine Wertsteigerung erfährt?«

»Naturalmente, bin ich doch keine Novizer!«

»Ich nenne Ihnen den bestmöglichen Fall: Sie konzentrieren sich auf eine besondere Edition mit nicht allzu vielen Flaschen. Dabei ist zu empfehlen, entweder die erste oder letzte Flasche der Reihe zu erwerben. Die sind besonders wertvoll. Wurde die Destillerie eingemottet, steigt der Preis zusätzlich. Zudem sollte der Whisky alt sein und von einem renommierten Abfüller, den es idealerweise auch nicht mehr gibt.«

»So viele Punkte!«

»Manchmal machen auch Außenseiter wie Loch Dhu das Rennen. Ich kann Ihnen ein hervorragendes Buch von einem sehr versierten Bekannten aus der Schweiz empfehlen, wenn Sie möchten. Er heißt *Ralph Warth* und …«

»Ich lese keine Bücher. Noch nie! Nun wir reden noch über Lagerung! Hören wir«, mahnte der Italiener.

»Whisky wird stehend aufbewahrt …«

»Naturalmente.«

»… weil die Korken nicht so fest eingepasst sind wie bei Weinflaschen. Starkes Sonnenlicht ist ein Tabu. Am besten bringen wir unsere Schätze in einem kühlen und trockenen Keller mit gleichmäßiger Temperatur unter. Dann verdunstet weniger.«

»Es genügt.«

»Gut. Verraten Sie mir bitte eines, mein Herr: Wozu dieses launige Treffen?«

»Denke ich, dass Sie genau wissen. Wenn uns jemand in die Quere gerät, schieße wir mit alle Geschütze!«

Als MacDonald wieder zu sich kam, lag er auf dem Parkplatz des Shopping-Centers, und sein Kopf schmerzte noch mehr. Der üble Schläger hatte auf dieselbe Stelle gehauen. Er tastete die linke Jackett-Innentasche ab und war froh, das mobile Telefon zu spüren. Auch sein Portemonnaie hatte man ihm gelassen. Dass derselbe Taxifahrer wieder aufkreuzte, behagte ihm nicht.

»Hab Ihnen gleich gesagt, es ist besser, wenn ich warte, Sir.«

»Jaja, ich weiß«, brummte MacDonald. »Wenn Sie mich bitte schnell ins Braid Hills bringen könnten.«

»Hat man Sie niedergeschlagen?«

»So sieht es aus.«

»Hier auf dem Parkplatz?«

MacDonald beugte sich zu ihm vor. »Können wir bitte aufbrechen, ja?«

»Natürlich.«

»Die Sache wird ein Nachspiel haben!«

»Wenn Sie es sagen, Chef.«

Beim Betreten des Frühstücksraumes am folgenden Morgen war er erleichtert, seinen Schatten nicht zu sehen. Er legte den »Scotsman«, den das Hotel freundlicherweise in der Lobby zur

Verfügung stellte, auf den Tisch und holte sich ein großes Frühstück. Was für ein Abend: Der Möchtegern-Mafiaboss hatte die Finger im Spiel! Die Frage war, ob er gewöhnliche Single Malts oder alte Whiskys fälschen ließ. Und wer veranstaltete ein Tasting mit Black Bowmore und Loch Dhu? Jemand, der wenig Ahnung von Whisky hatte, sich nur die Reden seiner Mitmenschen merkte und rohe Knoblauchzehen kaute. Die feinen Nuancen der schottischen Spirituose konnte er nicht würdigen! Schließlich: Woher wusste der Fiesling, dass er zum Shoppingcenter kommen würde? Der Tee brannte in MacDonalds Kehle. Karen würde ihm empfehlen, sich hinzulegen. Aber er war zu wütend, um sich auszuruhen. Kapitaler Angriff auf die Whisky-Welt und nun beeinträchtigte man noch sein körperliches Wohlbefinden! Ein Gang zur Polizei würde ihn lächerlich machen, da absolut nichts vorzuweisen war. »Man schlug mich auf dem Parkplatz von Fort Kinnaird nieder.«

»Was hatten Sie um diese Uhrzeit dort zu tun?«

»Ankauf billigen Whiskys!« Nein, definitiv keine Option! Er blätterte lustlos den »Scotsman« durch, bis er bei den Todesanzeigen landete. Somerled, Kevin Wordies komischer Angestellter, starb »unerwartet bei einem Verkehrsunfall«. Eine Spur, die im Nirwana endete. MacDonald ging in sein Zimmer und telefonierte. Es handelte sich wohl tatsächlich um einen tragischen Verkehrsunfall und die Polizei stellte keine Ermittlungen an. Hatte der Gangsterboss den Mann beseitigen lassen, weil er ihm zu gefährlich wurde? Wo sollte man weiter ermitteln? Gourlay von Drummonds? Möglicherweise war er einfach nur unfähig. Erneute Versuche, an die Leitung von Auchentoshan oder Glen Garioch heranzukommen, schlugen fehl. Beam-Suntory schirmte beide hervorragend ab. Es ging doch nichts über einen großen Konzern! Apropos Konzern, Glenmorangie hatte seinen Klub, die Scotch Malt Whisky Society, kurz SMWS genannt, an Investoren verkauft, um sich auf die eigene Destillerie zu konzentrieren. MacDonald liebte diese Worthülsen der Pressemitteilungen. Wer würde sich nicht auf sein Kerngeschäft konzentrieren wollen? Noch besser wäre es, sich gar nicht erst von diesem zu entfernen. Elf Jahre hatte das Management benötigt, zu dieser Erkenntnis zu gelangen. Mittlerweile zählte man 25.000 Mitglieder in 19 Ländern. Fässer wurden von den Destillerien gekauft, in Edinburgh und Glasgow gelagert und, falls vom monatlich tagenden Tasting Panel für gut befunden, abgefüllt, etwa 500 pro Jahr. Auch im neuen Katalog von Drummonds waren einige davon enthalten. Angefangen hatte alles 1983, als Whisky-Liebhaber Pip Hills, unzufrieden mit Blended Whiskys, in die Highlands fuhr und ein Fass bei einer Destillerie kaufte. Auch seine Freunde waren von *Single Cask Whisky* begeistert und gründeten mit Hills einen Klub. Die Society besaß eine eigene Flaschenform, mit Labels, auf denen der Name der Destillerie nicht genannt war. Doch hatten emsige Mitmenschen eine Liste mit den Codes ins Internet gestellt. Dieser Tage versuchte man sich in ungewöhnlichen Geschmacksprofilen. Zu einem 21-jährigen Laphroaig war in der aktuellen Broschüre zu lesen: »Sonniger Nachmittag, wir saßen auf Liegestühlen an einem Kiesstrand. Eine salzige Seebrise wehte. Sie brachte uns einen leichten Hauch von Torf und machte die Temperatur erträglich. Die Kinder erkundeten die kleinen Wassertümpel zwischen den Felsen. Mit einem Buch und einem guten Whisky in den Händen könnte etwas Magisches geschehen. In unserem Mund machten sich wunderbar süße Torfaromen breit. Vereinen Sie das mit einem Spritzer Limonensaft, etwas Honig, Sojasoße und einer Zitronenglasur über gebratenem Hähnchen und Sie sind am selben Punkt angelangt. Meeresforelle, Meerfenchel und würzige Zitronenkrabben mit marokkanischem Minztee; geben Sie sich einem Tagtraum hin.« Auch ein Werbetexter für die SMWS sollte beschreiben, was er verköstigte. Scotch Whiskys waren keine Strandkörbe. Der Hinweis der SMWS, wann dieser Laphroaig am besten zu genießen war, sprach unfreiwillig Bände: »Es lässt sich nur ein gewisses Maß an Realität ertragen.« Wie wahr! Ein elfjähriger Longmorn hatte folgenden Text: »Wir finden uns in der Küche wieder. Irgendetwas kocht vor sich hin. Vielleicht ist aber auch nur etwas im Backofen.« Oder jemand hat eine Dose Hundefutter geöffnet! »Chinesische Rippchen und gebackener Schinken mit einer Honigglasur aus braunem Zucker. (!!!) Während wir eine Flasche Madeirawein verkösigten (Was ist mit dem Scotch??), wurde es in der Küche noch heißer, mit flambierten Bananen in Orangenlikör und Brandy. Jetzt benötigten wir ein hopfiges, malziges, rotes Ale, um unseren Durst zu löschen, und gingen nach draußen, um nach den Schinken- und Ananaswürfeln zu sehen, die sich mit ahorngetränkten Holzchips im BBQ-Grill befanden, denn wir bereiteten eine gegrillte Ananas-Salsa mit roten Zwiebeln, frischem Koriander und Limettensaft. Ein Whisky, den man während des Kochens trinken sollte.« Vor oder hinter Madeirawein und Ale?? Vielleicht bin ich auch ungerecht, dachte MacDonald, denn an blumigen Beschreibungen dieses stark getorften Whiskys fehlte es auch anderenorts nicht. Die Destillerie hatte in einer Werbekampagne die Fans aufgefordert, Kommentare abzugeben. Einer der harmlosesten war: »So, als ob der Teufel hallo sagt und die Engel sich verabschieden!« Der Zehnjährige schmeckte MacDonald am besten. Fünfzehn Stunden wurde die Gerste über Torffeuer getrocknet. Schwer vorstellbar deshalb, dass es jemand schaffte, ihn glaubwürdig zu fälschen. Zeit, der Society einen Besuch abzustatten. Angus zog sein Harris-Tweed-Jackett in der Farbe Hebridean Blue an und machte sich auf den Weg zum urigen Gebäude in der Giles Street in Leith. Ein solides Backsteinhaus, 1785 errichtet. Ohne Zweifel würde es noch mindestens 200 Jahre stehen. Er ging die steile Steintreppe hoch und schöpfte vor dem Eintreten Atem. Weil an der Rezeption niemand saß, trug er ungefragt seine Mitgliedsnummer ein. Als er die Türklinke des Klubraumes nach unten drückte, rief ihm jemand hinterher: »He, Sie da! So geht es nicht!«

MacDonald drehte sich um und sah eine blassgesichtige Dame mit Teebecher in der Hand. »Ich verbitte mir diesen Ton, junge Frau!«

»Hier kann nicht jeder hereinspazieren.«

»Sehr wohl! Deshalb trug ich auch meine Mitgliedsnummer ein, während Sie sich Tee kochten.«

»Verzeihung, konnte ich doch nicht wissen.«

»Sie gestatten, dass ich meinen Weg fortsetze?«

»Aber ja, gehen Sie nur weiter. Drinnen prasselt ein schönes Feuerchen.«

In der Tat spendete der Kamin dem riesigen Raum mollige Wärme. Neben dem Barkeeper befanden sich, der Uhrzeit geschuldet, nur drei ältere Herren in der Society. Alle sahen ein wenig zu deutlich nicht zu ihm hin. Wer konnte es ihnen nach dem lautstarken Disput verübeln! Er nickte verbindlich in die Runde und ging zur Bar. Der Angestellte, ein rothaariger junger Mann mit Sommersprossen grüßte freundlich. »Hallo Sir, schöner Tag heute, nicht wahr?«

»Wunderschön, ja.« MacDonald reichte ihm seine Klubkarte. Der Barkeeper zog sie über den Scanner, sodass dank der computerisierten Kasse alles am Ende beglichen werden konnte und nicht nach jedem einzelnen Drink wie in Pubs.

»Was darf es sein?«

»Lassen Sie uns mit einem Auchentoshan starten.«

»Oh, so operieren wir nicht. Unsere Whiskys sind mit einer Zahl versehen. Sie ist der entsprechenden Destillerie zugeordnet, aber nicht öffentlich bekannt.«

»Geben Sie mir bitte Nummer fünf.«

MacDonald zog einen Bogen weißes Papier aus der Tasche und hielt sein Gläschen dagegen. Der Barkeeper beobachtete ihn fasziniert wie belustigt. »Nun schnuppern wir ausgiebig am Auchentoshan, linkes Nasenloch, rechtes Nasenloch, ein Schlückchen getrunken, soweit alles okay.«

»Arbeiten Sie als Tester, Sir?«

»Ich darf Ihnen versichern, dass mein Erscheinen privater Natur ist.« Der Mann, Angehöriger der SMS-Generation mit einem Basis-Wortschatz, hatte ihn nicht verstanden. »Zwar bin ich Journalist, aber betrachten Sie mich bitte nur als Klubmitglied.«

»Da bin ich beruhigt.«

»Wie meinen Sie das?«

Der Barkeeper wischte die Theke und sah sich verstohlen im Raum um. »In der letzten Zeit werden hier dauernd so komische Fragen gestellt.«

»Könnten Sie mir bitte eine Nummer 19 geben? Glen Garioch. An einer Bar ist es nicht so ungewöhnlich, miteinander zu reden, oder?«, fragte MacDonald, um ihn aus der Reserve zu locken.

»Sie haben Recht. Neugier sind wir gewohnt, doch einer unserer Gäste treibt es dabei auf die Spitze …«

»Darf man fragen, wer das ist?«

»Ein junger Mann, noch keine dreißig, vermutlich Chinese. Könnte auch Japaner oder Koreaner sein. Ich bin in diesen Dingen kein Fachmann. Er saugt alle Informationen wie ein Schwamm auf und schreibt sie in ein Notizbuch.«

»Ist er dick oder dünn?«

»Sehr schlank, schwarze Haare und Brillenträger.«

»Kleidung?«

»Ausgewaschene, hellblaue Jeans, graues T-Shirt und Cowboystiefel. Komischerweise steht ihm das gut. Er trägt alles mit legerer Eleganz.«

MacDonald überlegte. Sein fragwürdiger Fan von Hotel und Bahnhof, eher unauffällig angezogen, war es also nicht. Eventuell der Gentleman, der den fünftausend Pfund teuren Whisky bei Auchentoshan gekauft hatte? Zwar erwähnte der Guide nichts von Cowboystiefeln, aber Menschen schlüpften in die unterschiedlichsten Rollen, wenn es ihren Zielen diente. »Hat er Sie nach leeren Flaschen gefragt?«

»Wir haben strikte Anweisung, keine rauszugeben.«

»Damit niemand Schindluder treibt?«

»Der Besucher war ein Mann, keine Frau.«

MacDonald presste die Hände auf die Theke. Mein Gott, er setzte Schindluder mit Luder gleich! »Wann war der Herr zuletzt hier?«

»Vor zwei, drei Wochen.«

»Dennoch erinnern Sie sich noch deutlich an ihn?«

»Bei den Fragen würden Sie das auch. Er wollte wissen, welche Destillerien momentan bei uns vertreten sind, den Unterschied zur Vergangenheit und, und, und …«

Ein Mann, über zwei Meter groß, mit enorm wuchtigem Kopf, ganz in schwarz gekleidet, legte ihm die Hand auf die Schulter.

»Das würde unser junger Kollege natürlich niemals verraten, selbst wenn er es wüsste?« Die Stimme des Mannes war so tief, dass einen schauderte, und sein kantiger Schädel schien direkt auf den Schultern zu sitzen.

Der Barkeeper nickte. »Nein, Sir, keine Sorge.«

»Sorgen habe ich niemals, höchstens unnötige Probleme. Guten Tag, Mister MacDonald. Mein Name ist Tam Culross. Ich bin der neue Manager der Society.«

»Sie kennen mich?«

»Lieber Mister MacDonald, wer tut das nicht? Ein berühmter Gourmet, Buchautor und Fernsehstar.«

»Sie erweisen mir zu viel Ehre.« Er hatte eher den Verdacht, dass das neue Management Kameras installiert und der Herr ihn bereits beobachtet hatte, denn zufälligerweise trat er genau in dem Moment auf, als es spannend wurde.

»Wollen wir uns an den Kamin setzen? Ich sehe, Ihr Glas ist leer. Darf ich Ihnen einen Whisky auf Kosten des Hauses anbieten?«

Freiwhisky konnte MacDonald ebenso wenig wie Robert Burns widerstehen. »Gerne.«

»Was darf es sein?«

»Vielleicht würzige Zitronenkrabben mit marokkanischem Minztee?«

»Auf der Karte haben wir das nicht. Ich kann aber gerne den Küchenchef fragen, was sich machen lässt.«

»Laphroaig bitte. Nummer 29.197. Ich spielte auf Ihre eloquente Beschreibung dieses Whiskys an. Wir können nur ein gewisses Maß an Realität ertragen. Sie erinnern sich?«

Culross lachte so durchdringend, dass MacDonald fürchtete, er würde sich den Kiefer ausrenken. Ein schlechter Schauspielakt war es, der mehr Häme als Fröhlichkeit ausdrückte. »Ich bin nur der Manager. Die Texte verfasst eine Werbeagentur.«

»Mir fehlt ein wenig der Bezug zum Whisky.«

»Ich verstehe. Es ist jedoch so, dass man die Jugend von heute nur noch mit filmhaften Sequenzen locken kann. Stimmt es nicht, junger Mann?« Er hob eine seiner riesigen Hände in Richtung des Barkeepers, als ob er ihn ohrfeigen wollte.

»Jawohl, Mister Culross.«

»Bekommt Mister MacDonald seinen Whisky heute noch?«

»Sofort, Sir.«

Der Barkeeper ging so hurtig auf ihn zu, dass MacDonald den Whisky bereits auf seinem Jackett landen sah, was zum Glück nicht geschah.

»Sláinte, Mister MacDonald.«

Der Gourmet schwenkte den Laphroaig ein wenig im Gläschen, roch und trank.

»Nun, was sagen Sie?«

»Prächtig, Mister Culross.«

»Sie erwarteten etwas anderes …?«

Bislang hatte er so wenig sachdienliche Informationen zusammengetragen, dass es unverzichtbar war, den einen oder anderen Menschen einzuweihen. »Um die Wahrheit zu sagen, sind mir in den letzten Tagen einige Fake Whiskys untergekommen.«

»Alle von Laphroaig?«

»Nein, Auchentoshan und Glen Garioch. Bei ersterer Destillerie war sogar ein 24-Jähriger dabei.«

»Was Sie nicht sagen. Hoffentlich nicht bei uns?«

»Nein, bei Imperial Whiskys und Auchentoshan.«

»Na, so was! Mit Auchentoshan hatten wir auch Schwierigkeiten.«

»Sie kaufen Fässer auf, keine Flaschen, nicht wahr?«

»Korrekt. Aber wie Sie wissen, kann auch ein Fass defekt sein.«

»Erklären Sie mir bitte, was Sie unter defekt verstehen?«

Der Manager stoßseufzte. »Ich wünschte, das könnte ich!«

»Nehmen Sie mir die Frage bitte nicht übel, aber besitzen Sie einen Whisky-Background?«

Der Manager lief rot an, was bei der Größe seines Kopfes besonders auffiel. »Destilliert habe ich noch keinen, wenn Sie das meinen.«

»Müssen wir doch auch nicht, wo es so viele fähige Männer und Frauen gibt, Mister Culross. Ich wollte nur wissen, ob der Whisky einen Fehlton hatte und wenn ja, was für einen?«

»Fehlton würde ich es nicht nennen. Eher war es billiger Whisky, mittelmäßiger Blend ... doch ich weiß nicht, ob ich darüber reden sollte.«

»Die Whisky-Welt ist in Gefahr, Mister Culross. Wir Gralshüter müssen zusammenhalten.«

»Auchentoshan hat vor, eine Kollektion alter Whiskys herauszubringen, außerdem Replikas, also flüssige Nachempfindungen dieser.«

»Das ist mir bekannt. Nur weiß ich nicht, wo die Destillerie die Bestände dazu hernahm. In jedem Fall können es nur Flaschen gewesen sein. Bei alten Fässern hätte man ohne Schwierigkeiten die Qualität prüfen können.«

»Macht man aber nur, wenn es Zweifel gibt. Tritt der Verkäufer glaubwürdig auf, glaubt niemand, einem Hochstapler aufzusitzen.«

»Ein guter Teil der Auchentoshan-Reihe mit alten Whiskys könnte also unecht sein.«

*»Oh, du meine Muse, guter alter schottischer Trunk! Feuere mich
an, bis ich stammelnd und zwinkernd deinen Namen preise!«*

Robert Burns (1759-1796), Nationaldichter Schottlands

Auktionsfieber in Edinburgh

MacDonald saß in einem der bequemen Ohrensessel der Lobby des Braid Hills und telefonierte. »Natürlich spreche ich gerne mit Ihrem Gatten, Mrs Wordie. Ich rief ihn auch bereits an, um nach seinem Befinden zu fragen, denn man hatte mir erzählt, dass er verschwunden sei. Sagte er Ihnen das nicht?«

»Ja, nein, weiß ich nicht mehr. Kevin hatte eine Art Nervenzusammenbruch.«

»Mister Somerleds tragisches Ableben trug einiges dazu bei, könnte ich mir vorstellen?«

»Es ist natürlich sehr kurzfristig und Sie sind ein viel beschäftigter Mann …«

»Mrs Wordie, wenn ich Sie unterbrechen darf. Ich komme gerne, bin gewissermaßen auf dem Weg. In etwa zwanzig Minuten, ja?«

»Oh, herzlichen Dank, Mister MacDonald.«

»Keine Ursache. Bis gleich.« Das war hoffentlich nicht ihr Gatte, der im Hintergrund wie ein Schlosshund heulte?

Wordie und seine Frau wohnten im geschäftigen Tollcross, in der Lauriston Street. MacDonald mochte die Gegend, ganz besonders die polnische Bäckerei Pine Tree. Doch die ruhigste Nachbarschaft, um sich privat niederzulassen, war es nicht und er hatte nie verstanden, warum Kevin mit seiner Frau hierhergezogen war. Finanzielle Sorgen vielleicht? MacDonald bedankte sich beim Busfahrer und stieg kurz vor dem Uhrtürmchen aus. Als er in die Lauriston Street einbog, sah er Mrs Wordie vor dem Eingang des Miethauses stehen, aufgeregt winkend. »Es ist so furchtbar!«

Mitfühlend betrachtete er ihre Garderobe, die nicht mehr ganz neu war. Auch ihre Haare hätten eine Farbauffrischung verdient gehabt. Eine zierliche Person, die unbedingt zu beschützen war.

»Kevin hüpft wieder!«

MacDonald strich über das Revers seines Jacketts. »Wie meinen Sie das?«

»Er will die bösen Geister bannen, indem er von einem Bein auf das andere springt.«

»Ihr Gatte will mich aber trotzdem sehen?«

»Wollen Sie nicht mehr mit hochkommen?«

»Selbstverständlich möchte ich das. Gerade in Zeiten der Not bedürfen wir unserer Freunde.«

Mrs Wordie schloss die Haustür auf und ging voran.

»Entschuldigen Sie die Frage, aber wohnten Sie nicht im Erdgeschoss?«

Sie sah auf den Boden. »Ja, bis wir merkten, dass die Wohnung viel zu groß für uns war. Oben ist es gemütlicher. Sie werden sehen.«

»Ich habe keinen Zweifel.« Der Hausflur verströmte einen schalen Geruch, wie nach Abfall. Er musste den Impuls, sich die Nase zuzuhalten, mit aller Macht unterdrücken.

Mrs Wordie drehte den Kopf halb zu ihm. »Wir sind gleich da.«

»Keine Eile, meine Liebe. Ich bin ein bedachter Geher. Darf ich Sie etwas fragen, bevor wir eintreten?«

Sie blieb stehen, die Beine auf unterschiedlichen Stufen. »Natürlich, ja?«

»Haben Kevins gesundheitliche Probleme mit Imperial Whiskys zu tun?«

»Mein Mann trinkt immer nur, was er testen muss! Keinen Tropfen mehr.«

»Könnte es sein, dass der Shop nicht mehr floriert und …«

Mrs Wordie sah ihn wie ein verärgertes Kind an. »Mir sagt er kaum, wie das Geschäft läuft, Mister MacDonald. Noch etwas: Wundern Sie sich bitte nicht über Kevins etwas nachlässige Kleidung.«

»Wie, äh, meinen Sie das?«

»Er zieht sich nicht mehr vollständig an. Heute Vormittag sind es nur Unterhose und Hemd.«

»Schrecklich!«, fuhr es MacDonald heraus und als er sah, dass seine Bemerkung Mrs Wordie fast zum Weinen brachte, fügte er hinzu: »Ich meinte, hoffentlich erkältet er sich nicht.«

Sie nickte, schloss die Tür auf und trat auf Zehenspitzen ein. In der Wohnung roch es frühlingshaft, nach frischer Wäsche. »Kevin, dein Freund ist hier. Können wir dich sehen?« Zu MacDonald gewandt, meinte sie: »Er hält sich fast nur noch in seinem Arbeitsraum auf, unserem ehemaligen Wohnzimmer.« Mrs Wordie klopfte zart an. Ihr Mann antwortete nicht. »Hallo, Darling, wir sind's. Geht es dir gut? Oh …«

MacDonald rechnete mit dem Schlimmsten und freute sich deshalb, seinen Bekannten in weißem Hemd, Hose und Krawatte zu sehen. Sein Gesicht war allerdings noch aufgedunsener. Wegen der Einnahme von Psychopharmaka?

»Danke, Jessica. Du kannst uns jetzt alleine lassen. Mac und ich haben etwas zu besprechen.«

Das Zimmer war sauber. Nur hier und da hatte Wordie mit Aktenstapeln und anderen Geschäftsdokumenten leichte Unordnung verursacht. »Weißt du, dass Mister Somerled einen Unfall hatte, Angus? Kanntest du ihn?«

»Ich hatte nur das kurze Vergnügen in deinem Geschäft. Der Herr benahm sich seinerzeit nicht wie einer der sympathischsten Zeitgenossen.«

»Als er bei mir anfing, war er sehr nett. War es Selbstmord, Angus? Ich habe so ein schlechtes Gewissen.«

»Wie meinst du das?«

»Er wollte ständig eine Gehaltserhöhung, hatte wohl Schulden bei einem Kredithai.«

»Kennen wir den Namen?«

»Irgendwelche Italiener, glaube ich.«

»Arbeitete er mit den Ganoven zusammen?«

»Möglich, ja möglich.« Wordie zog seinen rechten Fuß hoch.

»Hatte Somerled mit gefälschten Whiskys zu tun?«

»Wie kommst du jetzt darauf?«

»Die Flaschen, die ich bei dir erwarb …«

»Sprichst du vom Auchentoshan? Jimmy sagte mir, dass …«

»Wer bitte ist Jimmy?«

»Somerled. Er meinte, dass deine Flasche zu lange in der Sonne stand.«

»Wie bequem! So lässt sich jede defekte Flasche begründen. Bei dem gleißenden Sonnenschein, der tagtäglich über Schottland brütet, ist es auch sehr wahrscheinlich!«

»Reg dich nicht so auf, Angus. Hab's nicht böse gemeint.« Wordie verrenkte das linke Bein.

»Hattest du schon einmal mit Peter Gourlay zu tun?«

»Wer ist das?«

»Der Whisky-Experte vom Auktionshaus Drummonds.«

»Ach, der. Ist ein richtiger Schnösel.«

MacDonald lachte. »Salopp gesagt, ja. Noch etwas?«

»Gourlay lebt auf sehr hohem Fuß.«

»Kann er es sich bei seinem Gehalt nicht leisten?«

»Er gibt mehr aus, als er hat. Die Jungs und Mädels bei Drummonds haben alle eine Stimmung wie auf der Titanic.«

»Finanzielle Probleme?«

»Jop! Mit den nächsten Auktionen soll es besser werden.«

»Erkläre mir das genauer, bitte.«

»Sie haben eine Menge seltene Flaschen gekauft, mit denen sie sich sanieren möchten.«

»Aus privater Hand?

»So ist es.«

»Interessant. Noch etwas, Kevin. Auch die zweite Flasche von deinem Geschäft war gefälscht.«

»Du hast nach dem Auchentoshan noch einen Whisky bei uns gekauft?«

»Ich meine, den Glen Garioch, welchen ich als Ersatz bekam.«

»Erstaunliche Geschichte.«

»Kann man wohl sagen. Wirst du dein Geschäft bald wieder öffnen?«

»Du musst jetzt gehen, Angus.«

MacDonald dachte, sich verhört zu haben. »Kennst du Miss Kidd?«

»Nein, wer soll das sein?«

»Eine junge Frau, die mir günstigen Whisky anbot.«

»Immer eine gute Sache.«

»Sofern der Whisky nicht gepanscht ist!«

Als MacDonald sich erheben wollte, sprang Wordie auf einem Bein durch das Zimmer und rief »hurra, hurra«.

»Ich weiß wirklich nicht, wie es weitergehen soll!«, sagte Mrs Wordie vor dem Hauseingang.

»Was sagt denn Ihr Hausarzt zu der Situation?«

»Er wollte Kevin ins Irrenhaus schaffen. Aber nur über meine Leiche!«

»Scheint mir auch übertrieben. Bis auf das Hüpfen gegen Ende führten wir eine respektable Konversation. Meine Hausärztin ist sehr nett und hat nur wenige hundert Meter von hier ihre Praxis. Soll ich Ihnen Adresse und Telefonnummer notieren?«

»Oh, ja, bitte. Das wäre nett.«

MacDonald zückte seinen Füllfederhalter, als im Haus ein Fenster aufgerissen wurde. Kevin winkte, mit einem Bein!

»Ich muss nach oben«, sagte seine Frau furchtsam, »bevor er sich etwas antut.«

»Natürlich. Die Adresse werfe ich Ihnen in den Briefkasten.« Er rief Karen noch vor Ort an. Besetzt. Montag war ihr stressigster Tag. Es war besser, sie am Abend zu kontaktieren. Er nahm den nächsten Bus ins Braid Hills, um an seinen Whisky-Cordial-Rezepten zu feilen. Als er die Lobby betrat, musste er sich beherrschen: In einem der Sessel lümmelte dieser aufdringliche Herr!

»Hallo, Mister MacDonald, drüben hier.«

Heute war der Tag unangenehmer Begegnungen! Grimmigen Gesichtes näherte er sich ihm. »Wir haben uns ja schon ewig nicht mehr gesehen, Sir.« Der Herr lächelte so nett, dass es MacDonald schwer fiel, böse zu bleiben.

»Immer großes Vergnügen.«

»Darf ich fragen, woher Sie meinen Namen kennen?«

»Kräftig bescheiden sind. Angus Thinnson MacDonald jeder kennt, für gutes Essen und Trinken interessiert. Mein Name Larry Wang, bin von China Besuch. Für meinen Bruder.«

»Bitte, was?«

»Mein Bruder Tony wohnt Edinburgh. Whisky-Freund.«

»Wie macht sich das bemerkbar?«

»Sammelt Seltenes. Auch macht Partys.«

»Ich muss gestehen, dass ich kein Partylöwe bin.«

»Löwe?«

»Auf wilden Partys verkehre ich nicht.«

»Verstehe. Nein, so ist nicht. Handelt sich, wie sagt man, Degus…?«

»Degustationen?«, half MacDonald ihm aus.

»Exakt. Tony simpelt gerne mit anderen Whisky-Connaisseuren.«

»Sie meinen fachsimpeln.«

»Habe nicht gesagt?«

»Nein, es spielt aber keine Rolle. Wenn ich Sie recht verstehe, sollen Sie mich zu einer Whisky-Verköstigung Ihres Herrn Bruders einladen?«

»Gut genau! Sie kommen wollen?«

Am liebsten hätte MacDonald ihn gefragt, ob er ihm deshalb hinterherstellte. »Wir werden sehen. Ich habe meinen Terminkalender leider nicht bei mir.«

»Gerne warte hier.«

»Oder Sie geben mir eine Visitenkarte und ich melde mich?«

Irgendwie gelang es MacDonald, sich zu verabschieden, aber als er am Abend wieder nach unten kam, um sein Dinner einzunehmen, saß Larry Wang an der Bar und winkte enthusiastisch. »Mister MacDonald, große Freude. Ewig haben uns nicht mehr gesehen.«

»Grumpf«, fuhr es dem Feinschmecker heraus.

»Kalender?«

»Ist immer noch auf meinem Zimmer. Darf ich Sie etwas Persönliches fragen?«

Der Mann sprang vom Barhocker auf. »Jaja, bitte.«

»Wie kommt es, dass Sie in einem Hotel wohnen, wo doch Ihr Herr Bruder in Edinburgh lebt?«

»Tony etwas außerhalb. Bestimmt haben auf Visitenkarte gesehen. Schätzt er Ruhe. Ich so Stadtmensch.«

»Warum residieren Sie dann auf einem Hügel außerhalb des Stadtzentrums?«

»Hat sich ergeben derart«, erwiderte Wang geknickt. »Schönes Hotel, man gerne geht shoppen, nicht gut.«

»Darf ich Ihnen etwas vorschlagen?«

»Oh, bitte, bitte, ja.«

»Sie müssen mir nur eines versprechen.«

Vor dem Auktionshaus parkte im absoluten Halteverbot ein gelber Lamborghini. Ein schlaksiger Angestellter mit kunstvoll gegelten, schwarzen Haaren lehnte am Metallzaun des Hauses und versuchte, abgeklärt zu wirken, verriet sich aber durch einen Autoschlüssel. Hier war jemand zu einer Pennäleraufgabe verdonnert worden: warten, ob die Polizei auftauchte und den Sportwagen dann woanders parken. Nicht einmal Auszubildende mussten solche Handlangerdienste ausführen, und der Herr sah eher wie ein langjähriger Mitarbeiter aus.

»Schönen guten Morgen«, sagte MacDonald freudestrahlend.

»Tag, Sir«, erwiderte der Mann.

»Warten Sie auf jemanden?«

»So kann man es auch sagen!«

»Wie bitte?«

»Ist nicht so wichtig.«

»Schicker Wagen. Ihrer?«

»Nein, bestimmt nicht! Kommen Sie zur Auktion, Sir?«

»So ist es. Ich bin wohl etwas zu früh.«

»Macht nichts. Gehen Sie nur rein. Mister Gourlay ist im Auktionsraum.«

MacDonald nickte. »Danke sehr.« Er ging zur Rezeption, um sich anzumelden. Wieder fragte er sich, ob das halb lebensgroße, gepunktete Porzellanschwein im Korridor als Gag zu verstehen war oder ebenfalls als Antiquität gehandelt würde. Die

Dame am Empfang beobachtete ihn. Also ging er weiter ins erste Obergeschoss. Im geräumigen und hohen Raum mit zahlreichen Ölgemälden stand hinter einem Stehpult Gourlay und sortierte Unterlagen. Als er ihn sah, grinste er wie in einer Karikatur. Wollte er sich seines Frühstücks entledigen? »Entschuldigen Sie bitte, Mister Gourlay«, sagte er laut, »ist das Ihr Sportgefährt da draußen?«

Der Auktionator bündelte wieder seinen Papierstapel und sah gereizt zu ihm. »Nein, aber danke für Ihre Frage.«

»Gehört er Ihrem Geschäftsführer?«

»Weit gefehlt. Wenn Sie erlauben, widme ich mich wieder meinen Dokumenten.«

»Die Luxuskarosse eines Kunden also«, sagte MacDonald so laut, dass Gourlay es hören konnte.

»Sprechen Sie von meinem Baby?«, sagte ein Mann Ende Zwanzig und streckte ihm gut gelaunt eine Hand entgegen. »Hallo, ich bin Tony Wang.«

Er trug hellblaue, ausgewaschene Jeans, ein grünes T-Shirt, Cowboy-Stiefel sowie eine dunkelgrüne Ledertasche. Am Handgelenk prangte eine Armbanduhr für 40.000 Pfund: Patek Philippe Nautilus. Seiner Aussprache nach hätte er Mitglied des englischen Königshauses sein können. Der Traum jeder Schwiegermutter, gänzlich unverkrampft und sehr zugänglich.

»Larry hat Sie zu meiner Verköstigung eingeladen, ja? Es wird göttlich werden. Kommen Sie?«, fragte Wang so überschwänglich, dass MacDonald keine Wahl blieb.

»Wenn Sie mich so nett einladen, natürlich.«

»Brillant! Mister Gourlay wird auch dabei sein.«

MacDonald sah zum Auktionator, dessen Augenlider zuckten.

»Ja, der liebe Mister Gourlay«, fuhr Wang fort, »mein Bruder wie einige andere Personen.«

»Erwarten Sie auch einen italienischen Gentleman?«

Wang lächelte ihn an. »Wer weiß? Lassen Sie sich überraschen.«

»Natürlich. Ich wollte nicht aufdringlich sein.«

Wang vertiefte sich lächelnd in den Katalog und ein Notizbuch. Langsam füllte sich der Saal. MacDonald erkannte den einen oder anderen reichen Edinburgher Zeitgenossen. Gourlay eröffnete in der Haltung des professionellen Versteigerers, Oberkörper leicht nach vorne gebeugt, Ellbogen nach hinten gedrückt. »Meine sehr verehrten Damen und Herren, wir beginnen die heutige Auktion mit einigen sehr interessanten Flaschen der Auchentoshan-Destillerie. Zunächst ein Zwölfjähriger, abgefüllt von der Scotch Malt Whisky Society im Jahr 1991. Fass-Stärke, 55,1 Prozent Alkohol, Eröffnungsgebot dreihundert Pfund. Höre ich dreihundert Pfund?«

Wang hob die Hand.

»Der Gentleman hier vorne. Höre ich mehr als dreihundert Pfund?« Gourlay wankte hin und her. »Nein? Dreihundert Pfund zum Ersten, zum Zweiten und zum Dritten.«

Wang kaufte auch die anderen drei Whiskys von Auchentoshan: einen aus dem Jahr 1975, seinerzeit für den Spirituosenhändler Oddbins abgefüllt, ohne Altersangabe, eine Limited Edition, Provost's Homecoming (14 Jahre alt), und einen Einundzwanzigjährigen von 1972. Pro Flasche bezahlte er mindestens fünfhundert Pfund, hatte demnach ein ausgesprochenes Interesse an der Destillerie. Danach ersteigerte er einen Sechsunddreißigjährigen von Highland Park für 1.000 Pfund, abgefüllt von Gordon and MacPhail. Seine Taktik war einfach zu durchschauen und kaum zu schlagen: Er bot so lange mit gehobener Hand, bis er den Zuschlag erhielt. Mit geweiteten Pupillen, wie im Fieber, machte er alle Anwesenden auf sich aufmerksam. Bis dann gegen Ende der Auktion die kostspieligsten Tropfen angeboten wurden. Ein fünfzigjähriger Macallan für 17.000 Pfund, dessen Beschreibung MacDonald stutzig machte. Wenn der Whisky 1928 destilliert und 1983 abgefüllt wurde, müsste er doch 55 Jahre alt sein? War man bei Drummonds mittlerweile so großzügig, dass es auf fünf Jahre mehr oder weniger nicht ankam? Wang ersteigerte außerdem einen 62-jährigen Macallan Lalique für 28.000 Pfund, die 26 Flaschen der Flora-und-Fauna-Serie, die Mister Weir von der Balmoral-Whisky-Bar sammelte, zum Preis von 6.000 Pfund, und weitere zehn Whiskys, bis dann Gourlay den absoluten Höhepunkt ankündigte: »Damen und Herren, darf ich noch einmal um Ihre besondere Aufmerksamkeit bitten. Glenfiddich aus dem Jahre 1937. Wir erinnern uns, dass George VI. in diesem Jahr gekrönt wurde. Erst vierundsechzig Jahre später füllte man sechzig Flaschen von Fass Nummer 843 ab. Es ist sehr ungewöhnlich, dass ein Whisky dieses Alters noch Stärke und Geschmack hat.«

Stimmt genau, dachte MacDonald, und da das Auktionshaus die Flasche kaum hatte öffnen können, blieb man vor einer Überraschung nicht sicher!

»Wir beginnen mit 25.000 Pfund. Jawohl, danke. Höre ich 30.000 Pfund?«

Verkauft wurde die Flasche für 70.000 Pfund an Tony Wang. MacDonald wusste auch ohne die Pressemeldung von Drummonds, die schnell folgen würde, dass es der bislang teuerste Whisky des Hauses war. Nicht nur finanziell, auch im Hinblick auf die Publicity ein großer Erfolg. Wang, der für mehr als einhunderttausend Pfund Whisky erworben hatte, würde zum Stadtgespräch werden, weniger unter bodenständigen Edinburghern als in der sogenannten High Society. MacDonald hätte sich gerne mit ihm unterhalten, doch der junge Mann wimmelte ihn ab: »Oh, tut mir unendlich leid, Mister MacDonald, aber ich bin auf dem Weg nach Los Angeles.«

»Findet dort Ihre nächste Auktion statt?«

»So ist es, lieber Freund«, antwortete Wang lächelnd und formte beim Weggehen mit der Hand einen Telefonhörer. Mister Gourlay hatte sich unauffällig zurückgezogen, und beim Verlassen des Gebäudes sah MacDonald Wang dem Sportwagenbewacher eine Hundert-Pfund-Note in die Hand drücken.

»Hallo, Nichte. Schön, diche zu sehen«, sagte der Italiener bedrohlich wie höflich.

»Warum nennen Sie mich immer so? Ich bin nicht verwandt mit Ihnen.«

»Wie sagt ma, eh, wase noch nicht iste, kanne noch werde.«

Miss Kidd roch die Gefahr, die von diesem Fatzke ausging. Vielleicht war es aber auch nur der Knoblauchgestank, der sogar den Mief der Lagerhalle übertraf. Richtig lächerlich war diese blonde Perücke. Wem wollte er damit etwas vormachen? Ein Blinder mit einem Krückstock sah, dass es nicht seine Haare waren! Wer so viel Geld hatte, konnte sich was Besseres leisten! Noch mehr störte sie der Möchtegernleibwächter hinter ihrem Rücken.

»Bevor wir uns unterhalte über den Falle, trinke wir gute Whisky.«

»Muss das sein?«

»Zu geschäftliche Gespräche gehört immer eine gute Getränk.«

»Gibt's auch Prosecco?«

»Eh! Ladies' Drink!«

»Thank you very much! Wenn ich Whisky trinke, macht mich das also zum behaarten Biest?«

»Haha, gute Witze. No, Signorina. Meinte ich nur, dass Männer lieber harte Sache trinke. Eine werde Sie vertrage?«

»Wenn es unbedingt sein muss.«

»Gulio, walte deine Amte, per favore.« Der Italiener sah verständnisvoll zu dem Rothaarigen, der einschenkte. »Sehr gute gemacht, Giulio. Bin ich stolz auf diche.«

Giulio reichte Miss Kidd ein Gläschen und dann seinem Chef.

»Eine gute Lowland-Whisky, Miss Kidde.«

»Kidd!«

»Prego?«

Für einen kurzen Moment fürchtete sie um ihr Leben, und wenn Blicke töten könnten, wäre sie tot vom Stuhl gefallen. »Ist nicht so wichtig, Mister Duck.«

»Schöne Signorina. Auf Ihr Wohle trinke wir jetzt. Cheers, wie man hier sagt.«

»So sagen die Leute südlich der Grenze, äh, natürlich, cheers.«

»Momente!«

»Was ist denn?«

»Zuerst wir wärme das Glase mit den Händen an, so wie gute Brandy. Mein alte Chefe zeigte mir immer.«

»Okay, mache ich.« Viel verstand sie nicht von Scotch Whisky, aber das war falsch!

Donald Duck umklammerte das Degustierglässchen mit zwei riesigen Händen. »So, wird gemachte. Nun gege Lichte halte für Farbe. Alastair Carnegie sagt immer ›hallo‹.«

»Hallo, Senor Duck.«

»Signor, und habe dich nicht gemeint. Carnegie spricht mit Whisky. Bei seine Tastings!«

»Ach, so.« Dieser Italiener hatte wirklich einen Dachschaden!

»Wie geht dir? Scotch Whisky im Glas schwenke. Rieche, links, rechts. Erzähle mir ein bisschen von dir.« Miss Kidd wollte wieder antworten, doch Donald Duck drohte ihr mit der flachen Hand, als ob er sie ohrfeigen wollte. »Molto bene, danke der Nachfrage.«

»Was?!«

»Whisky nur sagt danke. Wer würde nach kurzer Bekanntschaft Lebensgeschichte ausbreite?«

Für sie klang das wie auswendig gelernt. Ein Mann, der seinen Whisky liebte, würde anders reden. Für unwiderstehlich hielt der Fatzke sich, wollte sie mit dem Gewäsch beeindrucken.

»Nun trinke, bitte.«

Miss Kidd nahm einen winzigen Schluck und verzog das Gesicht.

»Mehr trinke bitte, viel mehr!«, rief Duck grob.

»Sorry, ist einfach nicht mein Getränk. In diesem Leben wird es auch nichts mehr.«

Giulio, der Leibwächter, lachte schmutzig.

»Scotch ist wie das Lebe. Jede Type ist vertrete. Alte, Junge, Fraue, Männer, Verführer, Ehemänner, Playboys, Gesetzesbürger, Gangster, Schwächlinge, Kraftprotze …«

»Glaub, dass ich das jetzt verstanden habe. Ham Sie auch ne Destillerie, Mister Duck?«

»Ham …?«

Jetzt verstand er sie nicht! Ein Mann, der jedes Wort strangulierte. »Besitzen Sie eine Destillerie?«

»Wenn ja, würde ich es nicht sage.«

»Sollen wir jetzt über das Dickerchen reden, Mister Ducke, äh, ich meine Duck, Sir?«

Der Italiener blickte sie finster an. »Frauen habe keine Gespür für feine Getränke. Einfache Valpolicella wäre das Beste gewese. Allora, was habe Sie herausgefunde, Missie?«

»Im Prinzip nicht viel.«

»Porca miseria! Dafür habe ich Geld bezahlte? Muss iche denn alles selbst mache?«

»Wollen Sie Ihre Scheinchen zurück?«, fragte Miss Kidd.

»No! Rede Sie weiter!«

»Dieser MacDonald fiel nicht auf mich herein. Ein schlauer Hund.«

»Ist ere das?! Aber nicht so schlau wie ich. Ware Sie nicht in seine Hotelzimmer?«

»Doch, hab alles gemacht, worum Sie mich baten.«

»Weiter!«

»Mann, war doch gerade am Erzählen, aber wenn Sie mich ständig unterbrechen.«

»Ist gut, Nichte. Werde mich bessern.«

Mit einer solchen Bemerkung hatte Miss Kidd nun am Allerwenigsten gerechnet. »Der Dicke hat mir gedroht, mich zu verpetzen, weil ich bei ihm übernachtete. Hotelangestellte dürfen das anscheinend nicht.«

»Porco dio!«

»Das bedeutet nichts Gutes? So wie die Miseria, oder?«

»Hätte Aussage gege Aussage gestande!«

»Sagen Sie.«

»Si, wer sonst?«

»Benötigen Sie meine Hilfe noch?«

»Nein! Kannste du gehe.«

»Wie soll ich denn von hier nach Hause kommen? Ohne Wagen?«

»Gulio wird diche fahren.«

»Ich will keine Umstände machen. Könnten Sie bitte ein Taxi rufen?«

»No, keine Netze hier, haha. Stimmte nicht, Giulio?«
»Nein, keine Netze hier, Boss, haha.«
»Es iste ihm ein Vergnügen. Gute Fahrte, kleine Signorina.«

In seinem Hotelzimmer rief MacDonald wieder Alastair Carnegie an. »Hallo, Alastair, wie ist das Wetter in Glasgow?«
»Grau, kalt und bewölkt, mein lieber Angus.«
»Warum ich dich auch anrufe: Kennst du einen gewissen Tony Wang?«
»Ja, er hat das Auktionshaus McTears hier bei uns in Glasgow schon öfter beehrt und ordentliche Summen ausgegeben. Man sagt, es seien jedes Mal gut zweihunderttausend Pfund gewesen. Der Mann scheint weltweit Auktionen zu besuchen.«
»Ihm sitzt das Geld sehr locker. Bei Drummonds hat er ungefähr hunderttausend Pfund hingeblättert. Weiß man, was der junge Mann beruflich macht?«
»Kommt aus gutem Hause. Die Eltern wohnen in China, steinreiche Handelsleute, leben sehr zurückgezogen. Tony Wang ist der Rebell der Familie, widmet sich den schönen Künsten.«
»Wie finanziert er sich?«
»Er behauptet, jeden Monat ein Taschengeld zu bekommen.«
»Wie hoch ist das?«
»Ich weiß es nicht.«
»Hat er Geschwister?«
»Drei Brüder.«
»Einen davon lernte ich bereits kennen, Larry. Er lud mich zu Tonys Party ein.«
»Genau deine Kragenweite, was, Angus?«
»Larry Wang erklärte, dass es um ein Tasting in fröhlicher Runde geht.«
»Warst du schon dort?«
»Nein, doch ich ziehe es in Erwägung.«
»Tony Wang besitzt einen großen Whisky-Keller und liebt es, seine Schätze mit Gästen zu teilen.«
»Kennt er sich denn aus?«
»Nach meinen Informationen ja.«

»Wäre er nicht so selbstbewusst, glaubte man kaum, dass er das gesetzliche Mindestalter zum Alkoholkonsum bereits erreicht hat.«

»Haha, da hast du allerdings recht. Er sieht wie ein kleiner Junge aus.«

»Kauft er Whisky, um seine Sammlung zu komplettieren?«

»Vermutlich, und er sammelt nicht nur volle Flaschen …«

»Was macht er mit den leeren Exemplaren?«

»Angeblich hat er vor, in seiner Villa ein Museum einzurichten.«

»Das ist nicht dein Ernst, mit ausgetrunkenen Whiskys?«

»Bedenke, dass man in der SMWS die allererste Flasche aus dem Jahr 1983 aufbewahrt.«

»Eine Flasche, die an die Gründung der Scotch Malt Whisky Society erinnert, ist nachzuvollziehen, aber ein Museum im eigenen Haus?«

»Wang ist ein großzügiger Mensch und bestellt auch in Restaurants teure Whiskys, aber wehe, man vergisst, ihm hinterher die leeren Flaschen ins Haus zu liefern.«

»Wieso nimmt er sie nicht gleich mit? Ist es ihm peinlich?«

»Möglich, außerdem hat er es immer wahnsinnig eilig. Das gehört heute zur Aura bedeutender Menschen.«

»Alastair, wieso kommst du nicht mit?«

Carnegie lachte. »Wie dachtest du dir das? Ich rufe Wang an und lade mich selbst ein?«

»Das könnte ich doch arrangieren.«

»Wäre es dezenter?«

»Ich denke nicht, dass man es als plump auffassen würde. Immerhin schart Wang Koryphäen der Whisky-Welt um sich. Da solltest du nicht fehlen.«

»Wenn dir so viel daran liegt, denke ich gerne darüber nach.«

»Dante's« auf der Lothian Road war ein Restaurant, welches Angus MacDonald freiwillig nicht frequentieren würde. Die Burger waren überladen mit mittelmäßigen Zutaten, sodass man das Fleisch, ohnehin spärlich, kaum schmeckte. Von elektrischem Licht schien man nicht viel zu halten und die Popmusik plärrte laut. Ein Schickimicki-Etablissement für junge Menschen, die schweigen wollten oder sich gerne brüllend verständigten. Weil das erste Stelldichein nicht erfolgreich verlief, hatte der Mann das Thema Whisky in der neuen Annonce erwähnt, um von vorneherein für ein ergiebiges Gesprächsthema zwischen den Turteltauben zu sorgen. Er saß hinten links, damit er die Dame beim Reingehen beobachten konnte. Auf dem Foto machte sie einen netten Eindruck und so erschien sie auch im Restaurant: mittellanges, rötliches Haar, Kostüm, Bluse und teure Handtasche. Auch ein Bewerbungsgespräch hätte sie in diesem Outfit führen können. Er erhob sich und winkte.

»Mister China?«

Er nickte. »Sie müssen Mrs Anderson sein? Nehmen Sie doch bitte Platz.«

»China ist nicht ihr wirklicher Name, oder?«

»Künstlername«, antwortete er geheimnisvoll.

»Vom Aussehen her könnten Sie als halber Chinese durchgehen.«

»Vielen Dank. Zu nett von Ihnen.« Dass die Frau sofort die Gesprächsführung übernahm, behagte ihm nicht, war aber eventuell das Richtige für seinen Plan mit MacDonald. »Was machen Sie beruflich, wenn ich fragen darf?«

»Befinde mich zwischen Jobs. In welchem Verhältnis stehen Sie zu dem Herrn?«

»Nicht so wichtig.«

»Ich frage nur, weil Sie ihn verkuppeln möchten.«

»Er ist ein guter Freund. Stellen Sie sich die Sache nicht zu einfach vor. Angus MacDonald ist ein eingefleischter Junggeselle, der völlig in seinem Werk aufgeht.«

»Arbeitet er für eine Destillerie?«

»Nein, er ist Foodjournalist und Fernsehkoch.«

»… und schreibt Kochbücher?«

»Auch das, ja.«

»Heißt eines ›Currys für Connaisseure‹?«

»Genau. Haben Sie sich ein Exemplar gekauft?«

»Bei Waterstones auf der Princess Street angeschaut. Ein schöner Band.«

»Ich bin sicher, Mister MacDonald wird sich freuen, das zu hören.«

»Warum erwähnten Sie es nicht in der Anzeige?«

»Er mag Aufheben um seine Person nicht.«

»Sympathisch. In der Annonce stand auch, dass Whisky-Wissen vorteilhaft wäre. Ich verstehe noch nicht, was er damit am Hut hat.«

»Es ist eines seiner Steckenpferde.«

»Geschrieben hat er auch schon darüber?«

»Artikel, ja.«

»Bücher aber weniger?«

So langsam verließ ihn die Geduld! »Nein, soweit ich weiß, noch nicht!«

Mrs Anderson musterte ihn. Sie selbst war nicht leicht aus der Ruhe zu bringen. »Sind Sie MacDonalds Assistent?«

»Das fehlte noch!«

»Verheiratet?«

»Wer, ich?«

Sie neigte den Kopf zur Seite und lächelte ihn an. »Ja, Sie.«

»Um mich geht es heute nicht.«

»Wieso wollen Sie nach dem ersten Date noch einmal mit mir sprechen?«

»Um Ihnen nützliche Hinweise zu geben.«

»Sehr ungewöhnlich.«

Er stand auf. »Wenn Sie nicht wollen, blasen wir eben alles ab.«

»Nehmen Sie wieder Platz, China. So langsam beginnt mich die Geschichte zu interessieren.«

»Schön. Er wohnt im Braid Hills …«

»Ein Mann, der im Hotel lebt! Ganz nach meinem Geschmack.«

»… weil es in seinem Haus einen Wasserrohrbruch gab.«

»Altes Haus?«

»Spielt das eine Rolle für Ihr Date?!«

»Weiß ich noch nicht.«

*»Die junge Generation hat auch heute Respekt vor dem Alter,
allerdings nur noch bei Wein, Whiskey und Möbeln.«*

Truman Capote (1924-1985), US-amerikanischer Schriftsteller

Tony Wang tischt auf

MacDonald relaxte wieder in einem der gemütlichen Hotel-Ohrensessel. So sehr war er von diesen begeistert, dass er sich bereits an der Rezeption erkundigt hatte, wo man sie beziehen konnte. Miss Ahearn würde sich darum kümmern. Er hielt die Visitenkarte von Tony Wang in der Hand: dickes, weißes Büttenpapier mit tief geprägten, goldenen Buchstaben. Der chinesische Gentleman wohnte außerhalb, in einem ehemaligen Cottage in der East-Lothian-Region. MacDonald war gerade im Begriff, ein Taxi zu rufen, als Miss Ahearn neben ihm stand: »Ihr Wagen ist da, Mister MacDonald.«

Er sah auf den Parkplatz, konnte aber niemanden sehen. »Bevor ich angerufen habe? Zauberhand im Spiel?«

»Es ist der schwarze Mercedes unten links. Sie werden wohl von einem Privatier abgeholt.«

»Hm, nicht schlecht. Danke, Miss Ahearn.«

Vor einem langen Luxus-Mercedes stand ein riesiger Fahrer in schwarzem Anzug.

»Mister MacDonald?«

»Jawohl.«

»Mister Wang schickt mich.«

»Außerordentlich nett, wenngleich ich nichts davon weiß.«

»Das macht er bei allen Soiréen. Mein Name ist Struan.« Der Fahrer hielt ihm die Tür auf. »Bevor wir uns dem Ziel nähern, muss ich noch einen kleinen Abstecher machen.«

»Kaufen wir Whisky ein?«

»Haha, exquisiter Scherz, Sir. Nein, wir holen zwei Gentlemen ab.«

»Darf ich fragen, wen?«

»Mister Weir.«

»Jonathan Weir von der Balmoral-Whisky-Bar?«

»So ist es. Außerdem Herrn Wangs Bruder.«

»Auch das noch!«, antwortete MacDonald.

Struan war gut erzogen und hüstelte nur leicht. Als sie von Bruntsfield Place auf die Leamington Terrace einbogen, stand Larry Wang, originell gekleidet, bereits vor dem Haus und winkte mit beiden Armen. Der Fahrer scherte mit der riesigen Limousine in einen Parkplatz. Alberto winkte von drinnen. Weil Angus die Villa Buongiorno empfohlen hatte, war er davon ausgegangen, böse Worte von seinem Freund zu hören: »Wie konntest du nur, Angus! Ich habe bereits vier Chinesen im Haus, die mir das Leben zur Hölle machen!«

»Guten Tag, lieber Mister MacDonald«, sagte Wang. »Wie geht Ihnen?«

»Passabel. Ihnen hoffentlich auch?«

»Es wird göttlicher Abend werden.«

»Wie ist Mister Vitiellos Befinden?«

»Auch ihm gut. Verstehen, wie sagt man, prächtig. Erzähle ich Mister Vitiello über Heimat.«

»China?«

»So, ja. Seitdem kommt er mit Gästen besser um.«

»Zurecht, meinen Sie? Wie lange halten Sie sich noch in Edinburgh auf, Mister Wang?«

»Noch bisschen. Tony so wünscht.«

»Darf ich Ihnen eine persönliche Frage stellen?«

»Immer aber, gerne«, antwortete Larry Wangs zuvorkommend.

»Ist unsere Whisky-Probe zugleich ein Maskenball?«

»Maske, Ball?«

»Ich frage nur, weil Sie als Trapper gekleidet sind.«

»Oh das. Manchmal ich fühle mich so.«

»Mitglied in einem Hobbyisten-Klub?«

Wieder war Wang ratlos.

»Ein Verein, in dem sich alle authentisch als Cowboys, Trapper und Indianer verkleiden.«

»Nein, nicht so, persönlich, äh, Ausdruck eigen Person.«

»Kennen Sie zufällig Mister MacCracken? Er ist Klempnermeister und Indianer.«

»Indianischer Klempner! Haha, spaßig, möglich nur Schottland, nicht China.«

»Wären die Herren bereit, die Fahrt fortzusetzen?«, fragte Struan, der geduldig auf das Ende der Konversation gewartet hatte, mit mechanischer Stimme. »Falls ja, darf ich Sie bitten, die Tür zu schließen, Mister Wang. Nächster Stopp, Balmoral Hotel.« MacDonald versuchte sich zu erinnern, wo er so eine Stimme schon einmal gehört hatte. Natürlich! Die Durchsage in der Tram zum Flughafen! Ein verkannter Komiker am Steuer.

»Wohnt Mister Weir im Balmoral, Mister Struan?«

»Struan genügt völlig, Sir. Leider weiß ich das nicht. Vielleicht wollen Sie ihn selbst fragen?«

Der Whisky-Botschafter stand auf dem Gehweg vor dem Hotel, eine kleine Kiste unter dem Arm. Struan stieg aus, ignorierte das wilde Gehupe der anderen Verkehrsteilnehmer und wartete, bis sein letzter Fahrgast die Straße überqueren konnte.

»Guten Abend, Sir, welch Freude, Sie zu sehen.«

MacDonald war beruhigt, dass Weir sich nicht verkleidet hatte. Er trug seinen Kilt, was vermutlich bedeutete, dass er gerade den Dienst beendet hatte und nicht im Balmoral wohnte. Wangs Bruder schüttelte ihm die Hand, als ob er unter Strom stünde.

»Mister MacDonald, ich wusste gar nicht, dass Sie mit von der Partie sind?«

»Wundert Sie das?«

»So war es nicht gemeint. Natürlich haben Sie eine viel größere Berechtigung als ich.«

»Jetzt stellen Sie Ihr Licht aber unter den Scheffel, Mister Weir. Ich kenne wenige Menschen Ihres Alters, die sich so gut mit Whisky auskennen.«

»Danke, zu nett von Ihnen.«

»Sie bringen ein schönes Präsent, wie ich sehe.«

»Ach, das«, stammelte Weir.

»Ich wollte nicht indiskret sein, es ist nur, weil ich unvorbereitet komme.«

»So gut«, sagte Wangs Bruder. »Tony immer sagt: keine Geschenke, bitte. Will verwöhne Gäste, umgekehrt nicht.«

»Dennoch haben Sie ein Kistchen dabei, Mister Weir?«, fragte MacDonald.

»Es ist weniger Geschenk als Bestellung.«

»Whisky, wie ich annehme?«

»Wie kommen Sie darauf?«

»Ich schloss es aus der vorsichtigen Art, in der Sie das Behältnis trugen.«

»Ein Verwandter meiner Frau starb kürzlich.«

»Herzliches Beileid.«

»Danke, es war nur ein entferntes Mitglied der Familie. Jedenfalls hatte der Herr einige Flaschen guten Single Malt im Keller gelagert und als ich Mister Wang zufällig davon erzählte, wollte er wissen, ob sie zu verkaufen seien.«

Wie oft hatte MacDonald Anrufe bekommen von Menschen, die beim Ausräumen eines Hauses vermeintlich wertvollen Scotch fanden! Doch weshalb sollte ein Sammler lediglich zwei seltene Flaschen besessen haben? Ein Normalsterblicher wiederum würde keinen außergewöhnlichen Whisky geschenkt bekommen, und falls doch, ihn im Unverstand austrinken und nicht im Keller lagern.

»Auf geht zu Doc Malt«, sagte Larry Wang und klatschte ausgelassen in die Hände.

»Wer ist das?«, fragte MacDonald.

»Haha, Herr Bruder. Name ich erfunden. Tony beleidigt, wenn ich sage.«

»Wohnen Ihre Eltern auch hier, Mister Wang?«

Wang hustete ausgiebig. »Verzeihen. Leben China. Einfacher, als hier sein, ohne Englisch.«

»Sie meinen, ohne ausreichende Sprachkenntnisse?«

»Traditionell sehr sind. Tony mehr Rebell von Familie, macht eigen Sache.«

»Sie stehen ihm während Ihres Besuchs zur Seite?«

»Muss älterer Bruder machen, ja. Sonst Tony gibt Geld viel weg.«

»Ich bewundere Menschen, die als Privatiers leben können.«

»Sie machen Ess-Arbeit gerne, oder?«

»Natürlich, ich will mich nicht beklagen, kann mir alles leisten, was ich möchte. Manchmal beneide ich allerdings Leute, die ein festes, monatliches Einkommen beziehen.« Das war geschwindelt, doch MacDonald wollte ihn aus der Deckung locken.

»Tony wird gehalten von Familie knapp, nur Million Monat.«
»Wie bitte?«
»Eine Million für Monat.«
»Pfund?«
»Nur Pfund, haha, ja.«
»Ihre Familie muss gut situiert sein.«
»Unbedingt. Haben Lizenz, Budweiser in China und Rest Asien zu treiben. Geschäft gut.«

Jonathan Weir, wegen des Whisky-Kistchens noch verunsichert, schaute aus dem Fenster und sagte nichts mehr. MacDonald ließ die Sache auf sich beruhen, verschonte ihn mit weiteren Fragen. Vielleicht hatte er die Flaschen tatsächlich so aufgetan, wie er erzählte. Dem Volksmund nach bestätigten Ausnahmen die Regel. Struan stoppte den Wagen vor einem hohen, gusseisernen Tor. »Gentlemen, wir haben unser Ziel erreicht. Ich erbitte nun die Einfahrt.« Steinmauern umschlossen ein parkähnliches Anwesen mit zahlreichen Bäumen. Er drückte einen Knopf in der Mauer und nach einer halben Minute öffnete sich gemächlich das Tor. Bis zum Haus fuhren sie zweihundert Meter über Schotterpisten. Drei lange Gebäude, jeweils mit Erd- und Obergeschoss, lagen in Hufeisenform aneinander. Zwei davon waren mit Backsteinen errichtet worden, das dritte mit Holz. In geöffneten Garagen standen der gelbe Lamborghini, den MacDonald bereits gesehen hatte, ein roter Ferrari und ein blauer Porsche.

»Es gefällt gut hier?«, fragte Wangs Bruder beim Aussteigen.
»Superb, ja.«
»Ursprünglich war Haus Besitz Wildhüter. Jahre wurde gebaut aus. Heute mit vier Schlafzimmer.«
»Wirklich schön«, sagte MacDonald.
»Sie auch so, Mister Weir?«, fragte Wangs Bruder.

»Äh, bitte?«

»Sagt zu, ja?«

»Natürlich, auf jeden Fall.«

MacDonald konnte Weir vom Gesicht ablesen, dass er schon einmal zu Besuch gewesen war. Aus Wangs gleichbleibender Freundlichkeit etwas abzuleiten, war dagegen unmöglich. Wollte er den jungen Mann blamieren?

»Meine Herren, Führung wünschen?«

»Ich wüsste nicht, was mir lieber wäre«, antwortete MacDonald.

»Fangen an hinten.«

Er führte sie zum Ende des Grundstückes, wo zwei Treibhäuser, Gemüsebeete und ein Geräteschuppen standen, vom Innenhof durch dichte Büsche getrennt. Der Hof hatte eine Fläche von zehn auf zwanzig Metern. Große, helle Steinplatten mit feiner Strukturierung luden zum Flanieren ein. Beim Haus stand ein riesiger Holztisch mit acht Stühlen. Das Mobiliar blieb wohl das Jahr über an seinem Platz. MacDonald schätzte den Wert des Anwesens auf mindestens eine dreiviertel Million Pfund. »Beeindruckend, Mister Wang. Ein wirklich schönes Domizil besitzt Ihr Herr Bruder.«

»Was geschieht mit meinen Gästen?«, fragte Tony Wang in der offenen Terrassentür. Er trug eine Sonnenbrille mit schwarzen Gläsern und einen mexikanischen Poncho. Larry Wang verschränkte die Arme und sah ihn streng an. Tony nickte und schloss gesenkten Kopfes die Tür. »Gentlemen, verzeihen, manchmal Tony etwas ungetüm.«

»Ungestüm«, korrigierte MacDonald und bekam den Eindruck, dass Larry Wang absichtlich Fehler machte.

»Haha, natürlich, stimmt so. Meine Herren, bevor gehen in Haus, möchte noch etwas präsentieren.« Die drei Gäste sahen erwartungsfroh zu ihm. »Pionierzeiten in Amerika nicht alle Trapper mit Indianer hatten Problem. Viele tanzten mit, und wie geht, zeige ich.« Er ballte die rechte Hand zur Faust, schüttelte sie über dem Kopf hin und her, tanzte im Kreis und johlte etwas wie »houhouhou«. Fünf Minuten ging das so und MacDonald überlegte bereits, ob er sich ein Taxi bestellen sollte, als das Gegröhle endlich aufhörte und Larry Wang sie langsam um das Haus führte, Anstrengungen, ihn zu beklatschen, jovial abwehrend. Vor dem Eingang wurde MacDonald der Grund für die Verzögerung klar: Eine große Limousine verließ das Areal. Larry Wang versuchte kläglich, den Wagen zu verdecken, und wies seine kleine Reisegruppe ins Haus. »Bitte, folgen mir.«

Tony Wang trat lachend aus dem Haus. »Mister MacDonald, schön, dass Sie sich von Ihrem aktuellen Fall lösen konnten.«

MacDonald verwirrte die Äußerung fast so sehr wie der penetrante Knoblauchgeruch, der in der Luft hing. »Wie meinen Sie das, bitte?«

»Ihre, äh, Arbeit als vielbeschäftigter Food-Autor …«

»Verstehe«, erwiderte der Gourmet, nicht so recht überzeugt.

»Ist das meine Bestellung, Mister Weir? Wollen wir nachsehen, ob alles drin ist?«

»Wird nicht nötig sein«, klagte der Whisky-Botschafter. »Ich habe es kontrolliert.«

MacDonald konnte die Bredouille des jungen Mannes nicht mit ansehen. »Ein schönes Haus haben Sie, Mister Wang.«

»Danke, ich bin sehr froh damit.«

»Einen Keller besitzen Sie auch?«

»Äh, wie?«

»Für Whisky-Sammlung, Mister MacDonald meint, nicht wahr?«

»Jawohl«, antwortete dieser, die Hände hinter dem Rücken verschränkt.

Tony Wang tippte sich den Zeigefinger ans Kinn. »Das einzig Unglückliche an diesem Cottage: Meine Schätze lagern in einem perfekt klimatisierten Keller, nicht weit weg.« Wang starrte MacDonald einen Moment desorientiert an und meinte: »Oh, meine lieben Freunde, nun, wo wir alle da sind, wird es paradiesisch werden.«

»Nur fehlt Gourlay Peter«, sagte Larry Wang süffisant.

Tony machte eine Leichenbittermiene. »Leider ist er verhindert. Zuviel Arbeit in der Firma. Ich sage ihm oft, dass er auch ruhen muss, vergeblich.«

»Man kann es sich bildlich vorstellen, so gewissenhaft wie Mister Gourlay arbeitet. Es dauert bestimmt eine halbe Ewigkeit, bis er jede Flasche auf ihre Authentizität überprüft hat.«

»Äh, ja«, antwortete Wang hüstelnd. »Wollen wir uns ins Wohnzimmer begeben, Gentlemen? Dort warten weitere Gäste.« Wang führte sie in ein großes, weißes Zimmer mit grün-blau-karierten Vorhängen. In einer Ecke hing das obligatorische Flachbild-Fernsehgerät, über einem geschmackvollen Kamin ein goldener Spiegel und zwischen zwei ellenlangen Couches stand ein massiver Tisch aus Kiefernholz. Die Räumlichkeit erinnerte MacDonald an das Schaufenster eines Möbelhauses.

Bemerkenswert ungemütlich, so als ob niemand hier lebte. Außerdem roch es nach Knoblauch! Die beiden Herren, die auf den Sofas saßen, erhoben sich und schritten auf die neuen Gäste zu. MacDonald reichten sie zuerst die Hand, dann Larry Wang. Der arme Mister Weir wurde wegen seines Alters an die zweite Stelle gesetzt oder weil sie ihn von der Balmoral-Whisky-Bar kannten.

»Sehr erfreut, Adam Witherspoon der Name.« Ein Herr in den Sechzigern, weißhaarig und mit gerötetem Gesicht lächelte MacDonald an. Er trug ein weißes Hemd, braune Hose und einen blauen Pullover, alles teure Produkte.

»Sie sind der berühmte Autor, stimmt's?«

»Berühmt? Ich weiß nicht.«

»Ich für meinen Teil bin Privatier.«

»Freut mich zu hören.«

Witherspoon lachte laut. »Ihrem Blick entnehme ich, dass Sie sich fragen, was für einen Beruf ich ausübte.«

»Schuldig im Sinne der Anklage, Sir.«

»Verunsichere doch unseren armen Mister MacDonald nicht«, sagte der zweite Herr. »Angenehm, Ian Mair, Bankangestellter. Sie müssen Adam verzeihen: Jahrzehnte als Industriemagnat! Das Taxieren wird er nicht mehr ablegen können.« Mair, formell gekleidet, mit Anzug, Krawatte und Weste, kam direkt von der Arbeit. Seine wenigen Haare waren meisterlich geschnitten.

»Der Mann hat recht. Wenn ich eines gelernt habe, ist es, Menschen einzuschätzen. Unser Mister Mair sitzt in der Royal Bank of Scotland aber nicht am Schalter, sondern in der Chefetage. Keine falsche Bescheidenheit bitte, Ian. Die meisten deiner Angestellten könnten sich unser Hobby nicht leisten.«

»Haben Sie auch den Eindruck, dass es hier nach Knoblauch riecht, Gentlemen?«, fragte MacDonald.

Tony Wang riss die Fenster auf »Das kommt davon, wenn man den Angestellten erlaubt, ihr Essen mitzubringen! Nie mehr!« Er sah auf seine sündhaft teure Armbanduhr. »Was halten Sie von einem kleinen Aperitivo, meine Herren?«

»Wenn du so nett fragst, sagen wir nicht nein, Tony«, antwortete Witherspoon.

»Unbedingt«, stimmte Mair ihm zu.

»Wäre ein Lowlander in Ordnung?«

»Es kommt darauf an«, meinte MacDonald zögerlich. »Aus welcher Destillerie stammt er denn?«

Witherspoon lachte dröhnend. »Willkommen im Klub, Mister MacDonald! Der liebe Tony lässt uns gerne raten.«

»So möchte ich das ungern nennen, Adam, seid ihr doch Experten für seltene Scotch Whiskys.«

»Wir kennen uns ein wenig aus, aber Blindverkostungen sind schwierig.«

»Er will mich nur necken, Mister MacDonald. In Wahrheit schneiden die Herren immer sehr gut ab. Habe ich recht, Mister Weir?«

Der junge Mann errötete. »Natürlich, Mister Wang.«

»Freut mich, Jonathan. Kann es losgehen, ja?« Wang klatschte in die Hände und zwei junge, blond toupierte Frauen traten ins Wohnzimmer, darunter Miss Kidd vom Braid Hills? Wie erleichtert war MacDonald, sich zu täuschen! Sie brachten ein Tablett mit sechs Degustationsgläschen und eine Karaffe. »Wir haben den Scotch etwas atmen lassen«, erklärte Wang.

»Weise, wie«, sagte sein Bruder. »Mit Whisky kennt Tony aus gut.«

»Bitte eingießen, die Damen. Sie müssen nicht sparen.«

Die Herren nahmen die Gläschen, die man ihnen reichte, entgegen. MacDonald hielt seines fachmännisch gegen das Licht. Ein goldener Scotch lachte ihn an. Langsam flossen die Kirchenfenster zurück. Der Tropfen hatte ein schönes Alter. Er schnupperte nacheinander mit beiden Nasenlöchern.

»Mister MacDonald?«, fragte Witherspoon.

»Auchentoshan mit Port-Finish!«

»Jetzt haben Sie unserem armen Tony die Schau gestohlen«, meinte Mair.

»Oh, Verzeihung. Das war nicht meine Absicht.«

»Ian nimmt Sie auf den Arm, Mister MacDonald. Ihr Urteil ist korrekt. Wir verköstigen Auchentoshan mit Portwein-Finish.«

MacDonald runzelte die Stirn. »Höchst erhellend, denn soweit ich informiert bin, gab es davon nur ein einziges Fass, welches die SMWS bekam. Haben Sie es erworben?«

»Nein, ich kaufe nur Flaschen.«

»Sind Sie sicher?«, fragte Weir.

»Selbstverständlich bin ich das!«

»Ich meine, dass Sie mir mal erzählt hätten …«

»Lasst uns den Whisky genießen, falls er es wert ist. Adam?«

»Geht runter wie Öl«, erklärte Witherspoon.

Tony Wang lachte hysterisch, bis ihm der Atem wegblieb. Für MacDonald war es klar, dass er sich einer Anspannung entledigte, die vielleicht mit dem Knoblauchgeruch und der abgefahrenen Limousine in Verbindung stand?

»Entschuldigen Sie bitte, meine Herren. Adam, du hast einen wunderbaren Humor. Geht runter wie Öl, haha. Sehr präzise analysiert.«

»Darf ich fragen, wie groß Ihre Sammlung ist?«, wollte MacDonald wissen.

Wang sah zu seinem Bruder, der kaum merklich nickte, die Redeerlaubnis für Tonychen. »Nicht so gewaltig wie die unserer beiden Freunde hier.«

»Eine grobe Schätzung würde mir genügen«, insistierte MacDonald.

Wang sah ihn lange an, bevor er antwortete. »Mister Witherspoon ist schuld, denn er verführte mich zum Sammeln. Zu einer richtigen Krankheit ist das geworden. Ich kann einfach nicht mehr aufhören.«

MacDonald entging nicht, dass er sich vor einer konkreten Zahl drückte. »Wobei ich die Herren Mair und Witherspoon bei Drummonds letzter Auktion nicht ausmachte.«

»Nehmen wir das persönlich, Ian?«, fragte Witherspoon.

Mair schüttelte den Kopf. »Der gute Mister MacDonald hat uns in dem Getümmel übersehen. Wir kreiden es ihm nicht an.«

»Darf ich fragen, ob Sie etwas Schönes erwerben konnten?«

»Wie denn, wenn Young Mister Wang uns alles vor der Nase wegschnappt!«

»Mein Gott, was muss ich für ein schlimmer Mensch sein.«

»Tony ist eine gewaltige Kraft im Markt. Doch wird er Schwierigkeiten haben, in dieser Geschwindigkeit weiterzumachen.«

»Weshalb, bitte?«

»Er besitzt bald alles, was selten und trinkenswert ist.«

»Dabei kaufe ich Whisky nur zum Genießen. Richtige Sammler seid ihr, meine Freunde. Wisst ihr was, ich habe angefangen, auch Gemälde zu erwerben«, sagte Tony Wang träumerisch. »Warhol, Richter. Kunst lässt Whisky billig aussehen.«

»Nur kann man sie nicht trinken«, meinte Mair.

»Wo kaufen die Herren ihren Whisky sonst noch ein?«, fragte MacDonald.

Witherspoon stupste Wang in die Seite, während er angespannt auf sein Handy starrte. »Tony, du bist gefragt.«

»Auktionen oder auch von anderen Sammlern. Alles nicht so wichtig. Whisky ist zum Teilen da. Freunde, die zu mir kommen, wissen, dass sie alles von mir haben können.« Während Wang sprach, verrutschte seine Sonnenbrille ein Stück und legte ein blauschwarzes Auge bloß. Alle Gäste bemerkten es, aber niemand sagte etwas.

»Kaufst du deshalb so viel, Tony?«, fragte Witherspoon. »Damit wir Vorrat zum Trinken haben, haha?«

Wang justierte seine Brille. »Wenn es möglich ist, doch mein großer Bruder passt auf, dass ich nicht über die Stränge schlage. Sage ich die Wahrheit, Larry?«

Wangs Bruder nickte mit ernstem Gesichtsausdruck. »Immer ich Bestes versuche.«

»Sind Ihnen in der letzten Zeit Fälschungen untergekommen?«, fragte MacDonald.

Ian Mair schüttelte den Kopf. »Was für eine traurige Frage.«

»Als Gastgeber möchte ich Mister MacDonald in Schutz nehmen. Zum Thema Whisky ist jede Frage erlaubt. Ich persönlich lernte erst nach dem Genuss von Hunderten von Flaschen, Fälschungen zu erkennen.«

»Wie gehen Sie dabei vor?«, fragte MacDonald.

»Mein Guter, das wissen Sie viel besser als ich.«

»Vielleicht will Mister MacDonald deine geheimen Tricks rauskitzeln«, sagte Witherspoon zweideutig.

»Du bist ein Spaßvogel, Adam! Aber bitte, ich habe keine Geheimnisse. Zuerst nehme ich die Flasche in die Hand, sehe mir Korken und Etikett an. Sogleich kann ich sagen, ob es eine Fälschung ist.«

MacDonald traute seinen Ohren nicht. Fast die gleichen Worte hatte Gourlay vom Auktionshaus benutzt. Wer imitierte hier wen? Wang Mister Gourlay oder umgekehrt?

»Auch kenne ich alle Labels seltener Whiskys.«

»Schade nur, wenn man sich täuscht und eine Flasche öffnet. Dann ist alles zu spät.«

»Wie wahr, Mister Angus. Beim Transport von Whisky kann ebenfalls einiges schiefgehen. Steht er beispielsweise den ganzen Tag über in der Sonne …«

»Nicht so ein gewaltiges Problem in Schottland«, sagte Witherspoon.

»Es kommt darauf an, Adam. Fünfzehn Grad im Schatten sind in der Sonne erheblich mehr, und wenn ein Whisky oft den Besitzer wechselt, ist es fast unmöglich, eine vollständige Flaschengeschichte zu bekommen.«

MacDonald bemerkte, dass Witherspoon sehr nachdenklich wurde und eine Textnachricht versendete.

»Einen Moment bitte, die Herren.« Wang zog ein brummendes Mobiltelefon aus der Tasche. »Unser Essen ist da.«

»Was werden Sie uns kredenzen?«

»Hier fragt der große Gourmet nach. Kartoffelroulade mit Haggisfüllung, pikantes Rübengemüse und Karottenpickles.«

In MacDonalds linkem Ohr klingelte es. Der Vorbote von Tinnitus? »Bitteschön?«

»Kartoffelroulade mit …«

»Ich habe verstanden, was Sie gesagt haben«, antwortete MacDonald und rieb sich das Ohr. »Aber woher beziehen Sie das Menü?«

»Vom Partyservice, mein Guter.«

»Das Rezept …?«

»Lassen Sie uns besser die Damen fragen.«

Diese brachten Teller und riesige Schüsseln mit Haggisrouladen, Rübengemüse und Pickles! MacDonald konnte nicht länger an sich halten. »Wie heißt Ihr Service?«

Beide junge Damen blicken ihn vorwurfsvoll an. »Wie können Sie wagen?«, fragte eine von ihnen.

»Ich bin mir keiner Schuld bewusst.«

Tony Wang sprang in die Bresche für ihn. »Meine Damen, Mister MacDonald möchte nur den Namen Ihrer Firma wissen, den ich ihm natürlich auch hätte sagen können. Lukull im Haus.«

»Bitte?«, fragte MacDonald.

»Der Partyservice nennt sich Lukull im Haus.«

»Woher hat dieser Lukull meine Rezepte?!«

»So beruhigen Sie sich doch, Mister MacDonald«, sagte der Gastgeber.

»Sie haben gut reden! Diebstahl geistigen Eigentums ist kein Kavaliersdelikt.«

»Natürlich nicht, aber vielleicht ist es Zufall?«

»Lassen sich im Recht Rezepte schützen?«, fragte Larry Wang.

»Sie stellen vielleicht Fragen!«

»Soweit ich weiß, greift das Urheberrecht erst, nachdem etwas gedruckt wurde«, erklärte Mair.

»Herzlichen Dank, das bringt mich entscheidend weiter!«

»Mister MacDonald, ich mache Ihnen einen Vorschlag: Lassen Sie uns probieren. Vielleicht wurden die Speisen ja nach anderen Rezepten zubereitet. Meine Damen, wenn Sie bitte so freundlich wären.«

Die beiden Hostessen und eine dritte Dame, die wie aus dem Nichts auftauchte, tischten jedem Gast zwei Kartoffelrouladen, reichlich pikantes Rübengemüse und Karottenpickles auf.

»Buon appetito. Lassen Sie es sich schmecken, Gentlemen.«

MacDonald schnitt die Roulade an und schob einen kleinen Bissen in den Mund. Der Teig war nicht aus Kartoffeln und Kartoffelmehl zubereitet, sondern mit Weißmehl, der billigeren Wahl. Entsprechend nichtssagend schmeckte die Roulade und taugte als Wurfgeschoss besser! Grässlich! Seine Füllung war eine filigrane Komposition aus Haggis, Zwiebeln, Karotten und Cheddar. Natürlich war das Gemüse vorher anzubraten und nicht in rohem Zustand einzufüllen! Als Cheddar kam nur die beste Qualität in Frage, kein zäher Käseersatz! Die Damen warteten am anderen Ende des Wohnzimmers auf weitere Anweisungen, die Hände puppenhaft vor dem Körper verknotet. MacDonald winkte der sensiblen Frau zu. »Woher kommen Sie, meine Dame?«

»Stock-äh-bridge.« Sie war groß, schlank und hatte hohe Wangenknochen.

»Ich meinte Sie persönlich. Keine Sorge, Mister Wang hat nichts dagegen, wenn Sie mir antworten.«

»Slowenien.«

Wang machte sich wieder bemerkbar. »Mister MacDonald, ich weiß, Ihr Herz hängt an der Sache, aber ich sollte auch an meine anderen Gäste denken …«

»Junge Frau, woher nahm Ihr Chef die Rezepte?«, fragte MacDonald.

Sie kam ins Grübeln. »Internet.«

»Sie veralbern mich?«

Die Hostess schlug alle fünf Finger auf Kinnhöhe von sich. »Lüge ich doch nicht!«

»Werter Angus MacDonald, kann es endlich ein Pfirsich-Melba-Abend werden?«

Pfirsich Melba? Was sollte das nun wieder bedeuten?, fragte MacDonald sich. Seinethalben!

»Meine Herren, wir machen eine kleine Reise zu Macallan. Was halten Sie davon?«

Mair und Witherspoon klatschten und Weir, der nichts falsch machen wollte, imitierte sie wie bei einer Gymnastikübung. Die Damen schoben einen Servierwagen mit vier Flaschen, mit Alufolie unkenntlich gemacht, ins Wohnzimmer. Auch ausreichend neue Degustationsgläschen waren dabei. Wang wurde ein Mikrofon gereicht.

»Doc Mac waltet seines Amtes«, meinte Larry Wang hämisch.

»Immer musst du das sagen, Bruder! Doch Menschen haben Hobbies und Briefmarken interessieren mich nicht.«

MacDonald fand instruktiv, dass die Fassade der stets fröhlichen Brüder weiter bröckelte.

Wang schaltete das Mikrofon ein. »Test, eins, zwei, drei.«

In MacDonalds Ohr klingelte es wieder. Er machte ein schmerzverzerrtes Gesicht.

»Zu laut für Sie?«, fragte Wang und drehte etwas leiser. »Im Jahr der Destillation sangen die Beatles ›Let it be‹ und Saul Bellows Buch ›Mister Sammler's Planet‹ erschien. Insgesamt 126 Läufer nahmen am ersten New-York-Marathon teil …«

»Das weiß sogar ich«, grölte Witherspoon, »1970!«

»Richtig, Adam. Vielen Dank für deinen Zuruf. Meine Dame, Sie können einschenken. Wer stilles Wasser möchte, bedient sich bitte.«

Die Slowenin goss jedem eine großzügige Portion ein. MacDonald roch am Whisky und nahm ein Schlückchen. Ja, etwas Wasser wäre angesichts des Alkoholgehaltes nicht verkehrt.

»Farbe: reicher Ulmenknorren«, fuhr Wang fort. »Will sich jemand auf ein Alter festlegen?«

»Schätzungsweise zehn, zwölf Jahre«, antwortete MacDonald.

»Weit gefehlt, lieber Herr!«

»Viel älter als 15 Jahre ist er nicht.«

»Abgefüllt im Jahr 2002«, sagte Wang triumphierend, »31 Jahre alt.«

»Sind Sie sicher?«

»Schauen Sie sich die Flasche an, wenn Sie mir nicht glauben. Ich rieche Pflaume, Rosine, eine orangenhafte Zitrusnote …«

MacDonald raufte sich die Haare. Zitrone, die nach Orange riecht? Eine völlig neue Züchtung!

»Im Hintergrund etwas Treacle. Wir probieren. Hm! Ein echter Pfirsich-Melba-Moment. Harzige Holzgewürze und getrocknete Früchte, ausbalanciert mit Orangenzitrus.«

»Was bitte ist das?«

»Orangenzitrus?«

MacDonald stellte sein Gläschen auf den Tisch und faltete die Hände. »Jawohl, und harzige Holzgewürze?«

»Nur eine bescheidene Anmerkung von mir. Gerne lasse ich mich eines Besseren belehren.«

»Ist schon gut. Machen Sie nur weiter.«

»Danke, Mister MacDonald. Die Alkoholstärke liegt bei 52,4 Prozent. Was denken meine anderen Gäste? Mister Weir, Sie haben mit Wasser verdünnt?«

»Hätte ich das nicht tun sollen?«

Wang tätschelte Weir den Arm. »Alles wunderbar. Sagt Ihnen der Whisky zu?«

»Durchaus, Mister Wang, und vielen Dank noch einmal für die Einladung.«

»Sehr gerne. Adam, Ian, was meint ihr?«

Witherspoon saß Wang mit verschränkten Armen gegenüber, sein Gläschen mit zwei Fingern umklammernd. »Ist okay, Tony.«

»Sind wir alle bereit für den nächsten Macallan? Svenja, bitte.«

Außer MacDonald bemerkte niemand, dass Wang die junge Dame mit Vornamen angeredet hatte.

»Mit meinem historischen Hinweis wird es Ihnen ein Leichtes sein, das Destillationsjahr zu erkennen: Ein bedeutender Stein wurde aus der Westminster Abbey in London entfernt …«

»Im Jahr 1950«, sagte MacDonald, der wie alle Schotten stolz auf die kühne Tat war.

»Exakt. Der Stone of Destiny tauchte erst ein Jahr später wieder auf.«

»Was wir nicht vergessen wollen, ist, dass Edward I. ihn 700 Jahre zuvor aus Schottland stehlen ließ.«

»Seit 1996 haben wir das gute Stück wieder«, sagte Ian Mair, »in unserem schönen Schloss.«

»Jungs, könnten wir vielleicht über den Whisky sprechen?«

»Danke dir, Adam. Farbe: Eiche. In der Nase habe ich Apfelfrüchte mit blumigen Noten und Torf.«

Apfelfrüchte! Haha! Gerade so wie Bananenfrüchte, Steakfleisch, Parmesankäse! »Was posiert im Hintergrund?«, fragte MacDonald.

»Getrocknete Früchte«, erwiderte Wang würdevoll. »Wir probieren. Hm! Ausbalancierte Früchte, Torfrauch und leichter Holzgeschmack.«

MacDonald sah sich die Flasche genauer an, merkte, dass der Gastgeber ihn im Auge hatte. Am rechten, unteren Rand des Etiketts war eine Ziffernfolge notiert worden, mit sanft geführtem Bleistift, doch deutlich erkennbar.

»Stimmt etwas nicht, Mister Angus?«

»Nein, alles in bester Ordnung.« Wangs Geschmacksbeschreibungen klangen wie auswendig gelernt. Dienten die Ziffern ihm als Eselsbrücken?

»Wann wurde dieser Whisky abgefüllt?«, fragte MacDonald.

»Er ist 52 Jahre alt. Am besten, wir probieren den Nächsten. Charlie Chaplin produzierte seinen ersten Tonfilm. Amelia Earhart überflog als erste Frau den Atlantik und starb später eines mysteriösen Todes.«

»Sind das alle Hinweise, Tony?«, fragte Witherspoon gähnend. »Reichlich obskur.«

»Geruch: Eiche.«

»Was du nicht sagst«, meinte Ian Mair. »Aber Whiskys werden doch schon lange in Eichenfässern gelagert, oder?«

»Farbe: Eiche! Frische Apfelfrüchte, blumige und zitronige Zitrusfrucht, angereichert mit leichten Ingwergewürzen.«

MacDonald beugte sich in seinem Sessel vor. »Meinen Sie das ernst?«

»Gute Holzreife, mit Torfrauch und getrockneten Früchten ausbalanciert ...«

»Darf ich eine Frage ...«

»Moment, Mister MacDonald, ich will das gerade noch zu Ende bringen. Geschmack: Apfel, Zitronenzitrus, mit Anklängen von trocknendem Holz, wärmend und torfig. Im Finish haben wir ausbalancierte Früchte, Holz und lauernden, trockenen Torfrauch.«

»Besser denn je, Tony. Wie du bloß immer auf deine Beschreibungen kommst«, lobte Witherspoon in ironischem Ton.

Nicht nur der lauernde Torfgeruch kam MacDonald bekannt vor. Er vermutete, dass die Texte von der Destillerie stammten und ihr Gastgeber sie auswendig gelernt hatte. »Wie alt ist der Whisky, Mister Wang?«

»Raten Sie, bitte.«

»Zehn, zwölf Jahre.«

»Sie Scherzbold!«

»Mister Wang, über Essen und Trinken mache ich niemals Späße.«

»Dieser Whisky ist 32 Jahre alt.«

»Spielen Sie manchmal mit dem Gedanken, ein Flaschenmuseum zu gründen?«, fragte MacDonald.

Tony Wangs Telefon klingelte. Er sah ängstlich auf das Display. »Einige Flaschen habe ich aus nostalgischen Gründen aufgehoben, wäre jedoch nie auf die Idee gekommen, von einem Museum zu sprechen. Gentlemen, ich fürchte, wir müssen unser Tasting für heute beenden. Mir ist nicht gut.«

Selten im Leben hatte MacDonald derart enttäuschte Gesichter gesehen. Mair, Weir, selbst Witherspoon, der gespöttelt hatte, alle waren fassungslos. Nur die Damen schienen über ihren frühen Feierabend glücklich zu sein. »Das nächste Mal speisen wir Chili-Haggis-Cheeseburger mit Irn-Bru-Senf, Tattie Chips, Neep Chips und selbstgemachtem Dreifruchtketchup.«

MacDonald legte die Hand ans Ohr. »Wie meinen?«

»Lukull im Haus macht es möglich, haha.«

Witherspoon steckte MacDonald verschwörerisch eine Visitenkarte zu. »Falls Sie sich mal über seltenen Whisky unterhalten wollen. Man weiß ja nie …«

»Die chemische Analyse der sogenannten dichterischen Inspiration ergibt 99 Prozent Whiskey und einen Schuss Schweiß.«

William Faulkner (1897-1962),
US-amerikanischer Schriftsteller

Lukull ist zu Hause

MacDonald öffnete widerstrebend die Augen, erhob sich sehr langsam und zog den Vorhang zur Seite. Wenn er nicht an seinem Haus mit den Büchern so hinge, wäre der dauerhafte Umzug ins Braid Hills eine Option gewesen. Allerdings gab es auch noch Sir Robert. Weil sein Kater sich einsam fühlte, hatte Alberto vorgeschlagen, ihn während der Klempnerarbeiten zu sich zu nehmen. Das war schon einige Tage her und MacDonald musste sich gestehen, den Kleinen völlig vergessen zu haben. Karen würde er nach mehreren missglückten Versuchen vorerst nicht mehr anrufen. Aber wie es seinem Hausmitbewohner ging, das musste er wissen! Alberto meldete sich geschäftsmäßig, obwohl er ihn auf dem privaten, mobilen Telefon anrief: »Villa Buongiorno, was kann ich für Sie tun?«

»Good morning, Alberto. Ich …«

»Bin etwas in Eile. Worum geht es denn?«

Niemand hatte ihm gesagt, dass der Monat der Unflätigkeiten geschrieben wurde. »Ich wollte nur wissen, was Sir Robert so treibt.«

»Tutto a posto!«

»Vielen Dank, dass du dich so rührend um ihn kümmerst.«

»Prego. Sonst noch etwas?«

»Du scheinst dich gut zu verstehen mit deinen chinesischen Gästen?«

»Was soll das heißen?«

»Nur eine simple Observation. Als wir gestern Mister Wang bei dir abholten, benahmt ihr euch bereits wie alte Freunde.«

»Si, Larry Wang ist in Ordnung. Stört dich das?«

»Überhaupt nicht. Sind deine anderen chinesischen Gäste noch da?«

»Bin ich Teil von einem deiner Fälle? Egal! Was machst du heute?«

»Am Vormittag werde ich ein wenig zu unserem, Verzeihung, meinem gegenwärtigen Fall ermitteln. Später gehe ich in den Gorgie City Park. Alberto, hallo …?«

Nun hatte er ohne eine propere Verabschiedung aufgelegt! »Mir soll es egal sein!«, dachte MacDonald, ging nach unten ins Foyer, setzte sich an den Hotelcomputer und tippte bei Mister Yahoo »Lukull zu Hause« ein. Die Internetseite in schrillen Farben beleidigte seine Augen. Man hatte die Dienste von Webdesignern verschmäht und auf die Marke selbstgebastelt zurückgegriffen. Nie würde er solchen Geiz verstehen. Wer ein Geschäft führte, musste ein entsprechendes Äußeres haben, und im 21. Jahrhundert gehörte dazu natürlich ein professioneller Internetauftritt. Immerhin fanden sich im Impressum Adresse (Leith Walk) und Telefonnummer. Wie vermutet, meldete sich am Telefon niemand. Also duschte er, frühstückte und nahm den nächsten Bus nach Leith, was fast eine Dreiviertelstunde dauerte. Die ellenlange Straße, zum Hafenviertel führend, hatte sich in den letzten Jahren mit allen möglichen Shops kulinarisch gemausert. Lukull befand sich in der Nähe der winzigen portugiesischen Bäckerei. Aus Angst, das winzige Mobiliar zu zerbrechen, nahm MacDonald sich immer etwas für zu Hause mit. Lukulls Eingangstür ließ sich nur schwer öffnen, und dann stand MacDonald inmitten eines Büros. Zwei Damen und ein Herr saßen an ihren Schreibtischen und arbeiteten emsig. Der Mann erhob sich und streckte ihm die Rechte, mit kapitaler Brandwunde, entgegen. »Mein Name ist Murchie. Was kann ich für Sie tun, Sir?«

»Angenehm, Angus MacDonald. Ich nahm gestern ein modernes schottisches Menü zu mir und wollte mit Ihnen darüber sprechen.«

»Natürlich, gerne. Nehmen Sie bitte Platz. Hatten Sie zufällig eine Kartoffelroulade mit Haggis-Füllung?«

»Woher wissen Sie das?«

Der Mann lächelte. »Wir lieferten das Essen am Abend zum ersten Mal aus. Sagte Ihnen das Dinner nicht zu, Sir?«

»Es war unterdurchschnittlich. Mich interessiert auch mehr, woher Sie die Rezepte haben.«

»Fürchte, das darf ich Ihnen nicht verraten.«

»Dann will ich deutlicher werden. Es sind meine Ideen!«

»Können Sie das beweisen?«

»Stehen wir vor Gericht? Ich kann jederzeit mit meinem Laptop vorbeikommen und Ihnen zeigen, wann ich die Datei anlegte!«

»Fahren Sie bitte fort.«

»Ich wiederhole: Woher haben Sie meine Rezepte?«

»Normalerweise kümmere ich mich darum. Aber in diesem Fall sind sie uns quasi zugeflogen.«

»Sie sehen mich rätselnd, Mister Murchie.«

»Es ist mir ein bisschen peinlich, kürzlich hat jemand einen Brief bei uns eingeworfen …«

»Mit meinen Rezepten? Trug der Brief keinen Absender?«

»Nein. Ich versichere Ihnen jedoch, dass ich immer alle Rezepte ausprobiere, bevor sie ans Küchenteam gehen. Für einen gelernten Koch wie mich ist das Ehrensache.«

»Die Brandwunde an Ihrer Hand verriet mir das bereits. Stand irgendetwas dabei, das mich bei der Suche nach dem Täter weiterbringen könnte?«

»Welcher Täter?«

»Nicht nur Handtaschenräuber müssen zur Rechenschaft gezogen werden. Diebstahl geistigen Eigentums ist ebenfalls ein Verbrechen!«

Der Mann schaute MacDonald mitfühlend an. »Lassen Sie mich das kurz im Computer checken. Ich habe alles eingescannt. Hm, da steht etwas unter dem Rezept. Gut, dass Sie insistiert haben.«

MacDonald beugte sich zum Bildschirm. »Buon appetito and tanti saluti.«

»Die Rezepte stammen vermutlich von einem Italiener.«

»Wie oft muss ich Ihnen sagen, dass ich sie kreierte?«

»Verzeihung, aber es könnte doch sein, dass jemand zur selben Zeit die gleiche Idee hatte.«

»Nein!«

»Eventuell sogar vor Ihnen?«

»Falls es darum geht, dass Sie sich gegen eine Klage wehren wollen: Ich führe nichts Böses gegen Sie im Schilde. Solange Sie versprechen, m-e-i-n-e Rezepte nicht wieder zu verwenden. Die Art der Zustellung, noch dazu ohne Absender, hätte Sie doch nachdenklich stimmen müssen?«

»Ein wenig ja, aber wir konnten den Gerichten nicht widerstehen.«

»Danke für die Blumen. Könnten Sie mir bitte einen Ausdruck der Datei anfertigen?«

MacDonald verabschiedete sich und trat auf den Leith Walk. Sollte er dem Mann die Geschichte glauben? Er war sehr hilfsbereit und ob er sich an das Versprechen hielt, ließ sich einfach nachprüfen. Man müsste nur anonym bei Mister Lukull anrufen und fragen, ob er moderne schottische Gerichte kannte. Das Risiko für die Firma, erwischt zu werden, war viel zu groß. Die italienischen Worte machten klar, woher die Breitseite kam. Der Möchtegerngangsterboss hatte ihm weitere Repressalien versprochen. So sehr MacDonald Alberto bei diesem Fall fehlte, war er doch froh, sich das Lamento über die Gefährlichkeit italienischer Schwerverbrecher zu ersparen. »Angus, mit diesen Schuften ist nicht zu spaßen! Glaub mir! Ich weiß, wovon ich spreche.« Doch, wehe er, Angus MacDonald behauptete so etwas!

Am Nachmittag observierte MacDonald von seinem wartenden Taxi Drummonds. Irgendwie musste diesem Gourlay beizukommen sein. Wie erwartet, erschien er zwei Minuten nach fünf Uhr vor dem Haus und eilte davon. Angus ließ den Wagen langsam folgen. Falls der Auktionator etwas ahnte, ließ er es sich nicht anmerken. Einzig den Sitz seiner Frisur kontrollierte er häufig, mit der Hand über den Kopf streichend und dabei leicht nach hinten blickend. Die Beschattung ergab nichts, denn Gourlay wohnte in der Nachbarschaft. Falls das Anwesen nicht mit einer Hypothek belastet war, würde er keine Geldsorgen haben. Wie sehr fehlte Angus sein Doktor Watson! Alberto hätte den Herrn unauffällig verfolgen können.

Urlaub von den eigenen Sorgen zu machen, sei er auch noch so kurz, ist immer eine gute Sache. Mehr als einmal hatte Malcolm MacDonald seinen Söhnen diese Weisheit verkündet. Sein Vater nahm Angus und Bruder William gerne zum Gorgie City Park mit, betrachtete das aber weniger als Zerstreuung, denn notwendige Erdung für Stadtkinder, die keine Ahnung vom entbehrungsreichen Landleben hatten. Dass kein Eintritt erhoben wurde, spielte sicher auch eine Rolle. Weder MacDonald noch sein Bruder hatten ihrem Dad jemals verraten, wie schön sie es in dem kleinen Zoo fanden, und damit er keinen Verdacht schöpfte, wehrten sie sich immer dagegen hinzufahren. MacDonald musste heute noch lachen, wenn er daran dachte. Im Gorgie City Park gab es Schafe, Ziegen, Kühe, Hasen und einige kleinere Tiere. Groß war das Gelände nicht, aber gepflegt und übersichtlich. Miniaturtierpark hätte man auch sagen können zu dem bäuerlichen Kleinod mitten in der Stadt. Er folgte seinem Besuchsritus, ging durch den Eingang und nach rechts zu den Entchen, weiß, schwarz-weiß und grau. Am meisten mochte er die Pet Lodge, mehrere kleine Häuschen, mit weißen Hasen, die Hunden ähnelten.

»Interessante Tierchen, nicht wahr?«, sagte eine rothaarige, sommersprossige Frau, die mit einem Mal neben ihm stand. Sie trug ein dunkelgraues Businesskostüm, rote Schuhe und hatte das üppige, rötliche Haar mit einem Knoten gebändigt.

MacDonald nickte. »In der Tat. Guten Tag, gnädige Frau.«
»Gnädig? Hoho! Wollen Sie mich verhohnepipeln?«
»Nein, nur höflich sein.«
»Ist Ihnen gelungen. Kommen Sie oft hierher?«
»In den letzten Zeit nicht mehr so häufig.«
»Viel zu tun?«
»So ist es.«
»Was machen Sie beruflich?«
»Essen und Trinken.«
»Hoho, das ist komisch. Lässt sich so Geld verdienen?«
»Ich schreibe darüber, Artikel und Bücher.«
»Stimmt!«

»Bitte sehr?«

»Haben Sie nicht auch was über Currys verfasst?«

»Jawohl, mein aktuelles Kochbuch heißt ›Currys für Connaisseure‹«.

»Hab's bei Waterstones gesehen. Schöner Band.«

Wie nur kam es, dass seine Mitmenschen dachten, ihm eine Freude zu machen, wenn sie seine Bücher ansahen, aber nicht kauften? Aber immer noch besser als diejenigen, die unverzüglich ein Gratisexemplar verlangten. So als ob sein Verleger ihm unaufhörlich welche zur Verfügung stellte und kein Geld verdienen wollte! »Freut mich, dass es Ihnen gefällt. Sind Sie beruflich hier?«

»Schön wär's. Im Moment befinde ich mich zwischen Jobs.«

»Was Sie nicht sagen.«

»Sie möchten wissen, was ich vorher gemacht habe? Okay, ich sag's Ihnen. Whisky!«

»In einer Destillerie?«

»Verdammt noch mal! Wäre das so ungewöhnlich?«

»Überhaupt nicht. In der Whisky-Welt haben wir eine Menge kompetenter Frauen. Eines meiner nächsten Bücher wird von diesem Thema handeln.«

»Von Minute zu Minute finde ich Sie sympathischer.«

»Freut mich, das zu hören.« Auch er fand einen gewissen Reiz darin, mit ihr zu sprechen.

»Entschuldigen Sie, wenn ich etwas heftig reagiert habe. Bei Drummonds war das Arbeitsklima mit Testosteron geschwängert!«

»Sie arbeiteten für das Auktionshaus?«

»Ja, warum?«

»Ich wundere mich nur, was es für Fügungen gibt im Leben.«

»Nun müssen Sie mir kleinem Mädchen bitte auf die Sprünge helfen.«

»Gegenwärtig beschäftige ich mich verstärkt mit dem Thema Whisky.«

»Was ist die Fügung?«

»Sie kommen aus dem Whisky-Business und ich auch.«

»Na, so ein großer Zufall ist das auch wieder nicht.«

»Wie meinen Sie das?«

»Ich, äh, habe mich versprochen. Gehen wir nach draußen?«

Er sah sie verblüfft an. »Gerne. Mein Name ist Angus Thinnson MacDonald.«

»Weiß ich, hoho! Hab doch Ihr Buch gesehen. Erinnern Sie sich? Ich heiße Emma Anderson. Würde mir gerne die Schafe am anderen Ende des Geländes ansehen. Einverstanden?«

»Ihr Wunsch ist mir Befehl. Das Arbeitsleben bei Drummonds sagte Ihnen also nicht zu und Sie kündigten?«

»Hochkant gefeuert wurde ich!«

Radikal ehrlich, wie sein Dad! »Verstehe, wann war das?«

»Vor ein paar Monaten. Eines müssen Sie wissen: Bin keine Mimose. Ich wuchs mit zwei älteren Brüdern auf und lernte früh, mich zu behaupten. Wenn jemand sachlich argumentiert, egal ob Mann oder Frau, kann ich damit leben. Aber ohne Wissen auf autoritär machen, das läuft nicht!«

MacDonald warf ihr einen bewundernden Blick zu. »Könnten Sie etwas ins Detail gehen?«

Sie strich sich den Rock glatt. »Klar. Ich arbeitete mit Gourlay.«

»Peter Gourlay?«

»Mein lieber Angus-Mann, so werde ich nie fertig mit meiner Geschichte.«

»Sie haben völlig Recht. Verzeihung.« Angus-Mann? Er war zu erschrocken, um das zu kommentieren.

»Schuftete über drei Jahre für Drummonds. Dem faulen Gourlay die Arbeit gemacht. Nichts brachte er mir bei, der Trottel! Egal! Bei einem Ankauf fiel mir eines Tages auf, dass von vier gleichaltrigen Flaschen derselben Destillerie zwei ein bisschen anders aussahen. So begann alles. Gourlay wollte mich als willige Sklavin und keine Konkurrenz bekommen.«

MacDonald fuhr sich diskret mit dem Zeigefinger über die Nasenspitze.

»Kein Schweinekram! Obwohl, bei dem würde es mich nicht wundern. Tut immer vornehm, kauft aber …«

»Wie bitte?«

»Nicht wichtig. Meiner Ansicht nach muss ein seriöses Auktionshaus checken, woher die angekauften Whiskys stammen.«

»Das wird nicht getan?« Er dachte an die amateurhafte Untersuchung Gourlays während seines Besuchs.

»Viel zu lasch! Gourlay schreibt nur auf, wie die Verkäufer heißen, Angus-Mann.«

Warum war ihm diese Anrede bereits sympathisch? Natürlich! So hatte sein Vater ihn als kleinen Jungen genannt.

»Gourlay interessiert nicht, wer die Flasche vor dem Verkäufer besaß.«

»Ich studierte kürzlich Drummonds Geschäftsbedingungen und kam zu dem Schluss, dass es nahezu unmöglich ist, Fake Whisky zurückzugeben.«

»Sehr gut bemerkt.«

»Was halten Sie für den Grund?«

»Faulheit, Dummheit, Arroganz, vielleicht auch Bestechlichkeit.«

»Hat Gourlay keinen Vorgesetzten?«

»Sicher! Aber wenn ich meine Bedenken äußerte, wurde ich gefragt, ob ich meine Tage hätte! Ist das in Ordnung?«

MacDonald hüstelte. »In keinem Fall. Nein, so etwas geht nicht.«

»Eben. Bei zwei weiteren Flaschen war ich mir absolut sicher, dass sie gefälscht waren. Ich teilte es Gourlay mit, der mir sagte, ich solle endlich meinen vorlauten Mund halten. Zwei Wochen nach der Auktion rief mich der Kunde an, der die Whiskys gekauft hatte, und beschwerte sich. Beim Öffnen einer der Flaschen hielt er einen modernen Korken in der Hand. Stellen Sie sich das mal vor!«

»Von welcher Destillerie stammte die Flasche?«

»Kann ich leider nicht sagen.«

»Sie erinnern sich nicht mehr?«

»Natürlich, aber mein ehemaliger Vertrag gebietet mit Stillschweigen.«

Gemessen daran, hatte sie ihm schon einiges erzählt!

»Sagen wir so: Der Altersunterschied zwischen Flasche und Korken betrug über fünfzig Jahre.«

»Hätte man das nicht vom oberen Rand des Korkens schließen können?«

»Genau das hatte ich getan! Ich rannte also in eine große Besprechung und blamierte Gourlay.«

»Woraufhin Sie gefeuert wurden?«

»Es kam mir fast so vor, als ob der Sch…, der liebe Mensch nur auf eine Gelegenheit gewartet hätte.«

»Steckt das Auktionshaus in finanziellen Schwierigkeiten?«

»Sagen wir mal so, hohe Verkaufszahlen wie neulich sind kein Schaden.«

»Waren Sie bei der letzten Auktion zugegen?«

»Hab nur davon gehört. Der junge Chinese schlug wieder zu?«

»Kann man wohl sagen. Gegen Mister Wangs Finanzkraft hatte niemand eine Chance.«

»Vielleicht täusche ich mich, ach, hab schon zu viel geplappert.«

»Keine Sorge, ich werde alles für mich behalten.«

»Sie sehen in der Tat seriös aus. Es gab da diesen Whisky-Liebhaber, der mich immer wieder anrief …«

»Er wandte sich direkt an Sie?«

»Beim ersten Mal verband Gourlay noch. Danach wählte der Kunde meine Durchwahlnummer und erkundigte sich nach winzigen Markierungen am Boden der Flasche, Befestigung des Etiketts et cetera, keine Fragen, die wir typischerweise gestellt bekommen. Zuerst dachte ich, es mit einem Exzentriker zu tun zu haben …«

»Doch dann …«, ermutigte MacDonald sie. Er erinnerte sich an die Markierung auf einer von Wangs Macallan-Flaschen.

Sie sah ihn wie einen vorbeischreitenden Besucher des Zoos an, schien in eine ferne Welt entrückt.

»Mrs Anderson, alles in Ordnung mit Ihnen?«

»Was? Ja, natürlich! Hab mich nur daran erinnert, wie gerne ich meinen Job machte. Wieso wollen Sie das alles so genau wissen?«

»Jeder Mensch, der gegen authentisches Essen und Trinken handelt, hat meinen Zorn zu fürchten!«

»Einen guten Whisky trinken Sie bestimmt auch gerne, was?«

»Sie vermuteten also, mit einem Exzentriker in Kontakt zu stehen?«

»Richtig! Bis es mir dämmerte, dass der junge Mann ein Fälscher sein könnte.«

»Oh!«

Emma Anderson lachte markerschütternd. »Jetzt wollen Sie die ganze Wahrheit und nichts als die Wahrheit wissen, oder?«

»Wenn das möglich wäre.«

»Klar, Angus-Mann! Ich glaube, er hatte Angst, aus Versehen seine eigenen, nennen wir es mal Kreationen, zurückzukaufen.«

»Auf was für Ideen die Menschen kommen! Der Mann verkaufte Drummonds Whisky?«

»Eine andere Erklärung habe ich für sein Verhalten nicht.«

»Wie oft telefonierten Sie mit ihm?«

»Drei- oder viermal. Dann habe ich Gourlay gesagt, er soll sich selbst um seinen Mist kümmern.«

»So haben Sie es gesagt?«

»Warum nicht? Das war doch welcher!«

»Können Sie mir sagen, wie der Gentleman heißt?«

»Absolut nicht!«

»Wegen Ihrer Verpflichtung zur Verschwiegenheit?«

»Nein, weil Gourlay mir keinen Namen nannte.«

»Sie fragten, äh, nicht nach?«

»Bekam keine Antwort. Etwas ist mir aber aufgefallen. Obwohl der Mann perfekt Englisch sprach, war manchmal ein hauchdünner asiatischer Akzent zu bemerken, chinesisch vielleicht.«

»Tony Wang?«

»Kaum vorstellbar, was? Wo der junge Mann die Liebenswürdigkeit in Person ist? Andererseits muss man sich schon fragen, wo ein junger Hüpfer wie er so viel Geld herhat.«

»Die Eltern sind begütert.«

»Sagt er, ja, Mister Wang tauchte aber urplötzlich in Edinburgh auf und niemand fragte genauer nach. Klar, wer will seine tollen Partys missen! Sie sehen bedrückt aus?«

»Seit kurzem gehöre ich zu Mister Wangs Gästen. Waren Sie schon in seinem Haus?«

»Mit ehemaligen Kunden will ich nicht in Verbindung gebracht werden. Was hat Sie getrieben?«

Emma Anderson war ihm sehr sympathisch und nun wäre der Zeitpunkt gekommen, sie über seinen Fall zu informieren. Aber nach dem Ehrenkodex der Detektive weihte man Fremde, und das war sie technisch gesehen noch, nicht in laufende Ermittlungen ein.

»Sie müssen es mir nicht sagen, Mister MacDonald.«

»Neugierde, vermutlich.«

»Wer war sonst noch da?«

»Also, ich, äh …«

»Ich habe Ihnen so viel erzählt! Sicher ist Wangs Gästeliste nicht geheim?«

»Natürlich nicht, Larry Wang …«

»Tonys angeblicher Bruder.«

»Wie meinen Sie das?«

»Die beiden ähneln sich überhaupt nicht.«

»Mein Bruder und ich sehen auch sehr unterschiedlich aus. Weitere Gäste waren Adam Witherspoon und Ian Mair.«

»Witherspoon kenne ich und Mair ist von der Royal Bank of Scotland, beide Stammkunden von Drummonds. War Gourlay auch da?«

»Nein, Tony Wang meinte, er sei verhindert.«

»Erstaunlich, soweit ich weiß, ist er ständig bei ihm zu Gast. Eventuell kam er wegen Ihnen nicht.«

»Wie kommen Sie denn darauf?«

»Nur so eine Idee. Was hat Wangchen denn spendiert?«

MacDonald zählt die verkosteten Whiskys auf.

»Da hat er schon mehr ausgegeben.«

»Was denn zum Beispiel?«

»Macallan-Whiskys aus dem späten 19. Jahrhundert. Schauen Sie nicht so enttäuscht.«

»Die Hostessen brachten vier verkleidete Flaschen. Doch nur drei probierten wir. Tony Wang bekam einen Anruf und verabschiedete uns. Schade, vielleicht wäre die letzte Flasche älter gewesen.«

»Hm ...«

»Kurz zuvor hatte ich ihn gefragt, ob er ein Flaschenmuseum gründen möchte.«

»Will er?«

»Nein, angeblich besitzt er nur einige wenige leere Flaschen.«

»Sollen Sie wiederkommen?«

»Eingeladen hat Mister Wang mich, ja.«

»Dann wird er nächstes Mal auftrumpfen. Geiz kann man ihm nicht vorwerfen. Waren die Whiskys in Ordnung?«

»Bei zwei davon bin ich mit nicht sicher. Sie schienen mir viel jünger zu sein, als Wang behauptete.«

»Fälschungen? Haben Sie Wang zur Rede gestellt?«

»Nein, so arbeite ich nicht.«

»Hoho, bei Ihnen wird auch ein Whisky-Tasting zur Arbeit, was? Angus-Mann, immer auf Achse! Sehen wir den Tatsachen ins Auge. Selbst Experten fällt es bei einer Blindverkostung schwer, gut abzuschneiden, vor allem bei steigendem Alkoholpegel.«

»Eine sehr pessimistische Sicht der Dinge, Mrs Anderson.«

»Kann sein, aber realistisch. Die Herren der Schöpfung bilden sich zu viel ein. Sie glauben nicht, wie oft ich von Kunden für die Ehefrau eines Angestellten gehalten wurde. Nur weil die Typen sich nicht vorstellen können, dass ich mich mit Whisky auskenne! Alle möchten sie an Wangs Partys teilnehmen, und wenn die eine oder andere Fälschung dabei ist, wird das einfach ignoriert.«

Für jemanden, der noch nie bei Tony Wang war, hatte Mrs Anderson eine sehr präzise Vorstellung des Ablaufes. »Wenn Sie es sagen.«

»Viel befriedigender, den richtigen McCoy im Glas zu haben, als Zweifel aufkommen zu lassen.« Emma Anderson legte die Hand auf die Brust und schmetterte eine Arie: »La donna è mobile, qual piuma al vento …«

Nicht dass MacDonald etwas gegen Gesang gehabt hätte, aber alles zu seiner Zeit! Er verknotete die Hände hinter dem Rücken und wartete auf das Ende der Darbietung.

Sie schüttelte den Kopf. »Entschuldigen Sie, manchmal geht es durch mit mir und dann muss ich singen.«

»Das macht doch nichts. Sie haben eine schöne Stimme. Reisen Sie gerne nach Italien?«

»Gelegentlich schon«, antwortete sie wehmütig. »Nicht so oft, wie ich möchte. Mal sehen, vielleicht ändert sich das, wenn ich finanziell wieder auf die Füße komme.«

»Haben Sie etwas in Aussicht?«

»Klar, mache mich selbständig als Fake-Whisky-Detektivin. Würde der Herr mich beschäftigen?«

»Äh, natürlich, jederzeit.«

»Hier, meine Visitenkarte, Angus-Mann. Besuchen Sie mich mal.«

MacDonald sah sich die Karte an. »Lauriston Street? Da wohnt auch Kevin Wordie.«

»Das kann durchaus sein.«

»Nur ein paar Häuser weiter. Haben Sie ihn noch nie gesehen?«

»Weiß ich nicht. Kann es sein, dass Sie mich als Deckung benutzen? Wer greift an?«

Oh, wäre doch alles nur ein Traum! Nein, die attraktive, dunkelhaarige Frau kam zielstrebig auf ihn zu, ein achtjähriges Mädchen an der Hand.

»Angus, habe ich doch richtig gesehen. Was machen Sie hier? Ist das eine Bekannte von Ihnen?«

»Karen, welch aufreizende Überraschung! Ihre Nichte haben Sie auch mitgebracht?«

Obwohl MacDonald sich nichts vorzuwerfen hatte, war ihm die Episode hochnotpeinlich. Emma Anderson trug nicht zur

Klärung des Missverständnisses bei, sang etwas aus dem »Barbier von Sevilla«. Worauf Karen einen Rettungsanker für ihn auswarf und fragte, ob sie im selben Chor seien?

Emma Anderson lachte so laut, dass die Schafe Angst bekamen.

»Eine Kollegin also?«, fügte Doktor Miller verstimmt hinzu.

»Hoho, das wird ja immer besser! Wer ist denn das, Angus-Mann?«

MacDonald stand zwischen ihnen, wortlos, mit weit ausgebreiteten Armen.

»Als Erklärung wird das nicht reichen! Angus-Mann!« Karen Miller zog ihre quengelnde Nichte hinter sich aus dem Zoo.

»Unglaublich, was Sie anrichteten, Mrs Anderson!«

»Ich verstehe immer noch nicht, mit wem wir es zu tun haben.«

»Ärztin«, sagte MacDonald röchelnd.

»Sind Sie krank?«

»Nein! Doktor Miller ist meine Hausärztin! Sie werden doch auch eine haben?«

»Bei mir ist es ein Mann.«

»Als ob das eine Rolle spielte!«

»Sie haben vielleicht eine Laune entwickelt.«

»Bitte nicht wieder Arien schmettern. Die Leute kramen bereits nach Kleingeld.«

»Mir doch egal! Arrivederci, Signore!«

MacDonald setzte sich auf die nächste Bank und atmete tief durch. Was würde noch geschehen? Sein Vater Malcolm konnte auftauchen! Ganz ruhig, Angus. Es sind keine Verwandten in Sicht. Er sah sich die Visitenkarte der Dame genauer an: Emma Anderson, Whisky-Consultant. Erklären konnte MacDonald es sich nicht, aber trotz allem fand er Mrs Anderson attraktiv! Eine Frau, die donnernd lachte und Stegreif-Arien schmetterte! Das hatte ihm gerade noch gefehlt! Kein Wunder, dass Karen so misstrauisch war! Italien! Er musste sich vergewissern, dass niemand seine neuen Rezepte ins Internet gestellt hatte. Schon längst hätte er das tun sollen. Aber wegen eines unguten Gefühls hatte er Abstand genommen. Alberto, der als Italiener technische Spielzeuge liebte, hänselte ihn immer, weil er auf seinem mobilen Telefon kein Internet besaß. Dass sich jemand freiwillig dagegen entschied, konnte er sich nicht erklären. MacDonald begab sich in ein Internetcafé auf der Princess Street und tippte bei Mister Yahoo die Titel seiner Rezepte ein. Der Teufel meldete sich mit einem Donnerschlag. Kartoffel-Roulade mit Haggis-Füllung? Volltreffer! Haggis-Chili-Cheeseburger mit Irn-Bru-Senf! Zweiter Erfolg! Auch an seine Headline war gedacht worden: Haggis, Neeps and Tatties, neu betrachtet, Teil eins und zwei! Eine Import-Export-Firma, die in Cormons, Italien, registriert war, hatte die Seite erstellt! Der Ort, aus dem Alberto stammte. Natürlich kam jedermann in Cormons in Frage, alle Friulaner, Italiener ... doch erstens kannte MacDonald von dort nur Alberto und zweitens benahm er sich sehr befremdlich. Er loggte sich aus dem Internet aus, entrichtete seinen Obulus und stieg in den nächsten Bus. Als er eine Viertelstunde später in die Leamington Terrace einbog, sah er seinen Freund mit Larry Wang aus dem Haus schreiten. »Hallo, Alberto!«, rief er von weitem.

Der Italiener winkte zurück, nicht unfreundlich, aber reserviert. Wang tat, als ob er ihn nicht sehen würde.

»So warte doch einen Moment, Alberto.« Einer der ehernen Grundsätze jeden Gentlemans war es, niemals zu rennen. Heute jedoch musste eine Ausnahme gemacht werden! MacDonald knöpfte sein Harris-Tweed-Jackett auf und hetzte los. Das Joggen nicht gewohnt, kam er bereits nach wenigen Metern außer Atem. »Alberto Vitiello, ich muss mit Ihnen reden!« Die steife Anrede wirkte! Sein Freund blieb stehen.

»Was ist denn los, Angus? Larry und ich sind in Eile.«
»Larry und du?«
»Mister Wang kennst du!«
»Ja, natürlich. Guten Tag.«
»Haben Sie schon gegessen, Mister MacDonald?«
»Gefrühstückt, aber ich ...«

»In China ist das die nette Art, jemanden zu begrüßen«, erklärte Vitiello ungeduldig.

»Könnte ich dich unter vier Augen sprechen?«

»Vor Mister Wang habe ich keine Geheimnisse. Allora?«

»Vergiss es, nicht so wichtig.«

Alberto nickte, legte Wang den Arm auf die Schulter und so marschierten sie gleich Kriegskameraden die Straße hinunter, zur nächsten Bushaltestelle.

Im Frühstücksraum wackelte der Vorhang. Maria winkte ihm, verschwand einen Moment und öffnete ihm die Fronttür.

»Hallo, meine Liebe. Hast du schon gegessen?«

»Den Spruch kann ich nicht mehr hören!«

»Dein Ehemann kommt mir etwas skurril vor.«

»Nicht nur dir!«

»Ist er bereits in den Wechseljahren?«

»Non so, weiß ich nicht. Darf ich dir einen Tee anbieten?«

MacDonald nickte und sie gingen ins Wohnzimmer. Für gewöhnlich war Maria die personifizierte Ruhe und als sie beim Einschenken des Tees zitterte, hatte er ein ungutes Gefühl.

»Du kennst Alberto einige Jahre und weißt, dass er nie ein ruhiger Zeitgenosse war. Es fällt ihm nicht leicht, still zu sitzen und wenn es einmal vorkommt, schläft er sofort ein. Immer wieder findet er neue Hobbies und das ist auch gut so, denn als gestresste Guest-House-Besitzer haben wir uns Abwechslung verdient. Aber neuerdings nimmt seine Zappeligkeit stark zu.«

»Wie meinst du das?«

»Er brennt Spiegeleier an.«

»Doktor Spiegel-Ei macht Fehler? Aber was sind die neuen Freizeitaktivitäten? Raucht er Opium mit den Wangs?«

»Es gibt mehr als einen?«

»Hat er dir nicht gesagt, dass Larry Wang einen Bruder namens Tony hat?«

»No, auch das hat er mir verschwiegen. Angus …«

MacDonald bemerkte, dass sie kaum die Tränen zurückhalten konnte und ergriff ihre Hand.

»Wenn eine Frau einmal in den Vierzigern ist, findet ihr Ehemann sie nicht mehr attraktiv.«

»Sag doch nicht solche Sachen. Ein hübsches Mädchen wie du!«

»Meinst du wirklich, Angus?« Maria wischte sich mit der Hand über die Augen.

Die wichtige Frage kam ihm schwer über die Lippen: »Wie kommst du darauf, dass Alberto fremdgeht?«

»Eine Ehefrau bemerkt das schnell.«

»Ja, aber wie?«

Maria sah ihn vielsagend an. »Muss ich dir das wirklich erklären?«

»Wenn es möglich wäre …«

»Hast du schon mal die Geschichte von den Bienen gehört?«

»Ach, du lieber Gott. Entschuldige bitte, dass ich so begriffsstutzig war.«

»Non fa niente. Macht nichts.«

»Ich wundere mich schon die ganze Zeit, warum er nicht bei unserem, äh meinem neuen Fall mitarbeiten will. Ist er oft mit Larry Wang unterwegs?«

»Hin und wieder, ja.«

»Um dir helfen zu können, benötige ich mehr Infos, meine Liebe.«

»Wer hat denn gesagt, dass ich das möchte? Ihr Mannsbilder denkt immer, dass wir ohne euch nicht existieren können!«

»Liebe Maria, das sagte ich mit keinem Wort. Vielleicht sollte ich den Herren folgen?«

»Si, gute Idee. Dann berichtest du mir später bitte, ob ich für seine Freundin ein Zimmer zu reservieren habe.«

»Maria, meine Gute. Ich bin sicher, es gibt eine harmlose Erklärung.«

»Jamie Olivers Restaurant, dort kannst du sie aufspüren. Sag ihm bloß nicht, dass du es von mir weißt.«

»Schade, denn einen guten Scherz teile ich gerne.«

Maria tippte sich an den Kopf. »Früher wäre er niemals dorthin gegangen.«

»Alberto isst wirklich in Jamie Olivers sogenanntem italienischem Restaurant?«

»Glaubst du jetzt, dass das Essen nicht so wichtig ist?«

MacDonald musste sich eingestehen, dass der Verdacht begründet war und blieb noch ein wenig bei ihr. Wozu hatte man Freunde, wenn nicht für Notzeiten? Erst als Maria in halbwegs stabiler Verfassung war, verabschiedete er sich. Alberto und er diskutierten gerne über Kulinarisches und hatten auch den einen oder anderen Dissens, sie waren sich jedoch absolut einig, dass die italienische Küche den Italienern zu überlassen war! Jamie Oliver und Nigella Lawson (die Vitiello mit sogenannten italienischen Rezepten auf die Palme brachte!) sollten sich besser auf ihre heimische Küche konzentrieren. »Eine Engländerin, die mir zeigen möchte, wie man Spaghetti kocht! So was gibt es nur in Großbritannien!« Alberto wurde dieses Spruchs niemals müde und Angus hatte den Verdacht, dass er absichtlich Brücken zum Thema suchte. Doch selbst wenn Larry Wang die Idee gehabt hatte, musste man Alberto ankreiden, dass er mitging. MacDonald bestellte ein Taxi und ließ sich in der Hanover Street absetzen. »Jamie's Italian« war in den Assembly Rooms in der George Street untergekommen. Einst lasen hier Dickens, Thackeray und Scott aus ihren Werken, und nun das! Der geschäftstüchtige Oliver hatte Dependancen in Großbritannien und weiteren Ländern eröffnet: Auch Australien, Dubai, die Vereinigten Arabischen Emirate, Hong Kong, Indien, Island und Thailand kamen in den Vorzug seiner Restaurantkette, die mit dem Franchiseverfahren arbeitete. Ein Herr aus Südengland wollte der Welt mit einem fabrikmäßigen Geschäftsprinzip die italienische Küche näherbringen! Natürlich spekulierten viele Gäste darauf, den nicht mehr so jungen Mann anzutreffen. Ins Restaurant konnte MacDonald nicht gehen (wie ärgerlich!). Er ging zwei Häuser weiter und rief einen der Sous-Chefs, Mister Roddie, an. Der Mann, klein und sehr muskulös, ließ bei seiner letzten Buchpräsentation durchblicken, dass er lieber in einem anderen Restaurant arbeiten würde, und da Angus MacDonald über gute Gastronomie-Kontakte verfügte, versprach er, sich umzuhören. Zwar hatte er noch keine Stelle vermitteln können, aber das machte den Mann umso emsiger. Wenige Minuten später stand Roddie vor ihm und verstand sofort, dass die Sache delikater Natur war.

»Können Sie sich noch an Alberto Vitiello erinnern?«

»Ich fürchte nein, Sir.«

»Er war bei meiner Lesung zugegen, der Herr, der am Lautesten applaudierte …«

»Bin mir nicht sicher.«

»… und die anderen Gäste, die bereits gehen wollten, zu weiterem Applaus animierte?«

»Unser quirliger Gentleman aus Italien!«

»Genau. Mister Vitiello dürfte in Ihrem Restaurant sitzen.«

»Kam er alleine?«

»Nein, mit einem Herrn aus China. Möglicherweise erscheinen noch weitere Personen.«

»Okay, was soll ich tun?«

»Würden Sie ihn bitte unauffällig beobachten?«

»Schwierig, bereits diese kleine Pause musste ich erkämpfen. In der Lunchzeit geht es turbulent zu.«

War es dann sinnvoll, mir Hoffnung zu machen?, fragte MacDonald sich. »Könnte vielleicht eine Kollegin aushelfen?«

»Am besten, ich frage jemanden vom Service. Worauf sollen wir achten?«

»Ich würde gerne wissen, wer die weiteren Teilnehmer der illustren Runde sind.«

»Illustre Runde?«

Nicht schon wieder, dachte MacDonald. »Vielleicht kann der Kollege einfach beschreiben, wie alle aussehen.« Während der nächsten halben Stunde arbeitete er an seinen Whisky-Cordial-Rezepten und war so vertieft, dass der Koch ihn zweimal am Arm rütteln musste, bis er reagierte. Wie MacDonald vermutet hatte, tauchten noch weitere Personen auf: eine bildhübsche junge Chinesin, die sich intensiv mit Alberto unterhielt, Tony Wang und ein Italiener namens Londero. Die junge Dame tätschelte immer wieder Albertos Arm und lächelte ihn an. Sein

Freund versuchte, ruhig zu bleiben, aber die Zuwendung gefiel ihm natürlich. Wer würde hier den ersten Stein werfen wollen?, dachte MacDonald. Bis vor kurzem wohnte die forsche Ernährungsberaterin Griselda Armour mit ihrer Tochter Thomasina bei ihm. So hübsch und herzlos wie letztere war, kam ihm auch die Chinesin vor. Jedem Außenstehenden war klar, dass sie sich nicht für Alberto interessierte. »Roch der andere Italiener nach Knoblauch?«, fragte MacDonald den Koch.

»Sie stehen am Hintereingang eines italienischen Restaurants.«

»Sogenannt italienisch. Ein penetranter Geruch, als ob der Mann rohe Knoblauchzehen verspeist.«

»Ich weiß nicht, wie oft Sie bei uns gegessen haben, doch so übel sind die Gäste auch wieder nicht. Immerhin ist Mister Londero der neue Besitzer des Amarone.«

»Ich wusste gar nicht, dass ein Eigentümerwechsel stattfand.«

»Ist noch nicht lange her.«

»Wurde denn umgebaut? Gibt es ein neues Menü?«

»Beides nicht, soweit ich weiß. Der Übergang lief fast ohne Störungen ab.«

»Soll das heißen, der frühere Besitzer ging nicht freiwillig?«

»Er verließ das Land über Nacht. Muss ja nichts Schlimmes bedeuten. Wie sagt man: im Zweifel für den Angeklagten.«

»Aber der Mann hatte Familie, eine Frau und zwei Töchter.«

»Die begleiteten ihn wohl.«

»Mitten im Schuljahr?«

»Mister MacDonald, Sie fragen mehr, als ich beantworten kann.«

»Entschuldigen Sie bitte. Kennen wir die junge chinesische Dame?«

»Auch hier muss ich leider passen. Londero beehrte uns zum ersten Mal und meine Kollegin vom Service hätte nichts dagegen, wenn es auch der letzte Besuch wäre. Der Typ ist ein typischer Neureicher, hat eine Menge Geld, aber keine Manieren.«

»Knoblauch?«

»Wie ich schon sagte, davon erwähnte sie nichts. Vielleicht riecht er nächstes Mal danach. Nein, er bestellt die Speisekarte rauf und runter und rührt kaum etwas an, nur um mit seinem Reichtum zu protzen.«

»Vielleicht will er Jamie Oliver eins auswischen.«

»Haha, guter Witz. Ich glaube eher, dass er aus kleinen Verhältnissen stammt. Menschen wie er setzen einen stolzen Preis mit Qualität gleich und schämen sich insgeheim wegen ihrer Herkunft, leben zwischen den Welten. Aus der alten sind sie herausgewachsen und in der neuen fühlen sie sich unwohl. In Restaurants begegnet man der Spezies häufig. Noch etwas: Dieser Wang hat Londero eine antike Flasche Whisky überreicht.«

»Sie meinen verkauft?«

»Meine Kollegin meinte, dass es sich um ein Geschenk handelte. Das macht er in seinen Stammrestaurants wohl öfter, wie mir wiederum ein Kollege in der Küche sagte.«

»Haben Sie vielen Dank für Ihre Hilfe, Mister Roddie. Könnten Sie mich anrufen, wenn sich etwas Neues ergibt?«

»Sie meinen, wenn eine der Personen uns wieder beehrt?«

»Ja, bitte. Wenn das möglich wäre.« MacDonald hievte seine Geldbörse aus dem Jackett, faltete einen Zwanzig-Pfund-Schein und reichte ihn dem Mann.

»Aber nein. Völlig überflüssig, ich helfe Ihnen doch gerne.«

»Ich muss darauf bestehen, Mister Roddie. Danke nochmals. Wenn ich von einer guten Stelle höre, melde ich mich.«

Der Koch hatte wie ein ausgebildeter Psychologe gesprochen. Andererseits betätigte sich MacDonald, im Hauptberuf Foodjournalist, als Detektiv. Soweit also nichts Besonderes. Viel wichtiger war die Frage, was genau Alberto mit den Wangs zu schaffen hatte.

Einer der Vorzüge des Detektivs war es, am Ende immer glückliche Gesichter zu sehen. Betroffene waren dankbar und boten Hilfe für jede Lebenslage an, so auch Aadi Panicker, der indische Geschäftsmann, an den MacDonald sich erinnerte. Er hatte herausgefunden, wer seine erfolgreiche Pathia-Soße manipulierte.

Weil zum Firmenimperium des Inders ein Labor gehörte, fragte MacDonald nach, ob sich auch Spirituosen examinieren ließen. Möglicherweise ergaben sich neue Sachverhalte.

»Nadürlich erinnere ich mich an Sie, werder MacDonald. Geine Frage. Wie gann ich Ihnen helfen?«

»Ich arbeite gerade an einem neuen Fall und habe mich gefragt, ob in Ihrem Labor drei Flaschen Whisky untersucht werden könnten.«

»Warum lassen Sie nichd eine Gohlensdoff-Dadierung machen? Wie Sie wissen, endhäld die Gersde des Whisgys wie alle Organismen auf der Erde radioagdive Besdanddeile. Weil in den Fünfziger Jahren Nugleardesds gemachd wurden, isd der Andeil an Gohlenstoff seiddem viel höher.«

»Mister Panicker, darf ich Sie vielleicht …«

»Für äldere Whisgys lässd sich das Jahrhunderd besdimmen und für jüngere zwar gein genaues Jahr, aber sagbar isd, ab wann eine besdimmde Sorde Gersde nichd mehr exisdierde. Man gann also zeidlich eingrenzen.«

»… unterbrechen?«

»Bin schon ferdig«, antwortete Panicker fidel.

»Die Whiskys, die ich habe, sind sehr jung.«

»Wenn Sie das schon wissen, müssen Sie nadürlich geine Gohlensdoffdadierung für 600 Pfund pro Brobe machen.«

»So ist es.« Hinzu kam, dass er den Fall soweit wie möglich unter dem Radar halten wollte, zum Wohle von Kevin Wordie, aber auch seinem eigenen. Hatte man ihm doch deutlich zu verstehen gegeben, sich von diesem Thema fernzuhalten.

»Wie gann ich Ihnen helfen?«

»Ihr Labor, Mister Panicker?«

»Oh, versdehe. Nein, dafür isd es nichd geeigned.«

»Wie bedauerlich.«

»Doch nichd verzagen, Panicker fragen. Das Glügg isd mid uns! Midden in Edinburgh!«

»Was Sie nicht sagen.«

»Freunde von mir haben, wie sagd man, den Sdein der Weisen enddeggd.«

»Das wird ja immer spannender!«

»Nichd wahr? Ich sehe schon, Sie freuen sich auch. Alles, was wir benödigen, isd eine Brobe, groß wie eine Dräne. Die Männer verwenden Lasersdrahlen.«

»Schön und wie genau gehen sie vor?«

»Am besden, Sie fragen sie selbsd.«

»Sie meinen also, ich könnte die Flaschen zu den Forschern bringen?«

»Absolud.«

»Großartig. Wo in Edinburgh ist das Labor, an der Universität?«

»Äh, bidde?«

MacDonald überlegte kurz, ob er Universidäd sagen sollte, damit Panicker ihn verstand, aber soweit er sich erinnerte, erstreckte sich seine sprachliche Eigenheit nicht so weit. Manche Menschen hatten einfach die Angewohnheit, nachzufragen, auch wenn sie alles verstanden.

»Ja, so isd es, Misder Angus. Ich gebe Ihnen die Delefonnummer. Sie berufen sich auf mich, bidde.«

Der Name Aadi Panicker wirkte Wunder. MacDonald bekam sofort einen Termin im Fachbereich Physik. Er meldete sich bei der Sekretärin an, einer Dame in den Vierzigern, schlank, mit hochgestecktem Haar und in steingrauem Kostüm. Sie sah angestrengt zu ihm hoch, als ob sie eine knifflige Rechenarbeit zu bewältigen hätte. »MacDonald? Kurios, in meinem Buch steht nichts und deshalb kann ich Sie auch nicht passieren lassen«, sagte die Frau und tippte mit ihrem Bleistift auf ihr Terminbuch. »Sind Sie sicher, dass es heute ist? Und was haben Sie überhaupt in Ihrer Tasche?«

»Einige Pröbchen, die zu untersuchen sind.«

»Sprengstoff ist aber keiner dabei?«

»Natürlich nicht! MacDonald drehte ihr den Rücken zu. Diese Prüfung wurde ihm zu viel! Bei Aadi Panicker sprang der Anrufbeantworter an. Er hinterließ eine Nachricht, bat um Rückruf.

»Mister MacDonald?« Zwei Räume weiter hatte sich eine Tür geöffnet. In der stand ein junger Inder im Nadelstreifenanzug, Hemd und Krawatte und lächelte freundlich.

»Der bin ich!«

Schlurfend kam der Mann auf ihn zu. »Ich bin Mister Addanki. Aadi hat uns viel über Sie erzählt. Miss, warum ließen Sie unseren Gast nicht passieren?«

Die Empfangsdame stützte sich mit den Händen auf der Schreibtischkante ab. »Weil er nicht in meinem Verzeichnis steht!«

»Pah! Wen kümmert denn Ihr albernes Buch?«

»Ich muss doch sehr bitten! In den heutigen Zeiten können wir kein Risiko eingehen.«

»Jaja, schon gut. Mister MacDonald, wenn Sie mir bitte folgen wollen. Mein Kollege und ich haben bereits auf Sie gewartet. Kennen Sie unser Verfahren?«

»Mister Panicker sagte mir, dass Sie mit Laserstrahlen arbeiten.«

»Haha, der gute Aadi! Treten Sie bitte ein.« Er öffnete übertrieben galant die Tür. »Willkommen in unserem Kosmos!«

Das Labor war ein kleiner Raum, mit reichlich Mobiliar bestückt. An den Wänden reihten sich weiße Regale mit Büchern und Aktenordnern. Drei große Tische trugen unzählige Computer mit mäandernden Kabeln. Die Räumlichkeit erinnerte MacDonald an sein Arbeitszimmer. Nicht dass er so viele Computer besessen hätte, aber erkennbar war das Prinzip »Ordnung im Chaos«. Für Außenstehende sah alles verwirrend aus, doch die Bewohner fanden sich bestens zurecht.

»Gefällt Ihnen unser Labor, Mister MacDonald?«

Ein sehr kleiner Mann mit Spitzbauch legte dem Gourmet kumpelhaft die Hand auf die Schulter. »Ich bin Mister Devarakonda. Aadi schickt Sie, nicht wahr?« Er trug den weißen Kittel des Wissenschaftlers, darunter kurze Hosen, Hemd und eine kurze, breite Krawatte. Ein herber Kontrast zu den Nadelstreifen des Kollegen!

»Mister Panicker meinte, dass Sie mir vielleicht helfen können.«

»Wollen wir mal schauen. Was haben Sie uns Schönes mitgebracht?«

»Es handelt sich um drei verschiedene Whiskys. Der erste …«

»Stopp, stopp, stopp!« Der Kurze-Hosen-Mann formte mit den Armen ein Kreuz. »Wissenschaftler gehen unvoreingenommen an die Materie.«

»Das leuchtet mir ein«, antwortete MacDonald, obwohl es nicht der Fall war. Wie bitte sollte des Mannes Urteil beeinträchtigt werden, wenn Maschinen analysierten? »Darf ich?« Er nahm MacDonald die drei Flaschen ab und deponierte sie auf einem der Tische. »Womit fangen wir an?«

»Vielleicht mit dem …«

»Nein, nicht die Namen sagen!«

Sein Kollege im Anzug legte ihm die Hände auf die Schultern, was bei dem Größenunterschied eine Meisterleistung war und auch sehr ulkig aussah. »Versuche, alles leidenschaftslos zu sehen, mein Freund.«

»Okay, ist gut. Du kannst die Hände von mir nehmen!«

»Bist du sicher?«

»Musst du mir die Episode von damals immer wieder vorhalten? Reiche mir bitte Probe Nummer eins! Thank you very much.« Devarakonda hielt die Flasche auf Armlänge von sich, nahm ein Schälchen zur Hand, goss etwas Whisky hinein und füllte eine Spritze damit. Auf ein Glasplättchen ließ er etwas vom Whisky tropfen.

Der Nadelstreifenmann erklärte: »Das Plättchen wird von einem Laserstrahl erfasst und ist über Sensoren mit einem Computer verbunden. In unserer Datenbank sind die Profile Tausender Whiskys gespeichert. Da haben wir es. Blended Whisky unbekannter Herkunft.«

»Wir haben es demnach mit einem nicht-schottischen Blend zu tun?«, fragte MacDonald.

»Eine Möglichkeit. Es könnten aber auch schottische Malts mit ausländischen Grain Whiskys gemischt worden sein. Sie verstehen sicher, dass wir nicht sämtliche Konstrukte der Fälscher in unserer Datenbank haben. Es ist ja nicht so, dass wir Belege bekommen, haha! Wollen Sie mir die zweite Probe reichen, bitte?«

*»I don't feel too healthy this morning
with the whisky fumes still in my head
No, I don't feel too healthy this morning
so I think I'll just stay here in bed.«*

»The Morning After« von Strath Clague,
Folksänger, Musselburgh/Edinburgh

Mister Witherspoons Unglück

Die beiden Whiskys von Imperial waren gewöhnliche Blended Scotch Whiskys, keine Single Malts, dachte MacDonald, am Schreibtisch seines Hotelzimmers sitzend. Die enthaltenen Grain Whiskys stammten eventuell aus einem anderen Land, Italien gar? Beim 24-jährigen Auchentoshan handelte es sich um Blended Malt, mehrere Single Malts gemischt. Konnte es sein, dass der Fälscher von drei auch Nummer eins und zwei fabriziert hatte? Eventuell in seinen Anfängen, denn ein versierter Maler gab sich mit Fingerübungen nicht mehr ab. Dass Somerled einen Unfall gehabt hatte, wollte MacDonald nicht recht glauben. Wen hatte er gestört und warum? Sollte das Geschäft mit hochwertigen Fälschungen ausgebaut werden, weil damit mehr Geld zu verdienen war? Alles eine Frage der Menge, wie Mister Rossie von der Scotch Whisky Association umfangreich dargelegt hatte, und niemand wusste, wie viele gefälschte Blends und Single Malts zu einer gewissen Zeit im Umlauf waren.

MacDonald stand auf der Morningside Road und versuchte, einen Anruf auf seinem neuen Telefon entgegenzunehmen. »Hallo? Hallo? Scheibenkleister!« Er hatte die rote anstelle der grünen Taste gedrückt. Gott sei Dank läutete es erneut. »Mister Witherspoon, wie geht es Ihnen?«

»Tag, MacDonald. Danke, gut. Ihnen hoffentlich auch. Haben Sie sich mein Angebot durch den Kopf gehen lassen?«

»Ihr, äh, welches Angebot?«

»Würden Sie nicht gerne bei mir vorbeikommen? Für ein wichtiges Gespräch unter Whisky-Freunden?«

»Natürlich, gerne. Worum geht es denn, bitte?«

»Sie reden nicht lange um den heißen Brei herum. Das gefällt mir. Thema ist Tony Wang.«

Adam Witherspoon wohnte unweit von Tony Wang, in einem alten Landhaus, hoch und breit, blendend weiß gestrichen. Die Umfassungen der Fenster hatte man ausgespart und das Braun der Steine war ein schöner Kontrast. MacDonald schätzte das Baujahr auf 1900. Es gab einen Vorbau zum Eingang und schmucke Türmchen. Ein halbes Dutzend Schornsteine wies darauf hin, wie man ehemals geheizt und gekocht hatte. Ein junger Mann öffnete ihm die Tür.

»Guten Tag, Sir. Sie sind bestimmt Mister MacDonald?«

»So ist es.« Er blickte in einen riesigen Flur. Der Boden bestand aus hellgrauem Marmor und ins obere Stockwerk führte eine breite, elegant geschwungene Steintreppe. In der Mitte lag ein roter Teppich.

»Ich bin Mister Witherspoons Assistent. Wenn Sie mir bitte folgen. Er erwartet Sie bereits.«

Der junge Mann führte ihn mit federndem Gang nach oben und klopfte an eine Holztür.

»Ja-ha, herein.«

»Mister MacDonald, wenn Sie eintreten möchten? Ich bin unten, wenn Sie mich benötigen.«

Eine schmucke Bibliothek mit massiven Regalen aus dunklem Holz. Wunderschön! In der Mitte gab es einen großen Tisch mit teuren Flaschen. Witherspoon lag auf einem langen, roten Plüschsofa mit Nackenstütze. Er trug Pyjama, Bademantel und eine Schlafmütze mit Bommel! Hugh Hefner in Edinburgh! Durfte man nicht mehr erwarten, dass die Schlafklamotten abgelegt wurden, bevor der Besuch kam? Immerhin hatte er den Weg von Edinburgh auf sich genommen!

»Mein lieber MacDonald, wie schön, dass Sie es möglich machen konnten. Ich hoffe, meine legere Kleidung stört Sie nicht?«

»Sie sind malad, Mister Witherspoon?«

»In meinem ganzen Leben war ich nicht einen Tag krank.«

Umso schlimmer! »Sie Glücklicher. Das kann ich von mir leider nicht behaupten.«

»Aha! Wie waschen Sie sich?«

MacDonald blies, ohne es zu merken, die Backen auf. Tyrannei der Intimität! »Mit Wasser.«

»Sie sind mir ein Lustiger. Ich verrichte meine Morgentoilette an einem Brunnen hinter dem Haus. Das härtet ab.«

»Jeden Tag?«

»Das gesamte Jahr, wie auch immer das Wetter ausfällt. Probieren Sie es aus.«

»Respekt. Wie ich sehe, haben Sie interessante Flaschen auf dem Tisch gruppiert?« MacDonald machte einen 40-jährigen Ardbeg, einen 50-jährigen Balvenie und Bowmores Bicentenary aus.

»Kennen Sie die Whiskys?«

»Sehr gut sogar.«

»Prima, das erleichtert die Sache.«

»Wie viele Whiskys besitzen Sie, wenn ich fragen darf?«

»Krächzender Lulatsch!«

»Wie bitte?«

»Etwa 15.000 Flaschen gehören zu meiner Sammlung.«

»Formidabel!«

»Sagen Sie das mal meiner Frau. Sie schimpft mich immer aus. Bin angeblich schuld an einem erhöhten Sicherheitsrisiko. Sie haben von der Bombardierung der Auchentoshan-Destillerie im Zweiten Weltkrieg gehört?«

»Ich bin nicht sicher, ob sie das Ziel der deutschen Luftwaffe war.«

»Natürlich nicht! Die Jerrys hatten sich vertan, wollten Glasgows Industrie treffen. Egal, jedenfalls verbrannten drei Lagerhallen mit einer Million Liter Whisky, und meine bessere Hälfte fürchtet sich vor einem ähnlichen Desaster im Keller.«

»Wobei nach Ende des Zweiten Weltkrieges keine deutschen Kriegsflugzeuge im schottischen Luftraum zu verbuchen waren.«

»Das sage ich meiner besseren Hälfte auch immer!«

»Seit wann frönen Sie Ihrer Sammeltätigkeit?«

»Fünf Jahre werden es sein.«

»Dann sind Sie wirklich engagiert.«

»Positiv ausgedrückt ja. Man könnte allerdings auch von Zwang sprechen.«

»Ihre Sammlung hat aber doch einen hohen finanziellen Wert?«

»Ich sehe etwas Krankes im Horten, ohne dass mir diese Erkenntnis helfen würde! Es ist wunderbar, ein neues Stück der Sammlung einzufügen. Doch lange dauert meine Freude nie. Schnell muss die nächste Flasche her. Ein immerwährender, nicht zu gewinnender Kampf gegen das eigene Es.«

»Sie meinen Ich?«

»Nein, Es. Im Sinne von Freud. Sie verstehen? Die Jagd nach dem Objekt macht am meisten Spaß.«

»Sigmund Freud, natürlich. Ein Genie, der Mann.« Ob Mister Witherspoon eine Psychoanalyse machte? Kaum noch ein Zeitgenosse beschäftigte sich mit Freuds Erkenntnissen.

»Meine Frau schläft schlecht, fürchtet, dass ich unser Vermögen verschleudere.«

»Besitzen Sie noch andere Kollektionen?«

»Ha! Gut gefolgert. Vor Whisky waren es antike chinesische Kunst und indonesische Wandteppiche. Wie steht es mit Ihnen?«

»Bücher, Mister Witherspoon. Ich besitze eine umfangreiche, gastronomische Bibliothek mit mehr als 5.000 Bänden.«

»Nicht schlecht. Wie steht es mit rarem Whisky?«

»Ich bin eher Trinker als Sammler.«

»Wie unser Freund Wang. Verstehen Sie mich nicht falsch. Er ist ein netter Kerl, aber wer baut denn eine Sammlung auf, um sie auszutrinken? Ist Ihnen bei unserem Treffen aufgefallen, dass Tony etwas eintönig über Whiskys spricht?«

»Gekünstelt, ja.«

»Meines Erachtens hat er ein photographisches Gedächtnis und kann Geschmacksprofile zu allen wichtigen Flaschen abrufen.«

»Daran dachte ich auch.«

»Je mehr ich darüber nachdenke, umso eher komme ich zu der Überzeugung, dass er ein Hochstapler ist.«

»Ein schwerer Vorwurf, Mister Witherspoon.«

»Weiß ich und stelle fest, dass Sie den jungen Mann ebenso sehr mögen wie ich.«

»Haben Sie konkrete Anhaltspunkte für Ihren Verdacht?«

»Drei davon stehen auf dem Tisch. Wollen Sie eine kleine Degustation machen?«

»Wenn ich Ihnen damit dienlich sein kann, gerne, obwohl mein Bedarf an Fake Whiskys vorerst gedeckt ist.«

Witherspoon verzog den Mund, fragte aber nicht nach. »Ich werde Ihnen die Whiskys einschenken, mich ruhig verhalten und auf Ihr Urteil warten. Lassen Sie sich ruhig Zeit. Ich begebe mich wieder auf meine Couch. Kreuzbeinige Gestalt! Können wir es so machen?«

Der Gourmet nickte. Auf die eingestreuten Kosenamen hätte er verzichten können. Man konnte nur hoffen, dass der Herr es nicht ernst meinte und unter dem Tourette-Syndrom litt. MacDonald probierte alle drei Whiskys, ließ sich Zeit und nahm zwischendurch immer ein Schlückchen Wasser zum Neutralisieren. »Mister Witherspoon, ich wäre soweit …«

Der Hausherr stand auf, schüttelte die Arme, als ob sie eingeschlafen wären, und trat an den Tisch. »Alle drei gefälscht, ja?«

»Woher wissen Sie, dass ich das sagen wollte?«

»Ich hatte in meinem Leben schon mit so vielen Personen zu tun, dass ich Spezialist darin bin, Mienen zu lesen.«

»Dennoch waren Sie …«

»… nicht fähig, einen Hochstapler zu erkennen. Wollten Sie das sagen?«

»Absolut sicher können wir noch nicht sein, Mister Witherspoon.«

»Sie sind einer dieser unbelehrbaren Optimisten.«

»Keineswegs, ich ziehe es nur vor, alle Fakten zusammenzutragen, bevor ich urteile. Die drei Flaschen sind schön anzusehen, der Inhalt weniger.«

»Raten Sie mal, wer mir die Flaschen angedreht hat!«

»Mister Tony Wang. Sind es die einzigen Whiskys, die Sie ihm abkauften?«

»Ha! Schön wär's! Versuchen Sie es mal mit zwanzig!«

»Mir war nicht klar, dass Mister Wang im Verkauf engagiert ist.«

»Drei von dreien im Eimer! Wenn das repräsentativ ist, werde ich Wang in Grund und Boden verklagen!«

»Sie scheinen völlig sicher zu sein, dass er ein Fälscher ist? Was aber, wenn er die Flaschen von jemandem erwarb, bevor er sie verkaufte?«

»Lassen Sie mich mit einer Gegenfrage antworten: Kam Ihnen bei unserem Treffen einer der Whiskys komisch vor?«

»Der erste und der dritte Macallan schienen mir erheblich jünger zu sein.«

»Na, bitte, MacDonald. Noch zwei Fälschungen. Als Sie sagten, dass Ihr Bedarf an Fälschungen gedeckt sei, bezogen Sie sich aber nicht nur auf Macallan, oder?«

»Nein, mir sind drei weitere Fakes untergekommen.«

»Schießen Sie los. Ich bin ganz Ohr. Warzige Wanderkröte!«

»Ich muss doch sehr bitten!«

»Ja? Was benötigen Sie denn?«

»Vergessen Sie es. Zurück zum Thema. Es waren zwei gewöhnliche Single Malts, Auchentoshan und Glen Garioch, sowie ein 24-jähriger Auchentoshan.«

»Wo haben Sie die Whiskys gekauft?«

»Die ersten beiden bei Imperial Whiskys, den älteren in der Destillerie.«

»Wissen Sie, dass Tony Wang Kontakte zu Auchentoshan hat? Er verkaufte denen einige alte Flaschen, war schon etwas betrunken und wollte vielleicht angeben.«

»Für die Serie mit Replikas und antiken Whiskys, die Auchentoshan auf den Markt bringen will?«

»Genau!«

»Haben Sie das Management verständigt?«

»Ohne handfeste Beweise? Nein, so unverfroren bin ich kaum.«

»So war es nicht gemeint, Mister Witherspoon. Tony Wang versteht sich gut mit Mister Gourlay?«

»Sind die besten Freunde. Deshalb wunderte es mich auch, dass der Schnösel neulich nicht dabei war. Normalerweise hängen sie wie Kletten zusammen, sind schon zweimal in die Highlands gereist.«

»Ist nicht wahr! So eng ist das Verhältnis?«

»Wenn ich es Ihnen doch sage. Es würde mich nicht wundern, wenn Tony-Boy Drummonds ebenfalls Fakes untergejubelt hätte!«

»Eine Frage, die Sie mir bitte nicht übel nehmen: Sie könnten doch die fraglichen Flaschen in ein Labor senden?«

»Sinnlos, hab keine Unterlagen.«

»Sie verlangten keine Quittungen?«

»Nein, denn beim Kauf wusste ich noch nicht, dass es Fälschungen sind. Davon abgesehen, würden Sie von einem Freund Belege verlangen?«

»Nur wenn ich die Anschaffung steuerlich absetzen könnte.«

»Mein Steuerberater ist ein gerissener Hund, aber bei rarem Whisky fällt ihm auch nichts ein.«

»Gut, das kann ich nachvollziehen.«

»Whisky ist etwas Heiliges! Niemand darf sich daran vergreifen!«

»Schön gesagt. Aber weshalb probieren Sie die fraglichen Whiskys nicht alle selbst?«

»Danke für die Blumen, MacDonald. Problem: So gut wie Sie kenne ich mich noch nicht aus.«

»Mister Witherspoon, ich möchte Ihnen einen Vorschlag unterbreiten.«

MacDonald bot ihm an, Emma Anderson zu konsultieren. Sie machte einen soliden Eindruck und die Website Ihres Unternehmens ebenfalls. Natürlich hätte er den Whisky-Keller auch selbst inspizieren können, aber so schlug er zwei Fliegen mit einer Klappe: Er sah Mrs Anderson wieder und verschaffte ihr einen Auftrag. Witherspoon zögerte erst. Aber als er hörte, dass Mrs Anderson ihm einen guten Preis machen würde, war es kein Problem mehr. Immer wieder erstaunlich, wie viele reiche Menschen gerne Geld sparten. Etwa eine halbe Stunde nach dem Anruf erschien Anderson mit einem silbernen Köfferchen in Witherspoons Haus. Sie trug ein weinrotes Businesskostüm und schwarze, hochhackige Schuhe, für ihre Verhältnisse sehr förmlich. »Dann wollen wir mal ran an den Feind, Gentlemen!«

Der Hausherr zwinkerte MacDonald zu.

»Ihre Whisky-Sammlung befindet sich im Hause?«, fragte Anderson.

Witherspoon wies mit dem Zeigefinger nach unten. »Ich gehe voran, ja?«

»Ist mir recht, Sir. Wie ist Ihr Keller geordnet?«

»Nach den fünf schottischen Whisky-Regionen.«

»Innerhalb der Regionen nach dem Alter?«

»So ist es, Mrs Anderson. Sie kennen sich aus.«

»Es ist nicht die erste Sammlung, die ich inspiziere!«

»Trotzdem, ich habe Männer erlebt, die sich schlechter auskannten.«

»Zum Donnerwetter! Nicht schon wieder das blöde Vorurteil!«

Witherspoon sah hilfesuchend zu MacDonald, der seinerseits Schimpfkanonaden befürchtete. »Mrs Anderson litt während ihrer letzten Anstellung unter dem Machogehabe der Herren der Schöpfung.«

»Ein Herr im Speziellen war es.«

»Sie arbeiteten für Drummonds?«, fragte der Hausherr.

»Ja, und Sie kaufen doch auch im Auktionshaus ein, Mister Witherspoon?«

»Deswegen fragte ich nach. Gourlay ist ein schräger Vogel. Wenn Sie vor dem Typ mit genügend Banknoten wedeln, macht er alles.«

MacDonald und Anderson sahen sich an und lachten lauthals.

»Sind Sie beide anderer Meinung?«, fragte Witherspoon.

»Im Gegenteil«, antwortete MacDonald.

»Lassen Sie uns beginnen!«, mahnte Emma Anderson.

Der Hausherr schloss die stählerne Kellertür auf, drückte einen Knopf in der Wand und die steinerne Treppe wurde in mildes, gelbes Licht getaucht. »Vorsichtig, bitte. Die Treppe ist sehr steil.«

»Schon gut. Wir sind keine kleinen Kinder«, erwiderte Anderson und strauchelte bereits auf der zweiten Stufe.

MacDonald reichte ihr die Hand.

»Ich hatte Sie gewarnt, Miss.«

»Mrs Anderson, nicht Miss! Lassen Sie uns einfach weitergehen. Sie sammeln nur schottischen Whisky?«

Witherspoon seufzte. »Zum überwiegenden Teil. Wenn allerdings ein seltener Tropfen aus Irland, Japan oder den USA auftaucht, greife ich auch zu. Seitdem die Japaner anfingen, das Alter nicht mehr zu nennen, ergibt sich mit den Sorten, die noch eines tragen, ein neues Sammelobjekt. So, Herrschaften, äh, meine Dame, mein Herr, hier sind wir.«

Ein sympathischer Geruch stieg MacDonald in die Nase. »Fantastisch! So hatte ich es mir nicht vorgestellt.«

»Was erwarteten Sie denn?«, fragte Witherspoon.

»Jedenfalls keinen Keller mit so vielen Regalen. Großartig, wie es hier duftet. Die Fässer da hinten sind gefüllt, wie ich annehme?«

»Müssen nicht untersucht werden«, antwortete Witherspoon hastig.

»Ganz wie Sie wünschen.« MacDonald bemerkte, dass ein Fass von der Auchentoshan-Destillerie dabei war.

Der Hausherr fing seinen Blick auf. »Es ist nur, weil ich mich vor zu vielen Enttäuschungen an einem Tag bewahren möchte.«

»Absolut verständlich.«

»Soll ich mir bestimmte Flaschen ansehen oder eine große Inspektion vornehmen?«, fragte Emma Anderson.

Witherspoon sah ratsuchend zu MacDonald.

»Ich würde vorschlagen, Sie nehmen sich vier ausgesuchte Flaschen vor und untersuchen den Rest des Kellers zu einem anderen Zeitpunkt. Wäre das in Ordnung?«

»Aber ja.«

»Mister Witherspoon …?«, fragte MacDonald.

»Ja, so können wir es machen.« Der Hausherr sah verunsichert aus. »Denken Sie, es wird nötig sein, den gesamten Bestand zu prüfen?«

»Nur wenn Sie wollen, Sir«, antwortete Emma Anderson in geschäftsmäßigem Ton.

»Warum lassen wir nicht die Expertin ihre Arbeit machen und beschließen das später? Wir stehen ja nicht unter zeitlichem Druck.«

Witherspoon nickte, ging zielstrebig zu den Regalen, kehrte mit den Flaschen zurück und stellte sie auf den Tisch. »Ein Gläschen für jede Flasche?«

Emma Anderson drapierte ihr Köfferchen auf einem großen Eichentisch und warf ihm einen gouvernantenhaften Blick zu. »Um die Echtheit Ihrer Flaschen zu prüfen, muss ich den Inhalt nicht kosten. Wenn ich das täte, wäre die Prüfung bald beendet, glauben Sie mir. Ich vertrage zwar einiges, aber so viel auch wieder nicht. Außerdem kann so niemand erkennen, ob ein Whisky gefälscht ist.«

»Ich muss doch sehr bitten!«, begehrte Witherspoon auf.

»Mrs Anderson hat es nicht so gemeint«, meinte MacDonald. »Sie examiniert die Flaschen sehr genau, Etiketten, Korken, Füllstand.«

Sie nickte »Ich bin nicht der schlaueste Mensch auf der Welt, habe aber den notwendigen Blick fürs Detail entwickelt.« Sie klatschte in die Hände. »Was haben wir denn da?«

Auf dem Tisch standen folgende Flaschen:

Loch Dhu, der schwarze Whisky.

Eine Flasche der Destillerie Stronachie; im Jahr 1890 in Perthshire eröffnet, wechselte das Unternehmen in seinen 40 Jahren mehrfach den Besitzer. Im Jahr 2002 tauchten einige Flaschen eines Replika-Whisky auf, dem Original in Stil und Geschmack nachempfunden. Mister Witherspoons Flasche sah sehr alt aus.

Dann eine Whisky-Galore-Flasche, ebenfalls antik.

Springbank, 24 Jahre alt, aus den Sechziger Jahren; gereift in Sherry-Fässern von legendärer Qualität, wie sie heute nicht mehr verfügbar waren.

Emma Anderson stieß einen anerkennenden Pfiff aus. »Alle Achtung! Loch Dhus schwarzer Whisky mal ausgenommen, sind das äußerst seltene Flaschen!«

»Stört es Sie, wenn wir zuschauen?«, fragte Witherspoon.

»Kein Problem. Solange Sie sich nicht unterhalten wollen.« Anderson entnahm ihrem Köfferchen ein Vergrößerungsglas und eine runde Bergarbeiterlampe, die sie mit einem Gummiriemen auf die Stirn schnallte. Den Loch-Dhu-Whisky nahm sie sich als ersten vor, hielt die Flasche gegen das Licht, schüttelte sie kräftig und beobachtete die Bläschen. Als diese langsam wieder abnahmen, nickte sie. Auch der Füllstand schien sie zufrieden zu stellen. »Stronachie«, sagte sie laut, als ob ein alter Bekannter in den Keller getreten wäre. Sie holte eine Packung Kleenex aus dem Köfferchen, spuckte auf Daumen und Zeigefinger der rechten Hand, drückte beide Finger auf das Etikett und wischte mit dem Kleenex-Tuch darüber. »Komm her, mein Süßer, komm«, flüsterte Anderson heiser, »zeig dich. Hm, gar nicht so schlecht.«

Witherspoon wollte eine Frage stellen, doch MacDonald berührte ihn sanft am Arm.

»Nun zu dir, liebliche Whisky-Galore.« Eine echte Flasche würde aus dem legendären Schiffbruch stammen. Die SS Politician, ein Achttausend-Tonnen-Frachtschiff, verließ den Liverpooler Hafen am dritten Februar 1941 in Richtung Jamaika und New Orleans, mit 28.000 Kisten Whisky an Bord. Nahe der Insel Eriskay, zu den Äußeren Hebriden gehörend, kam es zur Katastrophe und das Schiff sank. Für die Inselbewohner war es ein Segen. Unermüdlich und nicht so richtig legal schafften sie Flaschen an Land. Niemand wäre damals auf die Idee gekommen, Whisky als Kapitalanlage aufzubewahren. In den Achtziger Jahren barg dann ein Taucher weitere 32 Flaschen.

»Bist du ein wahrer Schatz oder nicht?«, sagte Emma Anderson, hielt die Flasche am Hals und ließ sie hin- und herbaumeln, um einen Eindruck vom Gewicht zu bekommen. Falls es nicht korrekt war, musste sie sich die Art des Glases nicht ansehen. Wieder bearbeitete sie das Etikett mit Spucke und rieb hin und her. »Zum Teufel! Der hat sie wohl nicht alle!«

»Wer denn«, fragte Witherspoon nervös, »der Fälscher?«

»Pst, bitte«, sagte MacDonald.

Anderson beachtete beide nicht, entnahm ihrem Koffer ein Teppichbodenmesser.

»Nein, das wollen Sie doch nicht tun?«, sagte Witherspoon entgeistert.

»Ihre Entscheidung«, erwiderte Anderson, ohne ihn anzusehen. »Ich bin fast sicher, dass es eine Fälschung ist. Völlige Gewissheit bekommen wir aber nur so. Das Etikett könnten Sie notfalls wieder ankleben. Benutze ich dagegen mein Messgerät zur Bestimmung des Alkoholgehalts, müssen wir die Flasche öffnen …«

»Okay«, meinte der Hausherr zähneknirschend, »fahren Sie fort.«

Sie setzte das Messerchen am Etikett an, bewegte es langsam hin und her, bis sich das Papier löste.

»War das nicht zu erwarten bei einer siebzig Jahre alten Flasche?«, flüsterte Witherspoon MacDonald zu, der den Kopf schüttelte und auf den allzu neuzeitlichen Klebstoff deutete.

»Manche Kerle haben Nerven!«, schimpfte Anderson. »Stümper!«

Es wäre auch zu schön gewesen, um wahr zu sein, dachte MacDonald, der diesen Whisky gerne einmal probiert hätte.

»Da war es nur noch einer«, sagte die Whisky-Expertin leise. Am Ende photographierte sie die Etiketten aller Flaschen. »Für mein Archiv.«

Wie die Untersuchung ergab, waren nur die Whiskys von Springbank und Loch Dhu echt. Bei Letzterem war das nicht verwunderlich, da er gerade einmal zwanzig Jahre zuvor produziert worden und noch gut erhältlich war.

»Trinken Sie den schwarzen Tropfen gerne, Sir?«

»MacDonald, Sie wollen wissen, warum ich die Flasche Loch Dhu bei einer gewissen Person erwarb, angesichts einer Verkaufsplattform im Internet?«

»Ihnen kann man nichts vormachen, Sir.«

»Ich bekam den Whisky bei einem größeren Ankauf geschenkt. Mrs Anderson, was hat es mit dem Kleenex-Tuch auf sich?«

»Nichts reinigt Glas so gut wie Spucke!«

»Schön, aber was genau wischten Sie denn weg?«

»Tabak. Ein alter Fälschertrick. Die Burschen schmieren Tabak oder Tee über das Etikett, um höheres Alter vorzutäuschen. Authentische Oxidation würde aber das gesamte Etikett erfassen und nicht nur Teile davon. Diese Idioten glauben, einen Vintage-Anstrich produziert zu haben.«

MacDonald, die Hände hinter dem Rücken verschränkt, nickte weise.

»Haben Sie eine Liste Ihrer Einkäufe zur Hand?«, fragte Anderson.

»Wozu wird die benötigt?«

Emma Anderson verzog den Mund. »Ja oder nein?«

Es war immer schwierig, wenn ähnliche Temperamente aufeinandertrafen, wusste MacDonald. »Sie möchten bestimmt wissen, in welcher Reihenfolge die Whiskys erworben wurden, Mrs Anderson?«

Sie nickte.

»Mister Witherspoon, wären Sie bitte so nett?«, fragte MacDonald.

»Einen Moment, ich hole mein Kellerbuch. Es ist im Schlafzimmer.« Witherspoon ging langsam die steile Treppe nach oben, als ob jeder Schritt sein Gewicht verdoppelte.

»Ihr Bekannter hat sein Kellerbuch wohl auf dem Nachttisch liegen?«, sagte Anderson.

»Jeder Mensch hat seine Vorlieben. Bei mir findet sich auf dem Nachttisch neben Sachbuch und Roman immer das Notizbuch.«

»Kann ich nachvollziehen. Aber ein Inventarbuch?«

»Sammeln Sie irgendetwas, Mrs Anderson?«

»Gute Frage! Schuhe vielleicht?«

Etwa zehn Minuten später kehrte der Hausherr zurück, mit einem dünnen, schwarzen Buch, das er beidhändig umklammerte.

»Sind da alle Flaschen drin, die Sie besitzen?«, sagte Mrs Anderson.

»Natürlich nicht«, antwortete Witherspoon ungehalten. »Lediglich die neuesten Anschaffungen. Nun, was möchten Sie wissen?«

»Wie gesagt, die Reihenfolge, in der Sie die vier Whiskys kauften …«

Witherspoon hob das Buch fast senkrecht, sodass außer ihm niemand hineinsehen konnte.

Emma Anderson hörte geduldig zu, notierte sich Whiskys und Daten. »Wie ich vermutet habe, der Typ wird immer besser.«

»Aber er wird Sie nicht täuschen können?«, wollte Witherspoon wissen.

»Ausgeschlossen, auf die eine oder andere Art verraten die Typen sich immer.«

»Gibt es auch weibliche Fälscher?«, fragte MacDonald.

»Sollte man meinen, was? Wo doch Frauen ewig die feineren Wesen sind! Mir sind noch keine begegnet. Ich nehme an, die Herren hegen bereits einen Verdacht?«

MacDonald und Witherspoon blieben eine Antwort schuldig.

»Auch gut. Unser Kandidat wird jedenfalls bald leichtsinnig werden, siehe die Markierungen auf der Whisky-Galore-Flasche, die er vergessen hat auszuradieren.«

»Was denn für Markierungen bitte?«, fragte Witherspoon.

»Winzig kleine Buchstaben und Ziffern, wie Teile eines Codes.«

»Der Code des Fälschers?«

»La donna è mobile!«

Die Männer wussten nicht recht, wie ihnen geschah und klatschten schüchtern zur Stegreifeinlage. MacDonald schlug vor, Mrs Anderson zum Ausgang zu begleiten, was dem Hausherrn gelegen kam. »Hat sie das öfter?«, fragte er dann.

»Nur ab und zu. Ich vermute, es hilft ihr, das innere Gleichgewicht zu wahren, weil sie schon lange nicht mehr im Land der blühenden Zitronen weilte. Machen Sie sich keine Sorgen.«

»Warum sollte ich das?«

»Sie zweifeln nicht an Mrs Andersons Fähigkeiten?«

»Nein, ich kann beides voneinander trennen. Wenn sie gerne singt, ist das doch schön. Was machen wir nun?«

»Es könnten auch Verköstigungsnotizen sein auf der Whisky-Galore-Flasche. Theoretisch ist das möglich, Mister Witherspoon.«

»Sie vertrauen Mrs Anderson?«

»Auf jeden Fall, Sir.«

»Weshalb prüfte sie, ob der Loch-Dhu-Whisky ein antikes Etikett hat? Die Flasche wäre doch selbst als Original nur etwas mehr als zwanzig Jahre alt.«

»Macht der Gewohnheit, schätze ich.«

»Arbeitet sie ausschließlich alleine?«

»Nun, die junge Frau hat ja den Betrieb gerade erst aufgenommen. Aber natürlich wird bei Bedarf externe Hilfe in Anspruch genommen. Mrs Anderson arbeitet sehr professionell.«

»Wenn Sie es sagen, MacDonald.«

»Haben Sie es während ihrer Zeit bei Drummonds anders erlebt?«

»Ich? Nein, nein. Wie denn?«

Auf dem Nachhauseweg grübelte MacDonald weiter über den Fall. Konnte es sein, dass Witherspoons Sammelleidenschaft ihm finanzielle Schwierigkeiten bereitete? Steckte er mit den Fälschern unter einer Decke und wollte er Tony Wang die Schuld in die Schuhe schieben?

»*Ich habe Whiskey schon immer für das
beste Stärkungsmittel gehalten.*«

Eugene O'Neill (1888-1953), US-amerikanischer
Dramatiker und Nobelpreisträger

Wangs wollen verreisen

»Mein lieber Mister Wang, wir bedanken uns für den kurzfristigen Termin in Ihrer schönen Behausung.«

»Wie man's nimmt«, fügte Witherspoon grummelnd hinzu.

»Natürlich, Mister MacDonald«, erwiderte Tony Wang, während sie im Flur standen. »Allerdings bin ich auf dem Weg nach Sidney.«

»Eine Auktion?«

»So ist es.« Wang sah auf seine kostspielige Armbanduhr, ein anderes Modell als letztes Mal. »Sie sagten bislang nur, dass es dringend sei?«

»Whisky, Tony!«, rief Witherspoon. »Mein Gott!«

»Haha! Also geht es nicht um Marmelade?«

»Nein«, erklärte der Sammler, ohne in das Lachen einzustimmen. »In meinem Keller befinden sich Fälschungen.«

»Tut mir leid, das zu hören«, antwortete Wang und warf wieder einen Blick auf seine Uhr.

»Einige davon stammen von dir.«

»Willst du behaupten, ich hätte dir absichtlich Fake Whiskys gegeben, Adam?«

»Aber das hat doch niemand gesagt, Mister Wang. Es ist nur leider so, dass unechte Whiskys aus Ihrem Besitz in den von Mister Witherspoon übergingen.«

»Haben Sie die Whiskys probiert? Gerade bei seltenen Tropfen kann es leicht vorkommen, dass man sich täuscht.«

»Vielen Dank, dass Sie mir das mitteilen, junger Mann. Sowohl ich als auch Mister Witherspoon haben unsere ersten seltenen Scotch Whiskys nicht erst gestern verköstigt.«

»Dennoch, ich meine ...«

»Schluss jetzt!«, rief Witherspoon.

»Wenn Sie mir eine Liste geben, kümmere ich mich gerne darum, Mister MacDonald. Obwohl ich Ihnen versichere, nichts Unrechtes getan zu haben.«

Witherspoon trat einen Schritt auf ihn zu. »Für was brauchst du denn eine Liste?! Ich sage dir, um welche Whiskys es geht.«

»Niemand kann erwarten, dass ich alle Verkäufe im Kopf habe. Meine Kreditkartenabrechnung bei Amex betrug im letzten Monat 200.000 Pfund.«

»Soll mich das beeindrucken?«, fragte Witherspoon.

»Keineswegs«, meinte Wang traurig. »Möchte nur deutlich machen, dass ich es nicht nötig habe, mit Hehlerware zu handeln.«

»Erwerben Sie viel Whisky?«, wollte MacDonald wissen.

»Kommt darauf an, was Sie unter viel verstehen.«

Witherspoon wurde noch wütender. »So kommen wir nicht weiter! Es ist besser, wenn … was zum Henker ist das denn jetzt? Fährt ein Feuerwehrwagen vor?«

»Haha, nein, mein Mobiltelefon. Ich darf mich einen Moment entschuldigen?«

Wang ging in ein Nebenzimmer. MacDonald und Witherspoon hörten ihn flüstern. Nach zwei Minuten kehrte er zurück. »Gentlemen, mein Bruderherz ist eingetroffen. Ich schlage vor, Sie senden mir die Auflistung zu und ich melde mich bei Ihnen.«

Witherspoon tippte ihm den Zeigefinger auf die Brust »Das ist doch nicht dein Ernst?«

»So machen wir es, Mister Wang«, sagte MacDonald vermittelnd. »Nur noch eine kurze Frage, bevor Sie nach Australien entfleuchen. Markieren Sie Ihre Flaschen?«

»Warum sollte ich das tun?«

»Verköstigungsnotizen eventuell?«

»Mit Bleistift? Oh, wie peinlich! Aber natürlich! Wissen Sie, ich kaufe von jedem Whisky drei Flaschen, eine zum Trinken, eine zum Sammeln und die dritte für den Verkauf. Wenn ich probiert habe, notiere ich die Bewertung auf der leeren Flasche. Ich vermute, dass ich versehentlich etwas auf eine volle Flasche gekritzelt und diese rausgegeben habe. Das tut mir natürlich sehr leid.«

»Ich dachte, dass Sie Whisky vornehmlich zum Trinken kaufen?«, erkundigte der Gourmet sich.

Larry Wang war heimlich in den Flur getreten. »Mein Bruder, lieber Mensch. Doch leider geschäftliche Dinge nicht erfahren. Überzeugte davon, Sammlung zu haben auch zu Geld machen. Wir aufbrechen, Tony?«

»Ich will die Herren nicht unhöflich behandeln.«

»Fährt Gourlay mit?«, fragte Witherspoon, dem es endgültig zu dumm wurde.

»Haha, Mister Gourlay uns nach Australien zu begleiten«, sagte Larry Wang und berührte seinen Bruder am Arm, damit er ebenfalls lachte.

»Köstlich, Adam! Wären Sie beide so gut, uns nach draußen zu begleiten, bitte?«

»Autsch!« MacDonald drückte sich die Hand auf den Magen, keine elegante Geste. Doch verzweifelte Situationen riefen nach ebensolchen Mitteln. »Mister Wang, darf ich Ihr Badezimmer aufsuchen?«

Tony Wang sah zu seinem Bruder. Der sagte etwas auf Chinesisch und nickte düster.

»Natürlich. Wir sind doch keine Unmenschen.«

»Ich möchte nicht, dass Sie Ihre Maschine versäumen. Wir ziehen einfach die Tür zu beim Gehen.«

»Nein, wir warten«, erklärte Tony Wang in ungewohnt herrischem Ton. »Gehen Sie ruhig. Den Weg kennen Sie ja bereits.«

»Danke, vielmals.« Als MacDonald schmerzgebeugt zum Badezimmer wankte, spürte er, dass ihn vier Augen beobachteten. Er verriegelte die Tür und betätigte die Toilettenspülung, um verdächtige Geräusche zu übertönen. Im obligatorischen Spiegelschränkchen standen gut zwanzig Whisky-Miniaturfläschchen. Für Multimillionäre spielte diese kostspielige Form des Konsums natürlich keine Rolle. War er alkoholabhängig? Connaisseure mieden Winzlinge, weil die Oberfläche des Plastikverschlusses in Relation zur Whiskymenge zu hoch war. Alle Fläschchen waren schwarz, ohne Label und von eins bis zwanzig durchnummeriert. Jemand hämmerte gegen die Tür! »Alles Ordnung drinnen?«

Wer außer Larry Wang hätte es sein sollen? Sehr patzig, nach dreißig Sekunden schon zu drängen! »Zwar bin ich nicht gewohnt, durch eine geschlossene Badezimmertür zu parlieren, aber ein knappes ja will ich Ihnen gönnen.«

»Sicher sind?«

Angus MacDonald betätigte die Toilettenspülung. Sollte der Rüpel doch denken, was er wollte!

»Hier draußen warten noch Sie, Mister MacDonald!«

Lag Larry Wangs Unleidlichkeit daran, dass er in Eile war, oder kam ein tiefliegender Charakterzug zum Vorschein? Unter dem Waschbecken befand sich ein kleines Holzschränkchen. Als MacDonald in die Hocke ging, knackten seine Kniegelenke wie zwei Feinde im Hinterhalt. Es war davon auszugehen, dass Wang noch draußen stand, mit dem Ohr an der Tür! »La donna è mobile …« Ob die Schranktürchen knarrten, ließ sich beim Schmettern seiner Arie schwer sagen. Er fand alle möglichen Toilettenartikel, die ein Gentleman benötigte, außerdem zwei Tuben und drei Döschen mit chinesischer Beschriftung. Eine Kenntnis der Sprache wäre von Nutzen gewesen! Er öffnete ein Döschen und roch daran. Scharf, sehr scharf! Gewiss nichts, das man als Gesichtscreme verwenden würde! Er zückte sein kleines Notizbuch und riss ein Blatt heraus, tunkte es in die Substanz und faltete es zusammen. Klebstoff, ausgesprochen hartnäckiger.

»Hallo, aufbrechen müssen!«

MacDonald stellte das Wasser im Waschbecken an und ließ es über den Daumen laufen. Der Klebstoff schien noch stärker zu haften! Er hörte Larry Wang laut atmen. »Bin gleich bei Ihnen, Mister Wang. Einen Moment noch.«

»Was machen so lange drinnen?«

MacDonald gab Seife auf seinen Finger und rubbelte angestrengt. »So, da bin ich«, sagte er und stand in der Tür.

Larry Wang musterte ihn wie einen Fremden, schnupperte aufgeregt.

»Eine bemerkenswerte Klosettspülung besitzen Sie, mit apartem Duft.«

»Nicht hätte gedacht, dass sich für so begeistern.«

»Weit sind wir nicht gekommen«, sagte MacDonald zu Witherspoon in dessen Wohnzimmer.

»Verwendet er den Klebstoff für seine Fake Whiskys?«

»Mich würde interessieren, ob die Wangs tatsächlich nach Sidney flogen.«

»Das überprüfen wir sofort! Ich kenne jemanden am Flughafen.« Witherspoon wählte eine Nummer aus dem Speicher seines mobilen Telefons.

Wozu benötigte jemand, der so gut vernetzt war, überhaupt seine Hilfe?, fragte MacDonald sich. Es sei denn vielleicht, er wollte den Verdacht auf Wang lenken.

»Ist gut. Auf Wiederhören. Man wird mich gleich zurückrufen, Mister MacDonald. Wollen Sie etwas trinken?«

»Nein, danke.«

Sein Gastgeber nickte, das Telefon auf die Brust gedrückt. »Bin auch nicht durstig.«

Fünf Minuten später läutete Witherspoons mobiles Telefon. »Hallo. Ja, besten Dank, mein Freund. Ist Glenmorangie noch Ihr Gift? Port-Finish, verstehe! So, mein lieber MacDonald. Unser Tonychen Wang steht auf keiner Fluglist. Auch von Larry keine Spur.«

»Sie könnten eine Maschine gechartert haben?«

»Heute fliegt niemand nach Sidney. Den Wangs müssten Flügel wachsen, damit sie nach Australien kommen.«

»Aber wenn sie von Glasgow aus starteten?«

»Nein! Davon war nicht die Rede. Haben Sie Fotos gemacht im Badezimmer? Torfnase!«

»Das geht zu weit, Mister Witherspoon!«

»Ich will doch nur wissen, ob Sie fotografierten?«

MacDonald studierte seine Gesichtszüge, was, wie er wusste, sinnfrei war, denn die Beschimpfungen kamen ohne Vorwarnung. »Können vor Lachen.«

»Bitte?«

Angus schüttelte sich ob seiner eigenen Ausdrucksweise. Zu lange hatte Thomasina, die junge Tochter der Ernährungsberaterin Armour, in seinem Haus gewohnt. »Leider bin ich noch nicht mit allen Feinheiten meines neuen Mobiltelefons vertraut.«

»Was fällt dem Mann ein, mir Fake Whiskys zu verkaufen! Ich hätte gute Lust, die Sache der Polizei zu übergeben.«

»Ich vermute, dass Tony Wang dann wiederholt, er sei unschuldig.«

»Hm, Sie wollen ihm unbedingt noch eine Chance geben?«

»Zu verlieren haben wir nichts, und Sie hatten bislang ein gutes Verhältnis zu Mister Wang.«

Adam Witherspoon fuhr sich durchs Haar »Ist immer so, bis man sich entzweit. Also, gut. Machen wir es, wie Sie sagen. Aber könnten Sie bitte den Termin ausmachen? Ich habe Angst, ausfallend zu werden, wenn er wieder eine Liste fordert.«

Das ist mehr als offensichtlich, dachte MacDonald. Auch stand immer noch Witherspoons Aussage gegen die von Tony Wang.

MacDonald hielt sich nicht für abergläubisch, aber als er auf dem Weg von Witherspoons Anwesen zum Braid Hills Hotel einen lauten Knall hörte, überlegte er ernsthaft, es zu werden. Wie oft platzte ein Reifen? Ihm war es in fünfundzwanzig Jahren noch nie passiert. Mit Mühe brachte er den holpernden Volkswagen unter Kontrolle und parkte am Straßenrand. Ein Auto, das ihn hupend überholte, war deshalb nicht nach seinem Geschmack! Der Fahrer des blauen Volvo bremste ab und stieß ungeachtet des laufenden Verkehrs auf dem Seitenstreifen langsam zurück, was ihm erbittertes Tröten einbrachte. Alberto als Retter in der Reifennot! Er hielt hinter seinem Käfer, öffnete behutsam die Tür und stieg aus. »Porca miseria, wie hast du das denn angestellt?«

»Mir scheint evident, dass ein Reifen den Geist aufgab.«

»Da vero? Hängt es mit deinem neuen Fall zusammen?«

»Wer kann es wissen, mein Freund?« Es lag ihm auf der Zunge, Alberto nach seiner chinesischen Freundin zu fragen. Doch Gentlemen hatten gute Manieren. »Alles in Ordnung bei euch zu Hause?«

»Prego?«, fragte Alberto und wich dem Blick seines Freundes aus.

»Ich würde gerne wissen, wie es Maria geht.«

»Molto bene.«

Vitiello ging zur Rückseite des VW Käfers, um Ersatzreifen und Wagenheber zu holen.

»Da wirst du dich schwertun, mein Freund«, sagte MacDonald. »Der fünfte Reifen befindet sich vorne.«

»Deutsche Autos!«, schimpfte Vitiello, wuchtete den Reifen aus dem Wagen und rollte ihn zur Seite.

»Übrigens, könnte es sein, dass du kürzlich in Jamie Olivers sogenanntem italienischem Restaurant gespeist hast?«

»Prego? Wo soll das gewesen sein?«

»In JAMIE OLIVERS Restaurant«, wiederholte MacDonald.

»Um zu überteuertem Preis verkochte Spaghetti serviert zu bekommen? Du weißt, was zu tun ist? Sonst kann ich den Reifen nicht wechseln!«

Angus beugte sich über den Fahrersitz und entriegelte die Handbremse. »Ich möchte dir nicht auf den Wecker gehen, aber ein Bekannter hat dich im Restaurant gesehen.«

»Incredibile, unmöglich. Würde dem Mann empfehlen, sich eine Brille zu kaufen. Warte mal. Ja, du hast Recht. Larry wollte unbedingt dorthin und ich habe ihn begleitet.«

»Larry Wang? Für gewöhnlich fraternisierst du aber nicht mit den Gästen.«

»Für ihn habe ich eine Ausnahme gemacht. Netter Kerl.«

»Kannst du dich auch an die junge Chinesin erinnern?«

»Sie ist eine Freundin von Larry.«

»Nahm sonst noch jemand teil?«

»Was wird das hier, ein neuer Krimi der BBC?«

»Der Besitzer des ›Amarone‹? ...«

»Kenne ich nicht, und jetzt wechsle ich deinen Reifen, wenn es recht ist.«

»Danke, Alberto, sehr freundlich. Wie man so hört, ist der frühere Besitzer sang- und klanglos verschwunden. Ist das nicht komisch?«

Vitiello drehte die Schrauben fest und verstaute das Werkzeug im Kofferraum. »Nach dem Motto, Italiener sind alle Gangster?«

»So habe ich es nicht gemeint.«

»Bist du mit deinem Fall weitergekommen, Angus?«

»Er schleppt sich so dahin. Warum interessiert dich das plötzlich?«

»Nur so.«

»Was findest du an den Wangs so sympathisch?«

»Sie sind nette Menschen, mit denen man über alles Mögliche reden kann.«

»Beispielsweise Whisky?«

»Erlaube mal, du willst doch auch nicht, dass ich Larry etwas von unseren Gesprächen berichte, oder?«

»Findest du, dass … Larry und ich auf derselben Stufe stehen?«

»Ho capito! Der gebildete Gourmet schwebt über uns einfachen Menschen! Arrivederci!«

Nach der Zusammenkunft mit Vitiello rief MacDonald Maria an.

»Villa Buongiorno, guten Tag.«

»Hallo, meine Liebe.«

»Angus, du bist das!«

»Ich bin schlimmer begrüßt worden im Leben.«

»Excusa. Alberto hat mich gerade angerufen. Von eurem Treffen war er nicht begeistert.«

»Mir geht es ebenso. Fragt mich nach meinem Fall, nachdem er mir mehrfach die kalte Schulter zeigte. Wir sind ein Detektivteam! Schon immer gewesen!«

»Ihr klingt mehr wie Eheleute.«

»Wo ist Alberto denn?«

»Er speist im Restaurant Amarone.«

»Meinst du das ernst?«

»Si, immerhin spreche ich mit demjenigen Angus MacDonald, der über Essen und Trinken keine Späße macht.«

»Alberto, der Jamie's Italian Restaurant nicht ausstehen kann und dort isst, steigert das noch, indem er in das überkandidelste italienische Restaurant der Stadt geht?«

»Essato, Signore, ist alles nicht meine Schuld.«

»Natürlich nicht. Will er dort jemanden treffen?«

»Bin ich meines Mannes Hüter? Mach dir keine Sorgen. Bestimmt nimmt er eine seiner kleinen Freundinnen mit.«

»Das kannst du nicht sicher wissen, Maria.«

»Doch, ich habe die Liste seiner eingehenden Anrufe gecheckt. Eine Nummer war häufig dabei.«

»Wer ist es denn?«

»Eine junge Frau mit chinesischem Akzent!«

»Hast du mit ihr gesprochen?«

»No! Aber ihre Stimme auf dem Anrufbeantworter gehört. Sie ist wahrscheinlich eine Freundin von diesem Wang! Nachdem er bei uns einzog, wurde Albertos Midlife-Crisis wesentlich schlimmer.«

»Sie wollen mich zu einem Date einladen? Ins Amarone? Einfach so?«, spöttelte Emma Anderson.

»Ich, äh, suche eher eine zweite Person für eine verdeckte Ermittlung«, erwiderte MacDonald und war froh, dass er zum Telefonhörer gegriffen hatte, denn so konnte sie sein gerötetes Gesicht nicht sehen.

»Gott, wie schmeichelhaft. Reden Sie mit allen Ihren Damen so?«

»Alle meine Damen, verstehe, Sie scherzen.« Vom anderen Ende vernahm er unanständiges Gelächter. »Ich hole Sie gleich ab, wenn es Ihnen recht ist?«

»Machen Sie sich keine Mühe, Angus-Mann.«

»Es liegt direkt auf meinem Weg.«

»Besser, wir treffen uns im Restaurant.«

Obwohl MacDonald ihr Verhalten merkwürdig fand, insistierte er nicht. Damen konnten etwas komisch sein, wenn Herren sie überraschend treffen wollten.

Das Restaurant Amarone am St. Andrew Square hatte die Gemütlichkeit einer Bahnhofshalle und das Bedrückende aller hohen Räume, Kirchen ausgenommen. Serviert wurden Pizza und Pasta für Menschen, die gerne zu viel Geld ausgaben. »Gut sehen Sie aus, Mrs Anderson«, sagte MacDonald. Sie trug wieder ein Businesskostüm, dazu steiles, gelbes Schuhwerk mit blauen Punkten. »Danke, Angus-Mann. Gefallen Ihnen meine Schühchen?«

MacDonald hatte wenig Erfahrung mit in die Luft gestreckten Damenbeinen. »Natürlich, sehr schön.«

»Ich muss Ihnen eine Frage stellen. Sonst platze ich!«

»Bitte, ich höre.«

»Wer war die Sommersprossen-Frau, die wir im Gorgie Park trafen?«

»Ich sagte es Ihnen bereits, meine Hausärztin.«

»Mehr ist da nicht? Es bleibt natürlich Ihre Privatsache. Werde mich nicht einmischen.«

MacDonald räusperte sich.

»Sind Sie erkältet?«, fragte Anderson neckisch.

Er reichte ihr die Speisekarte. »Bitte sehr. Sie sind eingeladen.«

»Ich hatte das Gefühl, dass Sie die Dame gut kennen.« Sie legte die Karte ungeöffnet auf den Tisch.

»Wir trafen uns auch privat schon.« Ein Geheimnis war das schließlich nicht.

Emma Anderson haute mit der flachen Hand auf den Tisch. »Wusste ich es doch!«

»Nehmen Sie ruhig eine Vorspeise.«

»Wollen Sie mir nicht mehr erzählen?«

»Über dieses Thema nicht, Mrs Anderson. Waren Sie noch einmal bei Mister Witherspoon, um weitere Whiskys zu examinieren?«

»Sie haben eine ulkige Art zu reden, Angus-Mann.«

»Danke sehr. Nun?«

»Mister Witherspoon rief mich noch nicht an.«

»Ich gehe davon aus, dass sich sein Assistent um so etwas kümmert.«

»Bin völlig Ihrer Meinung. Meine bisherigen Kunden wollten allerdings immer so schnell wie möglich Bescheid wissen.«

»Sie haben doch den offiziellen Betrieb noch nicht aufgenommen?«

»Ja, aber, äh, für Freunde und Bekannte bin ich schon längere Zeit tätig. Sie verdächtigen Tony Wang?«

»Könnten Sie bitte etwas leiser sprechen?«

Emma Anderson nickte. »Die vier Whiskys, die ich bei Witherspoon untersuchte, sind von ihm?«

MacDonald zögerte. Er hatte den Gentleman nicht gefragt, ob er das weitererzählen durfte …

»Wenn Sie so wenig Vertrauen haben, gehe ich besser.« Mrs Anderson griff nach ihrer Handtasche.

»Warten Sie bitte. So war es nicht gemeint. Mister Witherspoon hat zwanzig Flaschen von Tony Wang erworben. Wir müssen aber mehr Fakten eruieren und auf Ihre Expertise warten, bevor wir ein Urteil fällen.«

»Ich an Ihrer Stelle wäre sofort zu Wang gefahren und hätte ihm etwas geflüstert.«

»Nehmen Sie doch ein Menü, bitte.«

»Wüsste nicht, was ich lieber täte. Ich denke, mit Ihrem Verdacht bezüglich der Wangs liegen Sie richtig.«

»Denken Sie, es gibt weitere Partner?«

»Hängt davon ab, wie viele Fläschchen unser Tony produziert.«

»Woher kennen Sie ihn?«

»Drummonds! Tonylein war Kunde von uns. Hab's Ihnen doch erzählt. Ich glaube, dass er eine Menge Whisky fälschte. Auch wird er bald leichtsinnig werden. Allerdings könnte ich nur raten, wer ihn unterstützt. Ich meine, sieht man vom schlechten Mister Gourlay ab, der sich irgendwie etwas dazuverdient zu seinem Gehalt …«

»Sollen wir das überprüfen? Ich könnte eine zweite Ob…«

»Nein! Gourlay zu beschatten, wird nichts ergeben. Er ist schleimig wie eine Echse, und an interne Daten werden Sie auch nicht herankommen.«

»Ich wollte nur sagen, dass ich …«

»Vergessen Sie's! Wen verdächtigen Sie denn sonst noch?«

»Den Besitzer dieses Restaurants.«

»Jetzt wird es aber spannend«, sagte Mrs Anderson wieder eine Spur zu laut. »Indizien dafür?«

»Ich erzähle Ihnen am besten alles von Anfang an.« Etwa fünf Minuten später hatte MacDonald sie auf seinen Stand gebracht. »Nun, was meinen Sie? Habe ich Wahnvorstellungen oder gibt mir jemand zu verstehen, mich fernzuhalten?«

»Sie wurden bedroht und niedergeschlagen! Dann wirft der Kerl Ihre Rezepte bei einem Partyservice ein und stellt sie ins Internet. Man kann nicht sagen, dass er einfallslos wäre.«

Ein distinguiert aussehender Herr mittleren Alters trat an den Tisch. »Guten Tag, die Dame und Mister MacDonald. Ich hoffe, es ist alles zur Zufriedenheit. Mein Name ist Londero, Inhaber des Restaurants.«

»Woher wissen Sie, wer ich bin?«, fragte MacDonald. War er der Anführer der Unholde, die ihn entführt hatten? Seinem Gesicht nach eventuell ja, allerdings war es bei der Entführung sehr dunkel gewesen, und er redete zwar mit italienischem Akzent, aber ohne sprachliche Manierismen.

»Oh, Sir, es ist kein Geheimnis, dass Sie exzellente Kochbücher schreiben. Darf ich nach dem Namen Ihrer hübschen Begleiterin fragen?«

»Emma Anderson heißt sie!«, erwiderte Mrs Anderson und reichte ihm eine Visitenkarte.

»Whisky-Consultant? Wie interessant. Sie wohnen in der Lauriston Street?«

»Ja, warum?«

»Kevin Wordie, ein guter Freund von mir, residiert ebenfalls dort.«

»Sammeln Sie Whisky?«, fragte MacDonald.

»Ja. Sie auch?«

»In Maßen.«

»Ich wünschte, so besonnen zu sein. Es würde mir eine Menge Geld ersparen. Aber ein Pferdestecken muss man haben.«

»Sie meinen Steckenpferd?«

»Prego? Oh, ja, natürlich. Verzeihen Sie mein gebrochenes Englisch.«

»Woher beziehen Sie Ihre Whiskys, Mister Londero, außer von Mister Wordie?«

»Haha! Wenn ich Ihnen das sage, muss ich Sie umbringen. Schauen Sie nicht so bestürzt. Gäste töte ich aus Prinzip nicht.«

Weder MacDonald noch Emma Anderson lachten, denn der Patron des Restaurants sprach viel zu dramatisch.

»Sie dürfen mir wirklich glauben, dass ich nur Spaß mache. Ich kenne verschiedene Händler, alle weder Angeber noch Snobs.«

»Gehen Sie auch zu Auktionen?«, fragte Emma Anderson.

»Drummonds!«, erwiderte Londero. »Dort arbeiteten Sie. Wusste ich gleich, dass Sie mir bekannt vorkamen. Kehren Sie manchmal an Ihren alten Arbeitsplatz zurück?«

»Nicht, wenn ich es vermeiden kann.«

»Ich frage nur, weil eine interessante Auktion ansteht.«

»Eigenartig«, sagte MacDonald, »Drummonds richtete doch erst kürzlich eine Versteigerung aus.«

»Es handelt sich um die Sammlung eines Privatmannes. Wahre Raritäten.«

»Dürfen wir fragen, woher Sie das wissen?«

»Meine Gäste haben Humor. Vom Auktionskatalog.«

»Eigentümlich, ich habe keinen Katalog erhalten!«

»Vielleicht hat man Sie übersehen, Mister MacDonald, oder Ihr Exemplar ist in der Post verloren gegangen?«

»Möglich, ja. Kennen wir den Besitzer der Sammlung?«, fragte MacDonald zu Mrs Anderson geneigt, die Antwort vom Italiener erwartend.

»Strikt geheim. Fragen Sie Ihre Begleiterin. Sie arbeitete für Drummonds und kennt die Bräuche.«

»Wenn ein Verkäufer unbekannt bleiben möchte, hält Drummonds dicht«, erklärte Anderson.

»Wie heißt die Sammlung?«, erkundigte MacDonald sich.

»›The Cellar‹.«

»Sehr originell, die Kollektion nach dem Lagerungsort zu benennen.«

»Hahaha, da haben Sie Recht! Sie entschuldigen mich bitte?« Londero machte eine knappe Verbeugung und ließ die beiden alleine.

»Was halten Sie von dem Herrn, werte Co-Detektivin?«, flüsterte MacDonald.

»Sehr verdächtig.«

»Also doch!«

Larry Wang, eine junge Chinesin und Vitiello betraten das Restaurant. Nach Emma Andersons heftiger Opposition gegen eine Observation Gourlays die zweite Überraschung an diesem Ort!

*»Es gibt keinen schlechten Whiskey, manche
sind nur besser als andere.«*

William Faulkner (1897-1962),
US-amerikanischer Schriftsteller

Versteigerung außerhalb der Reihe

Nachdem MacDonald und Anderson das Restaurant verlassen hatten, gingen sie in einen Coffee-Shop in der George Street, und er rief bei Drummonds an, um sich nach dem neuen Auktionskatalog zu erkundigen. Die zuständige Dame entschuldigte sich mehrfach für das Versäumnis und bot an, das Werk, gleich einem Meisterwerk der Literatur, in die Post zu geben. »Ich hätte eine andere Idee, junge Frau. Könnte ich den Katalog abholen? Wie es der Zufall so möchte, weile ich in der Nachbarschaft.«

»Selbstverständlich, Sir, kommen Sie gerne vorbei.«

Er sah bittend zu seiner Begleiterin. »Würden Sie hier auf mich warten, Mrs Anderson?«

Sie malte ein Fragezeichen in die Luft. »Schämen Sie sich, mit mir gesehen zu werden?«

»Du lieber Gott im Himmel! So ist es aber nicht!«, protestierte MacDonald, bis er merkte, dass seine Doktor Watson ihn wieder neckte.

»Schon in Ordnung. Ich bestelle ein Stück Kuchen, um mir die Zeit zu vertreiben.«

»Süßes ist immer eine gute Idee. Bis gleich, meine Liebe.«

Als er wenige Minuten später an der Rezeption von Drummonds stand, hörte er von einer jungen, dauergewellten Dame Folgendes. »Ich weiß, dass ich Ihnen vor kaum zehn Minuten einen Katalog versprach, doch kann ich nicht Wort halten. Unsere Bestände sind leider aufgebraucht.«

»Wie ist das möglich?«

»Eine Gruppe Reisender aus dem schönen China griff zu.«

»Nichts gegen Menschen aus Fernost, aber seit wann haben Zaungäste Vorrang gegenüber Edinburghern?«

»Darauf besitze ich keine Antwort.«

»War das Ihre Entscheidung?«

»Mehr oder weniger.«

»Sie bekamen also eine Anweisung von oben?«

»Mister MacDonald, ich bin untröstlich, aber die Auflage unseres neuen Kataloges war nicht allzu hoch, und im Prinzip ging ja ein Exemplar an Ihre Adresse. Dean Village ist noch richtig?«

Als er das Gebäude verließ, sah er im ersten Obergeschoss jemanden am Fenster stehen. Gourlay! Wer sonst? Dachte er wirklich, mit schlechten Taschenspielertricks durchzukommen? Im Coffee-Shop verleibte Emma Anderson sich genussvoll ein großes Stück Schokoladenkuchen ein. Kein Lamentieren über unnötige Kalorien, nur simple Freude am Genuss.

»Sie schauen so nett, Angus-Mann. Wollen Sie von meinem Kuchen kosten?«

»Sehr freundlich. Aber, danke, nein.«

»Wo ist der Katalog?«

»Ausverkauft! Gourlay steckt dahinter!«

»Was nun?«

»Wir rufen Mister Witherspoon an.« Nachdem er die Nummer gewählt hatte, dauerte es noch eine halbe Minute, bis Witherspoon sich, leicht außer Atem, meldete. »Ist es eine unpassende Zeit?«

»MacDonald! Nein, alles in Ordnung. Was kann ich für Sie tun?«

»Ich wollte fragen, ob Sie den neuen Katalog von Drummonds erhielten?«

»Oh ja, studiere ihn gerade.«

»Wir halten es für erklärungsbedürftig, dass so kurz nach der letzten Auktion schon wieder eine stattfindet.«

»Wer ist wir?«

»Verzeihen Sie bitte. Mrs Anderson und ich sitzen in einem Coffee-Shop.«

»Sie beide verstehen sich gut, ja?«

»So ist es, Mister Witherspoon!«

»Ich muss mich entschuldigen, wollte Ihnen nicht zu nahe treten. Die Sammlung scheint von Tony Wang zu stammen.«

»Welche Indizien gibt es dafür?«

»Die Flaschen, die er mir andrehte und alles, was er mir über seine Kollektion erzählte.«

»Sie haben Wangs Schätze nie gesehen?«

»Nein. Der Bursche versprach es, löste sein Wort aber nie ein. Kamen Sie denn in den Genuss, Mister MacDonald?«

»So lange kenne ich Mister Wang ja noch nicht.«

»Vielleicht besitzt er gar keine Whisky-Sammlung! Wann möchte Mrs Anderson bei mir vorbeikommen? Ich habe ihr bereits zwei Nachrichten hinterlassen.«

»Also, ich, äh, sage ihr, dass sie sich melden soll. Wie viele Flaschen enthält ›The Cellar‹ denn?«

»Hundert«, antwortete Witherspoon. »Habe nur ich den Eindruck, dass hier jemand den großen Reibach machen und sich absetzen möchte?«

»Nein«, antwortete Emma Anderson, nachdem MacDonald aufgelegt hatte. »Mir kommt es auch so vor, und soll ich Ihnen noch etwas sagen, Angus-Mann? Auchentoshan verschiebt die Präsentation der Replika-Serie!«

»Woher wissen Sie das?«

»Es gibt dieses kleine Gerät, in Italien Telefonino genannt.«

»Wer hat Sie denn angerufen?«

»Es steht auf der Website von Auchentoshan. Wollen Sie sehen?«

»Mir würde es reichen, wenn Sie alles mit eigenen Worten wiedergeben. Grund gibt man keinen an?«

»Das übliche Blabla! Fruchtlos, dort anzurufen. Man würde uns einen Bären aufbinden.«

»Sehr wahrscheinlich. Über den Ankauf schwieg man sich auch aus. Hatte Alastair mal wieder Recht.«

»Wer bitte?«

»McVicar and Whitelaws Master Blender.«

»Sie kennen Mister Carnegie?«

»Alastair und ich sind alte Freunde. Er machte vor kurzem eine Andeutung, dass mit den Replika-Whiskys nicht alles zum Besten bestellt sei. Das behalten Sie bitte für sich.«

»Keine Sorge. Weiß Mister Carnegie, bei wem die Fakes gekauft wurden?«

»Mehrere Personen. Ich glaube ohnehin nicht, dass Tony Wang so viel Whisky fälschen könnte.«

»Sie halten ihn wohl immer noch für einen lieben Burschen?«

»Es ist mehr eine Frage der Kapazitäten.«

»Nur weil er in seiner Bullshit-Villa keinen Platz hat, bedeutet das nicht, dass wir nach einem anderen Verdächtigen suchen müssen.«

MacDonald schauderte es ob ihrer rüden Ausdrucksweise.

»Habe ich etwas Falsches gesagt? Ah! Hätte nicht Bullshit in den Mund nehmen sollen. Stimmt's?«

Er nickte. Immerhin lernte Mrs Anderson sehr schnell. »Wie soll er denn alleine einhundert wertvolle Whiskys für die Auktion nachgemacht haben, plus denen, die noch im Umlauf sind? Vom falschen Fass der Society nicht zu reden.«

»Hinzu kommen Etiketten, Korken und Flaschen. Sie haben mir noch nicht erzählt, wer die junge Chinesin und der italienische Gentleman im Restaurant waren.«

»Die Dame aus China kenne ich nicht.«

»Aber den Italiener?«

»Kompliment, Mrs Anderson. Sie sind eine gute Detektivin: Alberto Vitiello und ich sind Freunde, und ich bin mir sicher, dass er, ein Ehrenmann, nichts mit gepanschtem Whisky zu tun hat.«

»Doch überprüft haben Sie es nicht?«

»Nein, denn seine Frau denkt, dass er eine Affäre hat.«

»Selbst die Gattin dieses Vitiellos weiß also mehr als ich? Das reicht mir jetzt! Lösen Sie Ihren Fall alleine. Goodbye, Cowboy!«

»Mrs Anderson, so beruhigen Sie sich, bitte.« Im Coffee-Shop sah gnädigerweise niemand zu Ihnen. Was ihn auch beschäftigte, war die Frage, warum Londero die Auktion erwähnte. Wollte er seine Gesprächspartner verhöhnen oder war er doch ein ehrenwerter Businessman?

Eine halbe Stunde später, MacDonald lustwandelte über die Princess Street, klingelte sein Telefon. »Angus MacDonald am Apparat. Hallo, wer ist da bitte?«

»Ich bin's.«

»Geht es Ihnen besser, Mrs Anderson?«

»Ja, muss Ihnen etwas sagen. Wo sind Sie?«

»Beim Scott Monument.«

»Wollen wir uns dort treffen?«

»Einverstanden, am besten auf einer Bank in der Grünanlage.«

»Ich beeile mich.«

Keine zwei Minuten später stand sie vor ihm. »Setzen Sie sich bitte, Mrs Anderson.«

»Entschuldigen Sie das vorhin im Coffee-Shop. Ich wollte keine Szene machen.«

»Genau genommen haben Sie das getan, aber ich werde nicht kleinlich sein.«

»Ich kenne Mister Vitiello.«

»Natürlich, aus meiner Erzählung.«

»Vorher schon. Er hat mich auf Sie angesetzt.«

MacDonald rieb sich die Hände. »Wie soll ich das verstehen, meine Liebe?«

»Vitiello vermittelte unser Date. Am besten, ich beginne von vorne.«

»Scheint mir eine gute Idee zu sein.«

»Ich wünsche mir schon seit längerem einen Freund. Deshalb studierte ich die Kontaktanzeigen. Ein Mann suchte eine Freundin für seinen guten Freund. Zunächst war ich skeptisch. Es hätte ja auch etwas Perverses dahinterstecken können. Von wegen Ménage-à-trois und solche Schweinereien.«

»Mrs Anderson, könnten Sie bitte zum Punkt kommen?«

»Machen Sie die Pferde nicht wild. Bin ja schon dabei. Ich gehe also los, Vitiello zu treffen, und er stellte sich als Mann heraus, der tatsächlich eine Frau für seinen Freund sucht. Das fand ich goldig. Natürlich fragte ich mich dann, ob mit dem Freund etwas nicht stimmt, denn er hätte die Annonce ja auch selbst aufgeben können. Es wäre für alle Beteiligten einfacher gewesen. Wissen Sie, wie Vitiello sich vorstellte? Als Mister China.«

»Bestimmt war es lustig gemeint. In seinem Guest House machte er einschlägige Erfahrungen mit Chinesen.«

»Nach unserem ersten Date wollte Vitiello mich wieder treffen.«

»Wann fand denn dieses Date statt?«

»An den Gorgie City Park erinnern Sie sich noch?«

»Wir haben uns doch zufällig getroffen.«

»Sehr putzig, Angus-Mann.«

»Sie suchten mich gezielt dort auf?«

»China spielte mir den Hinweis zu. Das versuche ich die ganze Zeit, Ihnen beizubringen. Ich wollte Sie unbedingt kennenlernen. Nach allem, was Ihr Freund mir über Sie erzählte, können Sie es mir nicht verübeln. Ein ansprechendes Foto von Ihnen hatte er auch dabei.«

»Soso.«

»Mittlerweile glaube ich aber, dass Vitiello in den Fake-Whisky-Fall verstrickt ist und mich benutzte, um Sie auszuhorchen.«

»Mrs Anderson, können Sie mir einen Grund sagen, aus dem ich Ihnen mehr vertrauen sollte als einem alten Freund?«

»Nicht wirklich.«

MacDonald lachte. »Sie sind mir jemand!«

»Freut mich zu hören. Heißt das, ich bin immer noch Ihre Co-Detektivin?«

»Mit dem größten Vergnügen.«

»Fein! Was machen wir als Nächstes?«

»Berichteten Sie Mister Vitiello von unserem Treffen?«

»Noch nicht.«

»Es wäre vielleicht nicht schlecht, wenn Sie es tun.«

»Große Lust habe ich keine.«

»Im Dienste unseres Falles.« MacDonald konnte kaum glauben, was ihm über die Lippen kam. »Wir müssen wissen, ob Mister Vitiello tatsächlich in den Fall verstrickt ist.«

»Okay, mache ich. Und Sie?«

»Ich habe mehrere Optionen, könnte Gourlay oder Londero beschatten. Am sinnvollsten scheint mir aber, noch ein Gespräch mit Tony Wang zu führen. Vorher sollte ich unbedingt wissen, ob der Rest der Flaschen, die er Mister Witherspoon verkaufte, echt sind.«

»Ich rufe ihn wegen eines Termins an. Trauen Sie Witherspoon?«

»Warum fragen Sie mich das?«

»Er ist einer dieser manischen Menschen, die alles für ihre Kollektion täten. Bei Drummonds sind mir einige begegnet.«

»Würde er jemanden anschwärzen?«

»Oh, ja.«

Dass Witherspoon gelegentlich auch Schimpftiraden vom Stapel ließ, behielt MacDonald für sich. Seine Recherche hatte allerdings ergeben, dass Witherspoon gut betucht war. Wollte er Wang schaden, dann wohl eher aus persönlichem Motiv heraus.

MacDonald ermittelte in seinem unangenehmsten Fall! Nachdem er sich von Emma Anderson verabschiedet hatte, wollte er noch ein wenig nachdenken und spazierte zum St. Andrew Square, einem der schönsten Plätze Edinburghs. Der als Quadrat angelegte Garten wurde von einer 14 Meter hohen römischen Säule beherrscht, immer wieder ein schöner Anblick. Konnte es wirklich sein, dass sein bester Freund gegen ihn arbeitete? Vieles sprach dafür: Beim Ermitteln wollte er nicht helfen, und sein Verhalten war größeren Schwankungen ausgesetzt als üblich. Sehr wahrscheinlich hatte er eine chinesische Freundin und dann war da noch seine neue Kleidung. Seit MacDonald ihn kannte, trug Vitiello einfache Sachen aus gutem Stoff. Neuerdings aber musste es Designermode sein! Maria hatte ihm erzählt, dass er sich bei Harvey Nichols einkleidete, dem Kaufhaus für Menschen, die wonnig ihr Geld verschleuderten. Das traf auch auf die Lebensmittel des Hauses zu. Gourmets waren allen Dingen gegenüber aufgeschlossen, doch nicht zu unrealistischen Preisen. MacDonald setzte sich auf eine Bank, von der man einen guten Blick auf das Warenhaus hatte. Wenn schon Alberto mit seiner intuitiven Herangehensweise nicht dabei war ... Etwa zehn Minuten später verließ eben dieser das Kaufhaus, an einem Arm Einkaufstüten, rechts die junge Chinesin aus dem Restaurant. Zur Shopping-Clique gehörten auch die Wang-Brüder!

Als MacDonalds Telefon klingelte, waren es keine guten Nachrichten: Von den zwanzig Whiskys, die Tony Wang Mister Witherspoon mutmaßlich verkauft hatte, waren zwölf Fälschungen, eine respektable Quote! Der Sammler geriet wieder in Rage und MacDonald konnte ihn nur mühsam davon abhalten, die Polizei zu verständigen. »Sagen Sie mir bitte, warum nicht!«

»Weil wir auch die Komplizen dingfest machen wollen.«

»Tony Wang ist ein Weichei. Das sieht ein Blinder mit Krockstück, äh, Dings, umgekehrt! Wenn die Beamten ihn ordentlich in die Mangel nehmen, gesteht er alles!«

»Einen Weichling können wir selbst befragen. Uns kennt er im Gegensatz zu irgendwelchen Kriminalbeamten.«

»Hm, der menschliche Aspekt, das Vertrauen. Sie hoffen, dass er sich verplappert? Schön, je mehr Beweise, umso besser. Packt er nicht aus, kann ich die Sache immer noch der Polizei übergeben. Noch etwas, MacDonald. Sie erinnern sich an Ian Mair? Nachdem Mrs Anderson mich verlassen hatte, rief ich ihn an. Ian kaufte ebenfalls Whiskys von Wang.«

»Fälschungen? Um wie viele Flaschen handelt es sich?«

»Zehn.«

»Darf ich fragen, warum Sie Mister Mair erst jetzt anriefen?«

»Vorher wusste ich ja nichts Endgültiges! Sie müssen verstehen. Kein Sammler gesteht sich gerne ein, Fälschungen im Keller zu haben.«

Sie wollten Wang im Cameron Toll Shopping Centre treffen. Der Gourmet ging nur leidlich gerne dorthin, meistens, um Alberto zu treffen, und wunderte sich, dass es dem Chinesen dort gefiel. Als MacDonald bei Costas Coffee Shop im Erdgeschoss eintraf, saß Witherspoon bereits vor einem Eimer Kaffee. Wie kam es, dass selbst die kleinste Menge Kaffee einer doppelten Portion entsprach? Wurden die drei Bechergrößen mit Phantasienamen bezeichnet, um die Kunden zu verwirren?

»Da sind Sie ja endlich, MacDonald!«, sagte Witherspoon erhitzt.

»Ein Blick auf die Uhr sagt mir, dass ich nicht zu spät, sondern sogar etwas zu früh bin, Sir.«

»Okay, und wo ist Wang-Boy?«

»Es entzieht sich meiner Kenntnis.«

»Da hinten tanzt er an, mit seinem Pressesprecher.«

Die beiden Wangs schlenderten gemütlich auf sie zu.

»Sieht so aus, als ob die Burschen alle Zeit der Welt haben. Rockstars auf dem Weg zur Bühne. Rock around the Clock! Tonight!«

Die Brüder trugen Designerjeans, sündhaft teure, dünne Lederjäckchen und schwarz getönte Sonnenbrillen, unentbehrlich für den Besuch einer schottischen Shopping-Mall!

»Guten Tag, die Herren. Schön, dass Sie es möglich machen konnten.«

»Oh, lieber Mister MacDonald, immer ein Vergnügen.« Tony Wang lächelte ihn an. »Wie können wir Ihnen helfen, Gentlemen?«

»Mit wahrhaftigen Antworten! Habt ihr down under seltenen Whisky bekommen?«

»Mister Witherspoon, bitte …«

»Habe nichts dagegen, dass Sie weitermachen, MacDonald. Irgendwann wollen wir alle wieder nach Hause.«

Larry Wang kicherte. »Lustig! Nicht immer bleiben!«

»Sie haben Mister Witherspoon eventuell gefälschte Whiskys verkauft«, fuhr MacDonald fort.

»Meinem Freund Ian ebenfalls!«

»Lieber Mister Angus, noch einmal frage ich: Welcher Gutachter hat die Whiskys untersucht?«

Witherspoon streckte die Hände in die Luft. »Unser Wort ist nicht gut genug?!«

»Nicht wenn Sie mich des Betrugs bezichtigen, Gentlemen.«

MacDonald hob wieder an. »Ich betone, dass wir uns hier auf rein freundschaftlicher Basis treffen. Vielleicht täuschen wir uns ja auch. Sie kennen Emma Anderson, Mister Wang?«

»Sorry, nein.«

»Mrs Anderson arbeitete für Drummonds und hatte häufig mit Ihnen zu tun.«

»Nein, der Name ist mir unbekannt. Hat die Dame noch andere Kunden?«

»Sie sehen mich rätseln«, sagte MacDonald.

»Gibt es eine Firmenadresse, über die man sich verständigen kann?«

»Was soll der Blödsinn, Wang?«, blaffte Witherspoon. »Wenn ihr die Whiskys nicht selbst panscht, wollen wir wissen, von wem ihr sie habt! Raus damit!«

»Mister Witherspoon meint es nicht so drastisch.«

Adam Witherspoon stand auf und drohte den Brüdern mit der Faust. »Allerdings tue ich das!«

MacDonald hatte diesen Moment geistig vorweggenommen. »Mister Witherspoon, können wir bitte einen Moment vor die Tür treten?«

»Nein, was soll das?«

»Ich muss darauf bestehen. Die Herren warten sicher gerne auf uns.«

»Jajaja«, sagte Larry Wang, aus irgendeinem Grund jubilierend.

Witherspoon sah zu MacDonald, schien vernünftig zu werden. »Schaden kann es nicht.«

»Das meine ich doch auch. Lassen Sie uns zum Parkplatz schlendern.«

»So weit?«

»Bewegung tut gut, wie Griselda Armour sagte.«

»Wer ist das?«

»Eine Diplom-Ökotrophologin, die mich zwingen wollte, pestizidierte Ananasstücke zu frühstücken!«

»Hatte das mit einem Ihrer Fälle zu tun?«

»Am Rande, ja.« MacDonald ließ dem Älteren an der Drehtür den Vortritt. Witherspoon stützte sich nahe des Ausgangs an einem Laternenpfahl ab. »Wie gehen wir weiter vor?«

»Ist alles in Ordnung mit Ihnen? Sie sehen ein wenig kränklich aus.«

»Die Pumpe läuft nicht mehr richtig. Dumpfbacke!«

»Wollten Sie deshalb nicht so weit gehen?«

»Sie sind ein Blitzmerker!«

»Mister Witherspoon, ich halte es für das Beste, wenn Sie vom weiteren Gesprächsverlauf befreit werden.«

»Einverstanden! Ich muss mich nicht mehr aufregen und Sie quetschen die Lümmel gehörig aus!«

»Ich hätte es etwas anders ausgedrückt, aber im Grunde lautet mein Plan so.«

»Auf Wiedersehen, MacDonald. Sie rufen mich später an?«

»Mache ich gerne.« Als Angus zu den Wangs zurückkehrte, sah er die beiden heftig gestikulieren. Tony Wang bemerkte ihn zuerst, gab seinem Bruder einen Hinweis und die beiden hatten sich wieder im Griff. »Mister MacDonald, haben Sie Adam nach Hause geschickt?«

»Jawohl, meine Herren, und nun geht es ans Eingemachte.«

Beide Wangs blickten ihn geschockt an.

»Ich meinte, wir können über Details sprechen.«

Beide Wangs lachten. »Haha, Eingemachtes!«

»Dachten Sie, ich möchte Marmelade mit Ihnen verspeisen? Ich darf Ihnen diese Liste überreichen. Wären Sie bitte so freundlich, mitzuteilen, von wem Sie diese Whiskys kauften?«

Tony starrte ihn an, nicht aber die Liste, schien auf weitere Fragen zu warten.

»Das wäre schon alles.«

Larry Wang wisperte seinem Bruder etwas auf Chinesisch ins Ohr und Tony antwortete leise. Es schickte sich nicht, in

Gegenwart von anderen Menschen zu flüstern! »Konnten Sie sich einig werden?«

»Natürlich, gerne«, antwortete Tony Wang und reichte MacDonald einen mehrfach gefalteten Zettel. »Hier bitte, Mister Angus-Mann.«

»Was haben Sie gesagt?«

»Hier, bitte.«

»Nein, danach?«

»Angus-Mann«, sagte Wang grinsend. »Nichts für ungut.«

MacDonald faltete den Zettel auseinander und sah zwei ellenlange Telefonnummern. »Das sind aber keine schottischen Anschlüsse?«

Larry Wang kicherte wieder. »Nein, China.«

»Sie haben Whiskys in Ihrer Heimat erworben?«

»Ja.«

»Auch diejenigen, die auf Mister Witherspoons Liste stehen?«

»Weiß nicht.«

»Könnten Sie sich die Liste ansehen?«

»Mache ich gerne.«

»Ich meinte, sofort.«

»Leider eilig wir«, mischte Larry Wang sich ein.

MacDonald begann die Geduld zu verlieren. »Sind Sie eigens nach China geflogen, um Whiskys zu kaufen?«

»FedEx.«

»Schön, und wer ist Ihr Partner auf der anderen Seite?«

»Privatmann und Whisky-Fachgeschäft.«

»Beide sind im selben Ort ansässig?«

»Bejing, Bejing.«

»Sprechen Ihre Geschäftspartner Englisch?«

»Englisch? Oh, jaja, schön.«

»Unauffällig weitergehen«, hieß es, als MacDonald zur Bushaltestelle ging.

»Mister Witherspoon!« Ein verbrauchtes Scherzchen, um einen erfahrenen Detektiv zu stoppen. »Wollten Sie nicht nach Hause fahren?«

»Ich war noch shoppen.« Witherspoon hob zwei Sainsbury's-Tüten in die Luft. »Tee, Kaffee und einiges mehr. Sie können froh sein, keine bessere Hälfte zu haben. Wie ist es gelaufen?«

»Tony Wang hat mir zwei Telefonnummern gegeben. Er hatte allerdings den Zettel verfasst, bevor ich ihm die Liste gab.«

»Elender Halunke! Lassen Sie uns gleich anrufen!«

»Auf offener Straße würde ich das ungern machen.« Vor allem aber wollte er den erregten, vermutlich gleich wieder schimpfenden Mister Witherspoon loswerden.

»Soll ich übernehmen, Mister MacDonald?«

»Nicht nötig. Sowie ich im Hotel bin, hänge ich mich an die Strippe.«

»Was wollen Sie machen?«

»Anrufen werde ich.«

»Einverstanden. Kann ich Sie mitnehmen?«

»Danke, nein, ich muss noch zur Princess Street.«

»Kein Problem, ich setze Sie ab. Im Wagen können Sie sich an die Arbeit machen.«

»Mister Witherspoon, leider habe ich noch einen Hauptberuf. Es wäre mir deshalb sehr recht, wenn ich die Telefonate erst später machen könnte, ja?«

MacDonald stieg aus dem Bus und ging in den Park beim Hotel, um zu telefonieren. Auf den winzigen Tasten seines neuen Mobiltelefons vertippte er sich unzählige Male. Die Nummern waren einfach zu lang! Bei der ersten Nummer nahm niemand ab! Beim anderen Anschluss hörte er das Besetztzeichen. Hielt jetzt auch noch die ominöse Limousine, die er bei Wangs Whisky-Party gesehen hatte, an der Bushaltestelle? Als er auf Straßenhöhe anlangte, drückte der Fahrer das Gaspedal durch. Drunter und drüber ging sein Leben! Karen hatte er völlig vergessen, und jetzt, wo Alberto auf seltsamen Wegen wandelte, sollte er besser in seinem Haus nach dem Rechten sehen. Im Hotel rief eine vertraute Stimme nach ihm. »Mister MacDonald, hallo-o.« Es war Mrs Ahearn, die entzückende junge Dame vom Empfang. Reflexartig überprüfte er die Position von Hemd und Jackett.

»Ich habe Nachrichten für Sie, Sir.«

»Erstaunlich, wo ich doch gar nicht so lange weg war.«

»Mein Vergnügen war es, die vier Mitteilungen anzunehmen. Ein Mister Witherspoon bittet um Rückruf. Eilig.«

»Steht auf jedem Ihrer Zettelchen dringend?«

»Nur auf den letzten drei. Wollen Sie die Infos?«

»Danke nein, ich verfüge über Mister Eiligs Nummer.«

Adam Witherspoon hatte eine Kopie des aktuellen Ausstellungskataloges geschickt und MacDonald studierte die Angaben zu den offerierten Whiskys, als ihm ein merkwürdiges Detail auffiel. Die Stronachie-Destillerie war angeblich im Jahr 1880 gegründet und 1930 abgetragen worden. Lediglich die zweite Information traf zu. Gegründet wurde das Unternehmen aber im Jahr 1890. Ein einfacher Druckfehler? Eckdaten einer Destillerie wie Gründung und Schließung musste ein Mann in Gourlays Position überprüfen! Ein Bild war im Katalog nicht vorhanden. Ob das Auktionshaus sich den Replika-Whisky, der 2002 aufgetaucht war, hatte unterjubeln lassen? MacDonald ging nach dem Frühstück wieder in den Park und rief den Auktionator an.

»Wie soll ich das aus dem Stand sagen können, Mister … MacDonald?! Sie werden doch auch nicht sämtliche Whisky-Daten im Kopf haben? Schließlich gibt es Nachschlagewerke.«

»Zunächst einmal bin ich nicht für Ihren Auktionskatalog zuständig, Mister, äh … Gourlay, ja?! Wenn ich das jedoch wäre, würde ich es als Ehrensache betrachten, alle Daten mindestens zweimal zu überprüfen. So lernte ich es in meiner Ausbildung zum Redakteur.«

»Um welche Destillerie geht es?«

»Wie ich schon sagte, die Stronachie-Destillerie wurde im Jahr 1890 gegründet und nicht 1880!«

»Wegen einer solchen Marginalie regen Sie sich auf?«

»Kleinigkeit nennen Sie das? Wenn das so ist, schlage ich vor, Sie nehmen in Zukunft nur den Namen der Destillerie und den Preis auf. Dann gibt es weniger Fehler. Eventuell.«

»Mister MacDonald, ich bin heute Morgen nicht zum Dienst erschienen, um mich von Ihnen verspotten zu lassen.«

Die Bemerkung vom Dienst nach Vorschrift verkniff MacDonald sich. »Entschuldigen Sie bitte, Mister Gourlay. So habe ich es nicht gemeint.«

»Wir werden die Auflage nicht wegen eines einzelnen Fehlers einstampfen wollen.«

»Aus welchem Jahr stammen die beiden Flaschen der Stronachie-Destillerie?«

»Steht im Katalog«, antwortete Gourlay.

»Ich hoffe, Sie scherzen.«

»So etwas mache ich niemals.«

Eine weitere Ursache für sein verbiestertes Gesicht! »Das Gründungsdatum der Destillerie ist falsch. Deshalb läge es nahe, auch das Alter des Whiskys zu überprüfen.«

»Nur eine Behauptung von Ihnen, Mister …«

»MacDonald!«

»Bitte?«

»Mein Name ist Angus MacDonald!«

»Was ich sagen wollte, ist … jetzt habe ich den Faden verloren.«

»Machen Sie sich nichts daraus. Das kommt in den besten Familien vor.«

»Danke für Ihren Zuspruch. Ich werde die Sache überprüfen.«

»Sagen Sie mir Bescheid?«

»Wenn es mein Zeitbudget erlaubt. Ansonsten sehen wir uns ohnehin bei der Auktion, wie ich annehmen darf?«

*»Es steckt mehr Freundschaft in einem Glas
Whisky als in einer Flasche Buttermilch.«*

Unbekannte Quelle

Der Gourmet lässt sich nicht in Bockshorn jagen

Auch neue Versuche, die Gesprächspartner in China zu erreichen, schlugen fehl. Informierte er Witherspoon zu beiden Fakten, würde er entweder einen Herzinfarkt bekommen oder Tony Wangs Anwesen stürmen. Im schlimmsten Fall geschähe beides. Emma Anderson also …

»Whisky-Consulting, Anderson am Apparat. Was kann ich für Sie tun?«

»Hier spricht Angus MacDonald. Im Drummonds-Katalog gibt es einige Unregelmäßigkeiten, über die ich gerne mit Ihnen sprechen würde. Außerdem wollte ich Sie bitten, mich zur Auktion zu begleiten.«

»Wann sollte das sein?«

»Nächster Montag, elf Uhr.«

»Können wir dazu noch mal telefonieren?«

»Schwierig. Wenn Sie keine Zeit haben, muss ich mich schnell nach adäquatem Ersatz umsehen.«

»Wann genau ist es?«

»Kommenden Montag!« MacDonald hörte Mrs Anderson mit etwas hantieren. Sie würde doch nicht einen fiktiven Termin vorschützen?

»Mister Angus?«

»Ja, bitte«, antwortete er möglichst streng.

»Ich wusste, dass etwas im Busch ist. Hab gerade in meinen Kalender nachgesehen.«

»Will heißen, Sie sind unpässlich?«

»Tut mir sehr leid, Angus-Mann. Ich mache es wieder gut. Okay?«

»Es hilft mir wenig, wenn Sie mich zur übernächsten Auktion begleiten.«

»Was? Nein, das meinte ich nicht! Muss jetzt Schluss machen.«

»Hallo. Hallo!« Nun hatte sie aufgelegt! Drehten alle Edinburgher durch? So ging das nicht weiter!

Eine halbe Stunde später stand er vor Emma Andersons Haus und klingelte. Sechs Parteien wohnten hier. Laut dem Klingelschild »Whisky-Consulting, Emma Anderson« befand sich das Büro im Erdgeschoss. Was sollte ein Gentleman tun? Perfekterweise wieder nach Hause gehen. Leider keine Option, die in Frage kam.

»Ay, was soll das?«, fragte ein Mann mit militärischem Haarschnitt, aus einem der unteren Fenster lehnend. Er trug einen neumodischen Kapuzenpulli, wie auch Thomasina Armour sie liebte. Die Ärmel hatte er bis zu den Ellbogen hochgewickelt, damit alle Welt die großflächigen Tätowierungen bemerkte. Vor den Fenstern hingen noch keine Gardinen, sodass MacDonald in ein großes Zimmer voller Umzugskisten, gestapelte in geschlossenem Zustand und geöffnete, kreuz und quer stehend, sehen konnte. Ein Soft Opening der besonderen Art!

»Ist Mrs Anderson zugegen?«

»Wer will das wissen?«

»Angus Thinnson MacDonald. Wenn Sie einverstanden sind, junger Mann. Ich kann natürlich auch einen Alias benutzen, wenn Sie das wünschen.«

»Warten Sie!«

»Sir, jawohl, Sir!« Das verwirrte ihn etwas, wie MacDonald befriedigt feststellte. Zwei Minuten später trat Emma Anderson aus dem Haus.

»Angus, was machen Sie denn hier?«

»Ihnen auch einen guten Tag, Mrs Anderson. Ich wollte Sie besuchen. Komme ich ungelegen?«

»Nach dem Gespräch vor wenigen Minuten hatte ich nicht mit Ihnen gerechnet.«

»Sie legten so abrupt auf, dass ich mir Sorgen machte.«

»Wie süß von Ihnen. Es ist alles in Ordnung. Wir haben nur sehr viel Arbeit.«

»Der junge Mann und Sie?«

»Ja.«

»Ein Bekannter von Ihnen?«

»Kann man so sagen.«

»Kennen Sie ihn gut?«

»Bitte?«

»Es ist nur, weil ich den Herrn eher für einen Armeeangehörigen denn einen Whisky-Kenner gehalten hätte.«

»Puh! Ja, Graeme ist Ex-Marine. Außerdem waren wir vor langer Zeit einmal liiert.«

»Jetzt arbeitet er für Sie?«

Sie nickte. »Security.«

»Werden Sie bedroht?«

»Können wir bitte ein anderes Mal reden?«

»Selbstverständlich. Ich will Sie nicht aufhalten. Das mit der Auktion ist Ihr letztes Wort?«

»Es geht wirklich nicht.«

Auf dem Weg zur Princess Street rief er bei Drummonds an, wählte anstelle Gourlays Durchwahlnummer eine beliebige Ziffernfolge, um einem zugänglicheren Menschen seine Frage stellen zu können. Ein Mister Lamont meldete sich und sprach im gleichen blasierten Ton wie der unprofessionelle Whisky-Einkäufer.

»Nein, Mrs Anderson arbeitet schon lange nicht mehr für uns. Es gab da einige Unregelmäßigkeiten, wenn Sie verstehen, was ich meine«, sagte der Mann hochnäsig.

»Nicht so richtig, Sir.«

»In die Details kann ich kaum gehen.«

»Hätten Sie etwas dagegen, wenn ich Mrs Anderson zur nächsten Auktion mitbringe?«

»Das steht außerhalb jeglicher Diskussion. Sie hat Hausverbot.«

»Hausverbot?«

»Sie hörten richtig.«

Es war also viel mehr vorgefallen, als Mrs Anderson ihm anvertraut hatte. Kein Wunder, dass sie so ausweichend antwortete!

Gourlay meldete sich natürlich nicht. Dafür versuchte Witherspoon mehrfach, ihn zu erreichen, bis MacDonald schließlich abnahm und ihm erklärte, dass er noch nichts erreicht hatte. Auch schlug er vor, die Auktion alleine zu besuchen (»Denken Sie an Ihr schwaches Herz, Sir.«).

»Sie haben Recht, MacDonald. Danke vielmals für Ihre Umsicht. Sie kaufen am besten zehn, zwölf Flaschen. Dann haben wir genügend Beweise dafür, dass Tony Wang ein Gauner ist.«

»Einverstanden, ich erwerbe genügend Whisky.«

Nach dem Gespräch ging MacDonald wieder in den Park, um sich die Beine zu vertreten. Wenn er Karen schon nicht erreichte, wollte er wenigstens ihrem Wunsch gemäß Kalorien verbrennen. Doch mit der Theorie war das so eine Sache, wenn einem nach wenigen Schritten der Schweiß auf der Stirn stand! Notgedrungen musste er sich auf eine Bank setzen. Er nahm die aktuelle Ausgabe des *Malt Whisky Yearbook* zur Hand. Bei Seite zwei raschelte es hinter ihm.

»Hallo!«

Wenn das wieder Larry Wang war, konnte er etwas erleben!

»Huhu, ich bin's!«

Miss Kidd, mit Schürfwunden im Gesicht und einem dicken Verband um den linken Arm. Vorerst würde er nicht fragen, wie sie dazu gekommen war. »Ich denke nicht, dass ich mit Ihnen reden möchte, junge Frau.«

»Bitte, doch!«

»Das letzte Mal bekam mir gar nicht gut.«

»Seien Sie nicht so nachtragend«, antwortete sie schmollend.

MacDonald musste unwillkürlich lachen. »Drollig sind Sie schon!«

»Ich wollte Ihnen nicht schaden, neulich im Hotel. Müssen Sie mir glauben. Es war dieser Italiener, der mich anheuerte.«

Öha! Jetzt wurde es interessant. »Wie heißt der Signore?«

»Man sagt Signor.«

»Nur wenn der Nachname folgt.«

»Was?«

»Ist nicht wichtig. Reden Sie ruhig weiter.«

»Ständig werde ich von euch Männern unterbrochen. Was glaubt ihr denn, wer ihr seid!«

»Miss Kidd, von mir haben Sie nichts zu befürchten.«

»Der Boss hat mich beauftragt, vor unserem Date mit dem anderen zu sprechen. Ein echter Kontrollfreak.«

»Welcher Boss denn?«

»Weiß ich doch nicht, wie der heißt.«

»Riecht er stark nach Knoblauch, mit schlechter Perücke?«

»Kennen Sie ihn?«

»Das wäre zu viel gesagt.«

»Viteljo oder so ähnlich heißt der andere.«

»Vitiello? Alberto Vitiello?«

»Stimmt, ja. Er scheint Sie gut zu kennen.«

»Das kann man wohl sagen.«

»Warum macht er dann gemeinsame Sache mit dem anderen?«

»Miss Kidd, es liegt mir fern, Sie zu mahnen, aber könnten Sie bitte zum Punkt kommen?«

»Viteljo hat mir ein paar Sachen über Sie erzählt, zur Vorbereitung unseres Dates.«

»Nennen Sie mir bitte ein Beispiel?«

»Sie haben viele Bücher?«

»Hm.«

»Fünftausend Kochbücher, wollte es gar nicht glauben.«

»Ja, und weiter?«

»Nach'm Date sollte ich wieder berichten.«

»Vitiello oder dem Knoblauch-Mann?«

»Beiden.«

»Taten Sie das?«

»Hab nur mit Knobi gesprochen. War genug. Gulio wollte mich vergewaltigen! Der Dreckskerl!«

»Wer ist Gulio?«

»Einer von den Leibwächtern. Knobi wollte unbedingt, dass Gulio mich nach Hause bringt. Wir saßen doch mitten in der Pampa!«

»In einer stillgelegten Fabrik?«

»Langsam werden Sie mir unheimlich, Sir.«

»Mister Knoblauch war mit dem Ausgang unseres … Dates nicht glücklich, wie ich annehme?«

»Nein, außerdem hat er mich gezwungen, einen Whisky mit ulkigem Namen zu trinken. Odden-dodden, oder so ähnlich.«

»Auchentoshan!«

»Von mir aus. Soll angeblich was Besonderes sein.«

»Hatten Sie den Eindruck, dass er sich gut auskennt in der Whisky-Welt?«

»Ob er gerne einen kippt? Glaub ich schon. Mir hat er eine doppelte Portion aufgezwängt.«

»Denken Sie, er hätte Interesse, günstig eine Destillerie zu erwerben?«

»Von Ihnen?«

MacDonald schüttelte den Kopf. »Warum erzählen Sie mir nicht einfach, was er gesagt hat? Es wäre einfacher, als mich alle möglichen Optionen aufzählen zu lassen.«

»Er macht einen Riesenzinnober nur wegen so 'n bisschen Whisky.«

»Warum kommen Sie jetzt erst auf mich zu?«

»Ich brauche dringend ein Versteck!«

»Leider kann ich Ihnen dabei nicht helfen.«

»Früher oder später werden die Kerle Sie auch bedrängen!«

»Mister Knoblauch ist sehr rege, macht mir schon länger Schwierigkeiten.«

»Sehn Se!«

»Nur weil wir beide vom selben Gangster bedroht werden, folgt daraus nicht, dass ich Ihnen helfen muss, Miss Kidd. Sie ließen sich freiwillig mit den Kerlen ein und wollten ihnen Material über mich liefern. Drittens haben Sie sehr wahrscheinlich mein Hotelzimmer und das Telefon verwanzt. Von meinem Laptop wollen wir nicht reden!«

»Was hätte ich denn tun sollen, mit einer Pistole am Kopf?«

»Man hat eine Waffe auf Sie gerichtet?«

»Das hätten die Gangster getan, wenn ich mich geweigert hätte!«

»Verraten Sie mir wenigstens, wo die Wanzen stecken!«
»Eine ist in Ihrem Handy drin, direkt an der SIM-Karte und dann gibt es noch das winzige Ding im Kleiderschrank oben links, unter dem Brett hinten.«
»Sie haben den Laptop unterschlagen.«
»Nein, weiß nur nicht, wie ich Ihnen helfen kann. Giulio hat mir eine CD gegeben und von der habe ich eine Datei runtergeladen. Der Rest ist zu hoch für mich. Irgendwas mit Troja.«
»Na, großartig!« Die rüde Abfuhr einer Dame in Not war unangenehmes Neuland für ihn. Aber wer konnte wissen, ob sie nicht immer noch in Diensten von Signor Knoblauch stand? Als sichere Erkenntnis konnte er von diesem Treffen nur mitnehmen, dass Miss Kidd Alberto und den Gangsterboss kannte.

Die Auktion bei Drummonds stand an. MacDonald war etwas mulmig zumute, was er sich nicht erklären konnte, und so nahm er nur ein kleines Frühstück zu sich, Schinken und drei Spiegeleier. Der Elfer-Bus hatte keine Mühe, über die Morningside Road zu gelangen, doch auf der Princess Street wurde es haarig. Von der Hanover Street aus schaffte er es gerade noch rechtzeitig, das Auktionshaus zu erreichen. Heute stand kein protziges Automobil vor dem Haus. Im Erdgeschoss meldete er sich an und erlebte eine Überraschung.
»Ich kann Sie leider nicht finden. Wie war der Name?«, fragte ihn eine Dame in konservativem, dunkelblauem Kostüm.
»MacDonald, Angus Thinnson MacDonald, der Erste!«
»Der Erste, sagen Sie?«
»Ein Scherz, Gnädigste. Der Rest trifft zu.«
Die Frau suchte weiter, stand demonstrativ auf und ging zu einem großen Regal mit Aktenordnern. »Nein, tut mir leid, Mister MacDonald. Sie sind nicht auffindbar.«
»Bemerkenswert, wo ich doch leibhaftig vor Ihnen stehe.«
»Ich sprach von Ihrer Akkreditierung.«
»Schon klar, was Sie meinen! Nichtsdestotrotz meldete ich mich an.«
»Ich glaube es Ihnen, Mister …«

»MacDonald! Nun, wie haben Sie es sich gedacht?«

»Klarer Fall, ohne Pass können Sie nicht zur Auktion.«

Angus haute sich die Faust in die linke Hand, dass es knallte. »Gourlay!«

»Wie bitte, Sir?«

»Ist Mister Gourlay zu sprechen?!«

Die Frau sah ihn mitleidig an. »Achten Sie auf Ihren Blutdruck.«

Der Gourmet schwieg. Was ging eine fremde Person seine Gesundheit an!

»Ich werde sehen, was ich machen kann.« Sie griff zum Telefonhörer.

»Danke vielmals.«

Zwei Minuten später stand Gourlay vor ihm. »Guten Tag. Was scheint das Problem zu sein?«

»Irgendjemand hat meine Anmeldung verloren!«

»Wie Sie wissen, ist der Einlass nur mit …«

»Ich schlage vor, Sie machen eine Ausnahme, Mister … Gourlay.«

»Warum sollte ich das tun?«

»Lassen Sie mich überlegen: Vielleicht als Zeichen Ihres guten Willens und Eingeständnisses des Fehlers?«

Gourlay flüsterte seiner Mitarbeiterin etwas zu, das nicht zu verstehen war. »Wir können eine Ausnahme für Sie machen, Mister MacDonald.«

»Überaus kulant von Ihnen.«

»Sie müssen nicht schnippisch werden. Solche Freundlichkeit widerfährt nicht jedem. Wenn Sie mich nun entschuldigen würden. Ich habe eine Auktion zu führen. Der Weg ist Ihnen ja bekannt.« In halbkreisförmigen Bewegungen, wie ein Wiesel, schlich sich der Auktionator davon. MacDonald bedankte sich bei der Dame und folgte Gourlay. Im Auktionsraum war kein Sitzplatz mehr frei und so blieb er nahe der Tür stehen, von zwei bulligen Security-Kräften scheel angesehen. Die waren ein Novum. Was hatte Gourlay vor? Bekannte Gesichter konnte er nicht ausmachen. Pünktlich begann die Veranstaltung. Der dritte Whisky war derjenige mit dem falschen Gründungsdatum der Destillerie.

»Meine sehr verehrten Damen und Herren. Unser nächstes Objekt ist ein Whisky von der Stronachie-Destillerie, gegründet im Jahr 1880.«

»Falsch!«

»Ruhe, bitte!«, sagte Gourlay und haute mit seinem Hämmerchen auf das Stehpult.

»Nein! Die Stronachie-Destillerie wurde im Jahr 1890 eröffnet«, korrigierte MacDonald. »Wieso zeigen Sie uns die Flasche nicht?«

»Noch einmal darf ich um Ruhe bitten, Sir.« Der Auktionator nickte ihm böse zu.

»Was Sie sagen, stimmt nicht, Mister Gourlay.«

»Mäßigen Sie sich.«

»Unerhört! Ich lasse mich nicht wie einen Grundschüler behandeln!«

»Gentlemen, walten Sie Ihres Amtes«, rief Gourlay und Angus MacDonald wurde zur Sensation des Tages.

»Die Gorillas schmissen Sie einfach raus?«, fragte Adam Witherspoon einfühlsam.

»Verkürzt gesprochen: ja«, sprach MacDonald in das winzige Mobiltelefon.

»Sie haben nicht eine Flasche Whisky gekauft?«

»Ich finde keine anderen Worte, um es zu erklären, Mister Witherspoon. Gourlay hat die Sache geplant. Zuerst ließ er meine Akkreditierung verschwinden, dann gab er sie mir zurück, um mich während der Auktion zu düpieren. Bezeichnend war auch, dass er die Flasche der Stronachie-Destillerie nicht präsentierte.«

»Denken Sie wirklich, dass er Replika-Whisky anbot?«

»Es könnte auch sein, dass der nachgebildete Whisky in eine alte Flasche gefüllt wurde.«

»Wir haben also keine neuen Beweise?«

»Tut mir leid, Mister Witherspoon. Ich habe alles versucht.«

»Kann ich nun endlich zur Polizei gehen?«

»Sehr wahrscheinlich ja. Aber die Hüter des Gesetzes müssen doch etwas in der Hand haben, bevor sie zur Tat schreiten können, oder?«

»Manchmal denken Sie zu kompliziert, MacDonald.«

»Will heißen?«

»Theoretisch haben Sie Recht, aber in der Praxis besitze ich gute Kontakte.«

Um wenigstens an einer Front weiterzukommen, fuhr er zu Alberto. Aus irgendeinem Grund hatte Mrs Anderson nicht mit ihm über seine Verwicklung in den Fall geredet.

Vitiello stand vor dem Guest House, als ob er auf ihn gewartet hätte.

»Alberto, ich habe einige Fragen.«

»Si, ich höre«, erwiderte sein Freund larmoyant.

»Wir gehen besser rein.«

»Ich habe nichts zu verbergen, und auch heute haben wir wieder einen schönen schottischen Tag mit tollen sieben Graden im Schatten!«

»Hast du die beiden Damen auf mich angesetzt?«

»Si! Aus ehrbarem Motiv heraus. Ich muss verhindern, dass du zum eisernen Junggesellen wirst.«

»Das steckt also dahinter? Wie gut kennst du Mister Londero?«

»Wie bereits erwähnt, überhaupt nicht.«

»Ich sah dich aber unlängst mit den Wangs und Londero im Amarone!«

»Es war das einzige Mal, dass ich ihn traf.«

»Ich vermute, dass er in den Handel mit falschen Whiskys verstrickt ist.«

»Warum hast du mir nichts davon erzählt?«

»Der Herr wollte auf keinen Fall beim neuen Fall mitarbeiten!«

»Habe ich das gesagt?«

»Mehr als einmal. Wie bist du zu den beiden Damen gekommen?«

»Inserat im ›Scotsman‹.«

»Das habe ich gar nicht gesehen.«

»Liest du die Kontaktanzeigen?«

»Ehrlicherweise nein. Hm, das bedeutet aber, Londero hat sie auch studiert und Miss Kidd zu dir geschickt, vielleicht auch Mrs Anderson. Sie unterstützte mich beim Fall.«

»Seht ihr euch noch?«

»Nein, ja, äh, es gab da eine Unstimmigkeit, die ich mir nicht erklären kann. Nun zu etwas anderem, Alberto. Maria und ich machen uns Sorgen um dich.«

»Habt ihr hinter meinem Rücken getratscht?«

»Geredet haben wir. Da ist nichts dabei. Maria kenne ich ebenso lange wie dich.«

»Si, und worum ging es?«

»Hast du eine Freundin?«

»Porca miseria! Du spinnst wohl! No!«

»Was ist mit der jungen Chinesin?«

»Sie ist eine Freundin der Wangs und hat mir Familienrezepte überlassen.«

»In Jamie Olivers italienischem Restaurant?«

»Essato.«

»Das kannst du doch nicht ausstehen?«

»In der Not frisst der Teufel Fliegen. Es war ein besonderer Wunsch der Wangs, dort zu essen. Eingeladen haben sie mich auch. Wie sollte ich da ablehnen?«

»Und das Amarone?«

»Dito.«

»Solche Aufregung nur wegen ein paar Rezepten!«

»Ich habe mich ja nicht aufgeregt.«

»Warum hast du Maria nichts davon erzählt?«

»Es sollte eine Überraschung sein. Sie hat bald Geburtstag, und weil sie doch immer sagt, ich müsste mich mehr entspannen, ein Hobby finden, wollte ich alles ausdrucken und schön binden lassen.«

»Bist du erfolgreich gewesen?«

»Assolutamente no!«

»Die Dame hat dir nichts gegeben?«

»Doch, ein Dutzend Rezepte. Als Koch kam mir vieles davon komisch vor, zumal ich schon chinesische Gerichte zubereitete. Also ging ich zur Buchhandlung Waterstones, um in seriösen Büchern nachzulesen. Mein Verdacht bestätigte sich. Sie muss alles von irgendeiner Amateurseite im Internet abgeschrieben oder selbst gedichtet haben!«

»Hast du sie darauf angesprochen?«

»No!«

»Du hast sie nur im Beisein der Wangs getroffen?«

»So ist es. Wie käme ich dazu, mich alleine mit jungen Frauen zu treffen?«

»Haben die Wangs nach mir gefragt?«

»Ständig. Aber ich erzählte nichts. Schließlich bist du mein bester Freund, Angus. Stecken die Wangs mit diesem Londero unter einer Decke?«

»Es deutet einiges darauf hin. Wohnt Larry Wang noch bei dir?«

»No, hat uns vor zwei Tagen verlassen. Er hat gesagt, dass du unser Haus empfohlen hast.«

»Hätte ich das nicht tun sollen?«, fragte MacDonald und war sehr stolz, nicht zu lachen.

»Doch, ich wollte mich nur bedanken. In Zeiten der Billighotels sind wir über jeden Gast glücklich.«

»Fast jeden, oder?«

»Es ist nicht alles schlecht an den Wangs. Wir haben uns jedenfalls gut amüsiert. Vielleicht irrst du dich auch in ihnen, Angus.«

»Wollen Sie nun teilnehmen, oder nicht?«, fragte Witherspoon.

»Sie sind sicher, dass es erlaubt ist?«, fragte MacDonald, der ihn nach dem Treffen mit Alberto angerufen hatte. Woher kam dieser seltsame Lärm auf Witherspoons Seite? »Immerhin handelt es sich um einen Polizeieinsatz, und Ordnungshüter lassen sich nicht gerne bei der Arbeit stören.«

»Also, nein?«

»Hm, Sie haben Recht. Ich sollte besser dabei sein.«

»Eben, das meine ich doch auch! Treffen wir uns vor Ort?«

Wegen heftigen Verkehrs erreichte MacDonald erst eine Stunde später Wangs Anwesen und sah nur noch das Ende der Aktion. Polizeiwagen standen kreuz und quer. Das Haus war mit Signalband vor unbefugtem Betreten geschützt. Witherspoon trug eine orangefarbene Signalweste wie vom Straßenbau und redete mit einem Polizeibeamten. Als er MacDonald sah, winkte er. »Sie sind reichlich spät!«

»Das sehe ich. Sprachen Sie von hier aus mit mir?«

»Was bitte?«

Er hatte schon bessere Darbietungen erlebt. »Wenn ich es mir recht überlege, hörte es sich am Telefon so an, als ob Sie bereits hier seien.«

Adam Witherspoon hob die Hände. »Ich erblasse in Ehrfurcht, MacDonald. Aber wollen Sie nicht wissen, wie es lief?«

»Doch, natürlich. Waren die Wangs zu Hause?«

»Nein, die Haushälterin hat uns reingelassen. Wir haben Unterlagen, Flaschen und Klebstoff sichergestellt.«

»Wie viele Whiskys wurden denn gefunden?«

»Etwa fünfzig.«

»Das ist nicht viel.«

»Den Rest wird er in seinem Lager verwahren, schätze ich. Auch ein Fälscherbuch ist da, mit Formeln, Mengenverhältnissen und eingescannten Etiketten. Vielleicht wollte er das Ding einem Verlag anbieten und Ihnen als Autor Konkurrenz machen! Haha.«

»Können Sie Chinesisch?«, fragte MacDonald, den mittelmäßigen Spaß ignorierend.

»Nein, aber die Haushälterin! Ein vereidigter Übersetzer wird alles bestätigen können.«

»Wo ist Wang?«

»Auf der Flucht. Flughäfen und Bahnhöfe werden bereits überprüft.«

»Eines müssen Sie mir bitte erklären, Mister Witherspoon.«

»Ja, bitte.«

»Ich verstehe nicht, warum Sie mich kontaktierten.«

»Sie sind ein sehr netter Mensch, mit dem man sich vorzüglich über Whisky unterhalten kann.«

»Herzlichen Dank, aber die Polizei stürmte doch das Anwesen ohne mich.«

»Sie machen einen Denkfehler. Ich habe keine direkten Kontakte zu den Hütern des Gesetzes. Vielmehr kostete es mich viel Mühe und Zeit, um über mehrere Ecken hierher zu gelangen. Es war außerdem kein Schaden, in der Zwischenzeit so viel Beweise wie möglich zu sammeln.«

»Hm.«

Witherspoons Halsadern schwollen an. »Was soll das bedeuten?«

MacDonald fürchtete weitere Insultationen. »Nichts, ich habe nur laut gedacht.«

»Whisky ist etwas Heiliges. Man darf ihn nicht verhunzen! Sie kämpfen doch selbst für authentisches Essen und Trinken, MacDonald.«

»Natürlich, das stimmt. Ich hätte mich nur gefreut, eingeweiht zu werden.«

»Glauben Sie es ruhig, Ihre und Mrs Andersons Expertise bestärkten mich darin, die schweren Geschütze aufzufahren.«

Etwa eine Woche später wurde Wang in einem Häuschen außerhalb Edinburghs verhaftet. MacDonald rief den jungen Mann im Gefängnis an. Natürlich wäre es netter gewesen, ihn zu besuchen, aber das brachte er nicht über sich. Strafvollzugsanstalten deprimierten ihn zu sehr. Außerdem kannte er den Herrn so gut auch wieder nicht.

»Wie geht es Ihnen, Mister Wang?«

»Den Umständen entsprechend, wie man so treffend sagt.«

»Ist das Essen in Ordnung?«

Tony Wang brach in ekstatisches Gelächter aus. »Sie haben Humor, Mister MacDonald. Graue Pampe auf weißem Teller! Ich habe bislang keinen getroffen, dem es schmeckte. Aber ich bin ja noch nicht lange hier.«

»Warum sitzen Sie hinter Gittern, Mister Wang?«
»Man sagt mir nach, Whisky gefälscht zu haben.«
»Ja, das weiß ich. Dennoch …«
»Ich bin auch illegal.«
»Was Sie nicht sagen!«
Wang lachte wieder. »Sie verstehen nicht, wie ich das meine?«
MacDonald stimmte in das nette Gelächter ein. »Leider nein.«
»Ich besitze keinen gültigen Pass.«
»Sie sind doch schon einige Jahre im Land?«
»Schon, ja, aber mein Visum ist vor langer Zeit abgelaufen. Unser Adam ist gut vernetzt. Ich wünschte nur, er hätte mir Bescheid gesagt, damit wir die Missverständnisse klären können.«
»Darf ich daran erinnern, dass wir über das Thema sprachen?«
»Lieber MacDonald, Sie erhielten zwei Telefonnummern von mir.«
»Keine der beiden funktionierte.«
»Haben Sie sich eventuell verwählt?«
»Obwohl das bei den Bandwurmnummern gut möglich wäre, muss ich verneinen. Bei einem Anschluss kam immer nur das Besetztzeichen und beim anderen nahm niemand ab. Mister Wang, sind Sie noch dran?« MacDonald vernahm einen aggressiven Wortwechsel. »Alles in Ordnung?«
»Hallo, ich bin wieder da. Einer meiner Mitbewohner beanspruchte das Telefon.«
»Müssen wir Schluss machen?«
»Noch nicht. Ich habe den Gentleman bestochen. Einem kleinen Menschen wie mir bleibt nichts anderes übrig. Was wollen Sie noch wissen, Sir?«
»Die Telefonanschlüsse in China …«
»Mister MacDonald, ich liebe Whisky. Das müssen Sie mir glauben!«
»Ich zweifelte niemals daran und gehe davon aus, dass Sie mich aus ehrbaren Motiven einluden. Es sei denn, Sie wollten mir auch Whisky verkaufen …«
»Scotch ist für mich ein Kunstwerk …«

»… komponiert aus vielerlei inspirativen Quellen.«

»Wie meinen Sie das, Mister MacDonald?«

»Mein Freund Alastair Carnegie schreibt das in seiner Autobiographie.«

»Ich kenne allerdings jemanden, der unser Getränk mehr hasst als liebt.«

»Ist der Mann Italiener?«

»Jawohl.«

»Kannten Sie auch Mister Somerled?«

»Von Imperial Whiskys?«

»So ist es. Er kam auf tragische Weise ums Leben. Hätte Ihnen das ebenfalls passieren können, Mister Wang?«

»Müssen wir mit einem Verkehrsunfall nicht täglich rechnen? Ich natürlich nicht mehr, haha!«

»Sie arbeiteten für den italienischen Gentleman?«

»Erwarten Sie, dass ich mich selbst belaste, Mister MacDonald?«

»Natürlich nicht. Aber vielleicht haben Sie noch eine Rechnung mit jemandem offen. Wollen wir es so machen, dass Ihr Schweigen ja bedeutet? Hallo?«

»Ich habe gerade geschwiegen, haha.«

»Gott sei Dank haben Sie Ihren Humor nicht verloren, Mister Wang. Ich denke, Londero hat Sie gezwungen, Whiskys zu fälschen. Ihre Küche war nicht der einzige Platz, an dem gearbeitet wurde. Außerdem hat er Ihnen eine gefälschte Identität geliefert, inklusive Bruder Larry und einem Salär. Ist Larry überhaupt Ihr Bruder?«

»Schweigen«, sagte Wang lachend.

»Sie und der italienische Herr kauften bei Imperial Whiskys ein, wo Mister Somerled Sie miteinander bekannt machte. Mister Somerled verkaufte auf eigene Faust Whisky aus den gefälschten Beständen. Das konnte Londero nicht tolerieren, und wir wissen, wie es ausging. Auch hat er Auchentoshan zahlreiche Fake Whiskys aus Ihrem Labor verkauft. Er und seine Leute gingen ein und aus in der Destillerie. Auch die Scotch Malt Whisky Society erhielt Fake Whisky. Halfen Sie dabei, ein Fass auszutauschen?«

»Ich bleibe stumm.«

»Wurden gängige Single Malts oder seltene ältere Tropfen gefälscht? Lässt sich mit dem einen mehr verdienen als mit dem anderen?«

»Ich würde sagen, das hinge von der jeweiligen Menge ab, auch von den Interessen des Auftraggebers.«

»Da haben Sie wohl Recht, Mister Wang. Interessant wäre zu wissen, wo sich das große Labor und die eisernen Reserven befinden. Wollen Sie mir darauf vielleicht direkt antworten?«

»Trotz meines Aufenthaltes hier bin ich noch nicht lebensmüde geworden.«

»Wenn sie Londero ans Messer liefern, verkürzt sich ihr Strafmaß.«

»Lieber Mister Angus, vorher endet mein Leben. Sie erwähnten vorhin Mister Somerled.«

»Also gut, ich danke Ihnen für das Gespräch. Wenn ich irgendetwas für Sie tun kann, rufen Sie mich bitte an.«

»Eine Sache fällt mir spontan ein …«

»Ja?«

»Würden Sie Adam bitten, seine Klage zurückzuziehen?«

»Leider sind mir die Hände gebunden.«

»Die Hände gebunden! Haha, das ist lustig für einen, der hinter Gittern sitzt.«

»Mister Witherspoon ist determiniert, die Sache zur Verhandlung zu bringen. Ach, noch eine Sache, Mister Wang. Ich erwarb in der Auchentoshan-Destillerie eine Flasche 24-Jährigen. Wie sich herausstellte, ebenfalls ein Fake Whisky.«

»Ich war es nicht!«

»In dem Fall denke ich mir, dass ein gewisser italienischer Herr sich ein fragwürdiges Späßchen erlaubte und neben dem Fass auch Flaschen im Auchentoshan-Shop vertauschte.«

MacDonald konnte nicht sicher sein, dass Wang die Wahrheit sagte, und rechnete damit, dass der junge Mann, eingeschüchtert durch den Gangsterboss, bei der Gerichtsverhandlung schweigen würde. Wie war Gourlay und Londero beizukommen? Für diese Denksportaufgabe hatte er sich eine schöne Tasse Tee im Hotelfoyer verdient. Er schlenderte den langen Flur entlang und ging gemächlich die Treppe nach unten. Auf seinem liebsten Platz saß eine junge Dame: Mrs Anderson winkte ihm zu! Jahrzehnte der praktizierten Höflichkeit ließen ihn ebenfalls winken. »Hallo, Mister MacDonald. Zu mir bitte.« Sie trug wieder ein Businesskostüm, dazu Wildlederschuhe mit Tigermuster. Mut konnte ihr niemand absprechen, dachte MacDonald. »Mrs Anderson, wie schön, Sie zu sehen.«

»Sie sind ein Charmeur! Ich hätte auch liebenswürdiger Heuchler sagen können, denn ich kann mir nicht vorstellen, dass Sie sich so sehr freuen, wie Sie sagen.«

»Haben Sie schon etwas bestellt?«

»Tee, zweimal.«

»Ist der Service so nachlässig?«

»Im Gegenteil. Sie waren schnell da. Hab allerdings beide Kännchen schon ausgetrunken.«

»Darf ich fragen, wie lange Sie bereits hier sitzen?«

»Etwa zwei Stunden.«

»Warum haben Sie mich nicht angerufen?«

»Ich war mir nicht sicher, wie Sie reagieren, so schnell, wie ich Sie das letzte Mal verabschiedete.«

»Da lagen Sie gar nicht so falsch, meine Liebe!«

»Auweia, das hört sich nicht gut an.«

»Sagen Sie mir bitte ehrlich, warum Sie bei Drummonds Hausverbot haben.«

»Das wissen Sie?«

»Mrs Anderson, ich bin Detektiv.«

»Wegen sexueller Belästigung. Gourlay wollte mich sogar verklagen. Heute denke ich, dass er bluffte.«

»Die gesamte Geschichte vielleicht?«

»Nachdem ich ihn bloßstellte, kam er in mein Büro, um Dampf abzulassen. Ich konnte ja nicht wissen, dass er das Gespräch heimlich aufnimmt und später alles für ihn Negative löscht!«

»Was um alles in der Welt sagten Sie denn zu ihm?«

»Nur, dass er seine Panties im Sixpack bei Marks & Spencer kauft!«

MacDonald vergewisserte sich, dass an der Rezeption niemand etwas mitbekommen hatte. »Habe ich richtig verstanden? Sie warfen Gourlay vor, dass er seine, äh, Unterbekleidung im halben Dutzend erwirbt?«

»Die Unterhosen, und das war kein Vorwurf, sondern eine simple Feststellung. Im Sommer hatte er einmal so eine dünne, durchsichtige Leinenhose an, darunter rote Unterwäsche, wie sie immer in die Sixpacks gemischt werden.«

»Sonst hatte er nichts gegen Sie in der Hand?«

»Zwei, drei Fluchworte.«

»Aber das alles hätten Sie mir sagen können.«

»Wie hätte ich denn zufällig auf dieses Thema kommen sollen? Mister MacDonald, ich fluche wie ein Bürstenbinder und dabei geschah einmal Folgendes … Sie werden es nicht für möglich halten, aber das wäre mir peinlich gewesen.«

»Muss ich noch etwas wissen?«

»Wow! Ich komme wir vor wie bei einem TV-Quiz. Was kann ich gewinnen?«

»Den Preis für Redlichkeit.«

»Eine Tasse Kaffee wäre mir lieber.«

»Meinen Sie das ernst?«

»Haben Sie schon mal erlebt, dass sich jemand zum Spaß eine Tasse Kaffee wünscht?«

»Nein.«

»Sie gehen also auf mein Begehren ein?«

MacDonald errötete.

»Ich rede immer noch vom Koffein! Wollte nur mal testen, ob ich wie Sie sprechen kann.«

»Junger Mann, zwei Kännchen Kaffee, bitte«, rief er dem Kellner zu. »Ich habe Indizien, die darauf hindeuteten, dass Sie Mister Londero kennen, Mrs Anderson.«

»Jetzt wird es spannend. Schießen Sie los!«

»Mein Freund Alberto Vitiello briefte Sie für ein Treffen mit mir?«

»Spielt es eine Rolle?«

»Auf jeden Fall!«

»Angus-Mann, fragen Sie doch nicht so kompliziert! Vitiello bat mich, Ihnen das niemals zu erzählen. Also zögerte ich. Das ist doch normal.«

»Stehen Sie auch in Diensten von Londero?« So, jetzt war es raus. »Was ist denn mit Ihnen, Mrs Anderson. Sie sind ja ganz weiß im Gesicht.«

»Wären Sie auch, wenn man Sie fragte, ob Sie sich prostituieren!«

»Gütiger Backofen! Wer sagt denn so etwas?«

»Na, Sie!«

»Ich wollte nur wissen, ob Londero Sie angestellt hat, mich auszuspionieren.«

»Ihr Freund Vitiello hat inseriert. Ich konnte doch nicht ahnen, dass er den anderen Italiener kennt!«

»Warum nehmen Sie an, dass die beiden miteinander bekannt sind?«

»Hab nur mal geraten. Italienische Gemeinschaft in Edinburgh und so.«

»Mein Freund Alberto verschaffte mir zwei Rendezvous. Da die erste Dame für Londero spionierte, dachte ich, dass …«

»… Emma Anderson ebenfalls ein Spion ist, so eine Art Lockvogel. Herzlichen Dank! So lange ist es noch nicht her, dass mich der ehrenwerte Angus bat, ihm als Co-Detektivin zu assistieren!«

»Ich bitte um Verzeihung«, sagte MacDonald zu Mrs Andersons leerem Ohrensessel und dann zum Parkplatz gewandt, wo sie in ihren Wagen stieg. Das hatte er von der direkten Fragerei! Fast immer waren die Menschen, die sich ihrer Offenheit rühmten, schnell auf der Palme, wenn man mit ihnen so redete.

Bei der Lektüre des »Scotsman« rieb er sich die Augen und beschloss, nächstens Kaffee statt Tee zum Frühstück zu nehmen, damit er besser wach wurde und nicht halluzinierte. Stand da schwarz auf weiß, dass die Versteigerung von Wangs Sammlung 200.000 Pfund eingebracht hatte? Die Käufer würden ihr blaues Wunder erleben. MacDonalds mobiles Telefon vibrierte in der Jackett-Tasche. »Mister Witherspoon, wie schön von Ihnen zu hören.«

»Sie denken eher, was will der Alte schon wieder von mir!«

»Ich kann Ihnen versichern, dass …«

»Schon gut, MacDonald, ich nahm Sie nur ein bisschen auf den Arm.«

Das machten in der letzten Zeit zu viele Menschen!

»Hallo, Mackie, sind Sie noch dran?«

»Nein, Mackie steht außer jeder Diskussion! MacDonald, von mir aus auch Angus-Mann, aber keinesfalls Mackie!«

»Wann habe ich Sie denn Angus-Mann genannt?«

»Das war jemand anders.«

»Eine Frau?«, fragte Witherspoon erwartungsvoll.

»Lassen wir das. Ich hatte Gelegenheit, mit Mister Wang zu sprechen.«

»Sind wir weitergekommen?«

»Durch die Blume gab er alles zu, was wir vermuteten.«

»Großartig! Ich hoffe, Sie haben es mitgeschnitten?«

»Niemals würde ich so etwas tun, Mister Witherspoon!«

»Verzeihung. Fahren Sie fort, bitte.«

»Viel mehr habe ich nicht zu sagen. Weder wird Wang etwas zum Produktionsstandort sagen, noch sich selbst vor Gericht belasten.«

»Haben Sie gelesen, was Drummonds mit der letzten Auktion umsetzte?«

»Ein Skandal ist das! Wie sollen wir Gourlay beikommen?«

»Sie sind doch der Detektiv.«

»Sehr wohl«, antwortete MacDonald indigniert. »Es war auch nur eine rhetorische Frage.«

»Sie sind heute empfindlich wie ein kleines Baby.«

»Ich werde an der Verhandlung teilnehmen und einen Artikel über Tony Wang schreiben. Das müsste das ehrenwerte Auktionshaus hinreichend blamieren. Vielleicht entlassen Sie Gourlay dann als den Sündenbock.«

»Wollen Sie etwas Lustiges hören?«

»Ja, bitte.«

»Bei der Razzia wurden auch Gemälde sichergestellt. Er gab der Bank of Scotland die Schinken als Grundlage für ein Darlehen, wie mir Ian Mair sagte.«

»Das bedeutet, er war in Geldnot?«

»Richtig.«

»Werden die Anklagepunkte ausreichen?«

»Mein Anwalt ist ein Terrier. Der macht das schon. Ich habe ja Tonys Fake Whiskys. Dann gibt es noch die diversen Utensilien aus seinem Haus. Wir werden Wang nachweisen, dass er vorsätzlich handelte. Würde mich nicht wundern, wenn er die Gemälde doppelt verpfändet hätte. Dann sähe es noch schlechter für ihn aus.«

»Gibt es denn Indizien dafür?«

»Bislang nur Gerüchte.«

»Mehr wollen Sie mir nicht sagen?«

»Nur ein Wort: Drummonds.«

»Wang hat die Bilder auch noch an Drummonds verpfändet? Vielleicht wäre es wirklich besser, Sie ermitteln in Zukunft alleine, Mister Witherspoon?«

»Zugegeben, es macht mir großen Spaß. Lassen Sie uns über eine Detektei nachdenken.«

»Jetzt spaßen Sie wieder, ja?«

»Hoho, natürlich.«

»Und Londero?«

»Was soll mit ihm sein?«

»Sollte er nicht ebenfalls hinter Gitter?«

»Schwer zu machen.«

»Darf ich fragen, weshalb?!«

»Er scheint das Land verlassen zu haben.«

»Bye-bye Miss American Pie
Drove my Chevy to the levee, but the levee was dry
And them good old boys were drinkin' whiskey and rye
Singin' this'll be the day that I die
This'll be the day that I die.«

»American Pie« von Don McLean

Emma Anderson geht aufs Ganze

Noch eine Woche wohnte MacDonald im Braid Hills Hotel. Dann rief Handwerker MacCracken an und gab ihm die freudige Nachricht, dass alles installiert war. In MacDonalds letzter Hotelnacht klopfte jemand sanft an der Tür. Es war zwei Uhr und wie jeder Mensch, der tagsüber arbeitete, war er sehr müde. Es fiel ihm deshalb nicht schwer, das Geräusch in einen Traum zu integrieren. Beim Verlassen des Hotels fragte Miss Ahearn: »Hat Ihr nächtlicher Besuch Sie gefunden, Mister MacDonald?«

»Welcher Besuch?«

»Eine junge Frau. Emma Anderson heißt sie wohl.«

»Mrs Anderson wollte mich besuchen? In der Nacht?«

»Ich sagte ihr natürlich, dass Sie um diese Zeit zu ruhen pflegen. Doch sie war sehr beharrlich und gab nicht nach.«

»Sie haben Mrs Anderson zu mir geschickt?«

»Verzeihung, Mister MacDonald. Mir wurde der Eindruck vermittelt, dass Sie verabredet seien.«

»Zur Schlafenszeit? Nein, auf keinen Fall.«

»Es tut mir leid, dass Sie geweckt wurden.«

»Das macht nichts. Ich darf mich für den schönen Aufenthalt bei Ihnen bedanken.«

»Vielen Dank. Beehren Sie uns wieder.«

»Worauf Sie sich verlassen können.« Am liebsten hätte er Mrs Ahearn nach ihrer Telefonnummer gefragt. Doch das schickte sich nicht, und nachdem mitten in der Nacht eine junge Frau aufgekreuzt war, standen seine Karten ohnehin schlecht. Er trug seinen Koffer alleine zum Wagen, maßgeblich, um die junge Frau zu beeindrucken.

Vor seinem Haus stand ein fremder Wagen. Das war misslich, denn am liebsten hätte er es sich nun gemütlich gemacht. So schön das Hotel war, gab es doch keinen Ort wie das eigene Zuhause. »Hallo, Angus-Mann«, sagte Mrs Anderson und klopfte an seine Scheibe!

»Huh, wo kommen Sie denn auf einmal her?«

»Von meinem Auto. Haben Sie es nicht gesehen?«

»Doch, nur blieben Sie mir unbemerkt.«

»Wollen wir hoffen, dass sich das schleunigst ändert«, antwortete Emma Anderson mit herausforderndem Blick. »Ich bin gekommen, um mich für mein seltsames Benehmen im Braid Hills zu entschuldigen.«

»Äh, ja. Wollen Sie nicht für eine Tasse Tee reinkommen?«

Sie zwinkerte ihm schelmisch zu. »In die Höhle des Löwen? Mit Vergnügen!«

»Es könnte allerdings sein, dass es etwas staubig ist. Meine Putzfrau fuhr in einen wohlverdienten Urlaub.«

»Damit schrecken Sie mich nicht ab.«

Was hatte die Dame vor?, fragte MacDonald sich.

»Ist Ihnen eine Laus über die Leber gelaufen?«

»Aber nein, ich bin nur so froh, endlich wieder in den eigenen vier Wänden zu sein.«

»Natürlich, obwohl das Braid Hills ein wunderbares Hotel ist.«

»Oh, ja, mit einem prächtigen Frühstück.«

»Ups, wer ist das denn?«, fragte Mrs Anderson.

»Sir Robert, mein Mitbewohner.«

Der fuchsrote Kater schnurrte um ihre Beine.

»Das macht er sonst frühestens beim dritten Treffen.«

»Ich bin mit Katzen aufgewachsen. Er spürt, dass ich ihn mag. Wo ist denn mein Kleiner?«

MacDonald sah sich im Flur um, war fast erstaunt, dass alles in Ordnung war, zählte doch MacCracken nicht zu den altehrwürdigsten Handwerkern.

Anderson ging in die Hocke und kraulte Robert unter dem Hals, was er gefällig über sich ergehen ließ. »So ein Hübscher!«

»Schön, dass du hier bist, Robert.«

»War er ausgebüxt?«

»Nein, aber Mister Vitiello wollte ihn erst am Nachmittag vorbeibringen. Robert lebte als Logiergast bei ihm.«

»Im Guest House? Mit eigenem Zimmer?«

»Woher wissen Sie, dass Alberto ein Guest House besitzt?«

»Er hat es mir erzählt. Sie schauen schon wieder so ulkig. Wäre es Ihnen lieber, wenn ich gehe?«

»Aber nein. Wollen Sie mich in die Küche begleiten?«

»Schöne Einrichtung. Sie haben einen guten Geschmack!«

»Danke. In Küchen und Bibliotheken halte ich mich am liebsten auf. Deshalb ist es mir wichtig, dass sie ansprechend aussehen.«

Sir Robert miaute laut.

»Sieht so aus, als ob Ihr Mitbewohner Kohldampf schiebt.«

»Robert hat fast immer Hunger, was bizarr ist, denn ich bin nicht der Einzige, der ihn füttert. Die halbe Nachbarschaft kümmert sich um das arme, darbende Tier.«

»Gibt es jetzt Tee?«

MacDonald war so verwirrt ob der unvermittelten Frage, dass er erst den Kopf schüttelte und dann nickte. »Natürlich. Entschuldigen Sie bitte die Verzögerung.« Er drehte den Wasserhahn auf, doch es tat sich nichts. »Verflixt noch mal, was ist das denn jetzt?« Aus der Leitung drangen alberne Geräusche.

»Hört sich so an, als ob etwas mit Ihrer Wasserleitung nicht stimmt«, sagte Emma Anderson.

»Eben deswegen wohnte ich wochenlang im Hotel! Was denkt dieser MacCracken sich bloß?«

»Wer bitte?«

»MacCracken, der Klempner. Kennen Sie ihn?«

»Nein, aber nein. Woher denn?«

»Es hörte sich so an.«

»Quatsch!«

»Hatten Sie auch schon Probleme mit Ihren Rohren?« Oh, mein Gott, Angus, halt besser deinen Mund!, dachte er.

»Nö, so was mach ich selbst. Hab's von meinem Vater gelernt.«

»Ihr Papa ist Installateur?«

»Schockiert Sie das?«

Kaum, wo doch sein Vater im Lager eines Whisky-Geschäftes in Leith gearbeitet hatte, neben vielen anderen Tätigkeiten.

»Nicht im Mindesten.«

»Vielleicht ist das Wasser noch abgestellt.«

»Man versicherte mir, dass dem nicht so sei.«

»Soll ich mir die Sache mal ansehen?«

»Doch nicht in Ihren guten Sachen?«

Anderson sah an sich herunter. »Schlechte Idee?«

»Ich danke Ihnen dennoch für das Angebot.«

»So schnell geben wir nicht auf! Sie haben doch sicher alte Klamotten, in die ich schlüpfen könnte, oder?«

»Eventuell.«

Emma Anderson grinste ihn an. »Heißt das ja?«

»Ich verwahre noch Bekleidung von einer Observation. Sie ist im Obergeschoss.«

»Fein! Ich warte hier solange mit Sir Robert.«

MacDonald ging nach oben und hievte im Schlafzimmer einen Karton aus dem Kleiderschrank. In der Tat fand er einen Overall, den Alberto ihm aufgedrängt hatte.

»Haben Sie etwas Schönes für mich gefunden?« Emma Anderson stand vor ihm, ohne Schuhe. Ihre Bluse hing über den Rock und die obersten zwei Knöpfe waren geöffnet.

»Ich habe Sie gar nicht kommen hören.«

»So war es auch geplant.«

Ihr Blick verhieß nichts Gutes! Ein Unwohlsein eventuell?

»Keine Sorge, Angus-Mann. Ich habe nur Angenehmes mit Ihnen vor.«

»Hier bitte«, antwortete er verdutzt und reichte ihr den Overall.

»Den benötige ich vorerst nicht.«

»Mrs Anderson, wir können doch über alles reden. Was haben Sie vor?«

»Ist das nicht offensichtlich?« Sie dirigierte ihn zum großen King-Size-Bett, bis seine Beine daran stießen. Mit einem Schubser half sie nach und schon lag der große Gourmet auf dem Bett.

»Wir kennen uns kaum, Mrs Anderson, und ich bin deshalb nicht sicher, ob es so eine gute Idee ist.«

»Aber ich«, antwortete sie und sprang auf ihn, worauf das Bett mit menschlichem Ächzen zusammenbrach. Emma Anderson fing an zu lachen und hörte nicht mehr auf. Es geschah, was Mac-

Donald befürchtet hatte, sie klemmte sich einen Bauchmuskel ein und er musste einen Krankenwagen rufen. Die Sanitäter schoben sie gerade mit der Bahre in den Kombi, als Karen vorfuhr, die Situation falsch einschätzte und mit durchdrehenden Reifen das Areal wieder verließ! Dann tauchte auch noch Alberto auf. »Wie schön, dich zu sehen, mein Freund. Wie geht's?«

»Molto bene, ich habe mit Maria gesprochen und ihr alles erklärt.«

»Ihr seid also miteinander im Reinen?«

»Sisi.«

»Freut mich sehr, Alberto.«

»Deine Situation sieht allerdings etwas difficile aus.«

»So kann man es auch sagen.«

»Was hast du vor?«

»Mit den Damen, meinst du?«

»Nein, jetzt sofort.«

»Absolut nichts.«

»Wollen wir etwas trinken gehen? Ein Aufenthalt im Pub wird dich wieder auf Vordermann bringen.«

»Alberto, wo du nur immer diese exquisiten Ideen hernimmst! Bevor wir gehen, kredenze ich dir aber noch etwas Besonderes.«

»Einen schönen Vino Rosso?«

»Viel besser, Jim Beam Rye Whiskey.«

»Porca Miseria.«

»Ich weiß, dass du kein großer Freund der USA bist. Doch probiere erst mal.«

»Einverstanden. Weil du es bist.« Vitiello nahm einen Schluck, dann noch einen und schwieg, immer ein Zeichen dafür, dass ihm etwas mundete.

»Nun, habe ich zu viel versprochen?«

»Eccellente! Ich rieche Muskat und Minze, schmecke Roggen und … Vanille? Oder sind es Pflaumen? Als Finish dann wieder etwas Gewürz und Schokolade!«

»Eines wird mir bei deiner Beschreibung wieder klar. Wenn ein Whisky mundet, sollte er entsprechend charakterisiert werden.«

»Ein Beispiel, bitte.«

»Würdest du einen Scotch trinken wollen, der nach eingefetteten Reitstiefeln oder Nähmaschinenöl riecht?«

»Ma, no!!«

»Siehst du. Ich auch nicht.«

»Bevor wir gehen, segne ich noch deine Rohre«, verkündete Alberto lachend.

Rezepte

Haggis, Neeps and Tatties, neu betrachtet, Teil eins

Kartoffelroulade mit Haggisfüllung

Pikantes Rübengemüse

Karottenpickles

Kartoffelroulade mit Haggisfüllung

Kartoffeln einmal nicht als Beilage, sondern um das Nationalgericht Haggis zu umhüllen. Die Idee für dieses Rezept stammt von Vincent Klinks Kartoffelrouladenrezept, leicht variiert, bei Klink allerdings ohne Haggis.

Zutaten für die Füllung

   250 g Haggis
   ein TL schwarzer Pfeffer
   eine Zwiebel
   eine Karotte
   Pflanzenöl zum Anbraten
   fünf EL geriebener Cheddar

Zutaten für den Kartoffelmantel

   500 g mehligkochende Kartoffeln
   ein Ei, verrührt
   30 g geschälter Ingwer, mit etwas Wasser in der Küchenmaschine püriert
   Salz
   schwarzer Pfeffer
   80 g Kartoffelmehl
   Butter und Pflanzenöl zum Anbraten

Und so wird's gemacht

Den Haggis etwa zehn Minuten vor dem Zubereiten aus dem Kühlschrank holen und in eine Schüssel legen. Mit einer Gabel gut zerteilen und mit dem Pfeffer mischen.
Kartoffeln schälen und in Salzwasser gar kochen. Durch eine Kartoffelpresse drücken oder mit einem Stampfer sehr gut zerdrücken. Das Ei unterheben, dann Ingwer, Salz, Pfeffer und so

viel vom Kartoffelmehl, dass ein glatter Teig entsteht. (Bleibt noch Mehl übrig, kann es ggf. beim Ausrollen des Teigs darübergestreut werden.) Teig auf einem Geschirrtuch, besser noch, einem Stück gebutterten Backpapier auf etwa 50 Zentimetern Breite so dünn wie möglich ausrollen.

Zwiebel und Karotte möglichst klein schneiden und in Öl anbraten. Haggis dazugeben und einige Minuten braten. Kosten und ggf. noch einmal salzen und pfeffern. Dann die Füllung auf dem Teig bis zu den Rändern verteilen.

Den Käse oben auf streuen. Geschirrtuch bzw. Backpapier an beiden Enden anheben und den Teig vorsichtig aufrollen. Etwa fünf Zentimeter breite Rouladen abschneiden. Diese in Öl und Butter bei mittlerer Hitze auf beiden Seiten vier bis fünf Minuten braten.

Pikantes Rübengemüse

Steckrüben, Neeps in Schottland, sind bei uns weithin verpönt, wahrscheinlich weil sie in Notzeiten zu häufig auf den Tisch kamen. Doch ihren schlechten Ruf bekamen sie zu Unrecht.

Zutaten für zwei bis drei Portionen

   600 g Steckrübe
   Pflanzenöl zum Anbraten
   ein TL Sternanis, gemahlen
   ein TL Zimt, gemahlen
   ein halber TL Salz
   ein EL Weißweinessig
   ein halber TL Zucker

Und so wird's gemacht

Die Rübe schälen und in ein Zentimeter breite Würfel schneiden. In Salzwasser in etwa zwanzig Minuten gar kochen. Das Öl in einem großen Topf erhitzen. Die Gewürze dazugeben und kurz anbraten. Steckrüben abgießen, mit Küchenrolle abtrocknen und einige Minuten bei mittlerer Hitze in den Gewürzen braten.
Am Schluss Essig und Zucker dazugeben. Noch einmal rühren, dann vom Herd nehmen.

Karottenpickles

Es ließe sich vom Zauber des Einmachens sprechen: Im Laufe von zwei, drei Monaten saugen die Karotten einen Teil der Flüssigkeit auf, werden mürbe und aromatisch.

Zutaten für ca. 3 Gläschen à 440 ml

ein kg Karotten, geschält und in Scheibchen geschnitten (5 mm)
100 g frischer Ingwer, geschält und in Scheibchen geschnitten (3 bis 5 mm)
400 ml Apfelessig
250 g Bio-Zitronen, gewaschen, entkernt und kleingeschnitten
300 g Zucker
fünf EL Zuckerrübensirup
zwei EL helle Senfkörner
ein EL Kreuzkümmel
drei kleingeschnittene Chilis (entkernt) oder zwei EL Chili Flakes
vier EL Walnüsse, leicht zerstoßen

Alle Zutaten bis auf Chilis und Walnüsse in den Einmachtopf geben und gut rühren. Deckel auflegen und über Nacht relaxen lassen. Am nächsten Tag stark erhitzen, dann bei mittlerer Hitze zwanzig bis dreißig Minuten kochen, bis die Karottenstückchen weicher geworden sind. Chilis und Walnüsse dazu geben.
Noch einmal kurz aufkochen. Alle festen Bestandteile mit einer perforierten Schöpfkelle herausheben und in heiße, gerade sterilisierte Einmachgläschen füllen. Nach oben hin gut einen halben Zentimeter Platz lassen. Die Flüssigkeit darüber verteilen. Es sollte nichts herausschauen. Ggf. die Bestandteile mit einer Nadel anstechen, damit sie besser untertauchen.

Haggis, Neeps and Tatties, neu betrachtet, Teil zwei

Haggis-Chili-Cheeseburger

Irn-Bru-Senf

Neep Chips und Tattie Chips

Dreifruchtketchup

Haggis-Chili-Cheeseburger

Cheeseburger auf schottische Art, mit Haggis anstatt Hackfleisch.

200 g Haggis
eineinhalb TL Chili Flakes
ein halber TL schwarzer Pfeffer
ein halber TL Salz
ein TL Zuckerrübensirup
ein TL helle Sojasoße
zwei EL gemahlener Hafer (zweitfeinste Stufe einer Getreidemühle)
Rapsöl zum Anbraten
eine Scheibe Cheddar
ein Sesambrötchen
Irn-Bru-Senf (siehe das Rezept auf der folgenden Seite)

Und so wird's gemacht

Den Haggis zehn Minuten vor dem Zubereiten aus dem Kühlschrank holen und in eine Schüssel legen. Mit einer Gabel gut zerteilen. Die Gewürze dazugeben, dann Zuckerrübensirup, Sojasoße und Hafer. Alles gut vermengen. Einen Hamburger formen. Öl stark erhitzen und diesen auf beiden Seiten bei mittlerer Hitze mehrere Minuten braten. In der Zwischenzeit die Grillschlange im Backofen anschalten, den Käse auf den Burger legen und beides in den Backofen geben, bis der Käse geschmolzen ist. Wenn gewünscht, das aufgeschnittene Brötchen auch einige Sekunden unter die Grillschlange legen. Die obere Hälfte nach Belieben mit Irn-Bru-Senf bestreichen. Cheeseburger auf die untere Brötchenhälfte legen.

Irn-Bru-Senf

Ein körniger Senf mit Irn-Bru-Limonade, Schottlands alkoholfreiem Nationalgetränk, das gerne nach einer durchzechten Nacht getrunken wird.

Zutaten für ein 440-ml-Gläschen

130 g helle Senfkörner
225 ml Irn Bru
110 ml Apfelessig
eineinhalb TL Salz
ein TL grüner Pfeffer, gemahlen

Und so wird's gemacht

Alle Zutaten in eine Schüssel geben. Zwei Tage ziehen lassen, dann mit dem Stabmixer pürieren. In ein heißes, gerade sterilisiertes Gläschen geben und etwa einen Monat ziehen lassen.

Neep Chips und Tattie Chips

Weil der gefüllte Schafsmagen eine weiche Konsistenz hat, bereiten wir aus dem Gemüse krosse Chips – Pommes frites bzw. Navets frites würde man hierzulande sagen – zu. In Großbritannien werden diese nicht zwingend gleichmäßig geschnitten. Manche sind groß, andere kleiner, besonders schön ausgeprägt bei Fish and Chips. Hier ein Rezept mit praktikabler Größe.

Zutaten für vier Portionen

    250 g Steckrübe
    250 g Kartoffeln
    ein EL Pflanzenöl
    ein halber TL Salz
    ein EL schwarzer Pfeffer

Und so wird's gemacht

Den Backofen auf 200 Grad vorwärmen. Steckrübe und Kartoffeln schälen. In zehn Zentimeter lange und einen Zentimeter breite Stücke schneiden (Dicke: etwa ein halber Zentimeter). Zwei Minuten in Salzwasser blanchieren. Abtropfen lassen, mit Küchenrolle trocknen und in eine hinreichend große Auflaufform geben: Die Chips sollten alle nebeneinanderliegen. Etwa fünf Minuten in den Backofen geben, bis sie vollständig trocken sind. In eine Schüssel geben. Öl, Salz und Pfeffer dazugeben. Die Schüssel ordentlich schütteln, bis alle Chips mit Öl bedeckt sind. Dann wieder in die Form legen und etwa 45 Minuten im Backofen garen. Nach der Hälfte der Zeit wenden.

Dreifruchtketchup

Ketchup mit verschiedenen Obstsorten hat einen besonderen Geschmack und ist einfach zuzubereiten.

Zutaten für 2,5 l

Gruppe eins
  250 ml Apfelessig
  zwei Kilo geschälte und entkernte Äpfel
  ein halbes Kilo geschälte und entkernte Birnen
  ein halbes Kilo getrocknete Pflaumen
  100 g Zwiebeln, grob zerkleinert
  650 ml Tomatensugo
  100 ml Wasser

Gruppe zwei
  drei EL Zuckerrübensirup
  100 g Zucker
  drei EL helle chinesische Sojasoße
  sechs EL Tamarindenpaste
  ein TL schwarzer Pfeffer
  ein TL Salz
  ein TL Paprikapulver, süß

Apfelessig in einen großen Einmachtopf geben. Äpfel und Birnen schälen, vom Kerngehäuse befreien, kleinschneiden und nach und nach in den Topf geben. Dabei rühren, damit die Stücke nicht anlaufen. Pflaumen grob zerkleinern. Zwiebeln schälen und ebenfalls grob zerkleinern. Beides mit Tomatensugo und Wasser in den Topf geben.
Stark erhitzen, dann auf mittlerer Temperatur weiterkochen, bis das Obst weich ist und püriert werden kann. Pürieren. Zutaten der Gruppen zwei unterrühren. Kurz aufkochen. In heiße, gerade sterilisierte Gläser füllen und mindestens einen Monat ziehen lassen.

Vegetarische schottische und orientalische Küche vereint

Rote-Bete-Salat

Gerstentopf

Kürbis, süßsauer eingelegt

Rote-Bete-Salat

Auch Rote Bete sind in Schottland sehr beliebt. Der gelernte Koch und Food Ambassador für die Region Fife (nahe Edinburgh), Christopher Trotter, hat ihnen ein schönes Kochbuch gewidmet. Es heißt sinnigerweise »Beets«.

Zutaten für drei bis vier Portionen

  ein kg Rote Bete
  zwei bis drei EL Pflanzenöl
  zwei TL Chili Flakes
  ein TL Kreuzkümmel
  eineinhalb TL (geräuchertes) Meersalz

So wird's gemacht

Die Rote Bete unter fließend warmem Wasser mit einer Bürste gut abschrubben. Enden dranlassen, da die Rote Bete sonst »ausbluten«.
In Salzwasser ein bis eineinhalb Stunden (für extrem große Knollen) kochen. Kurz abkühlen lassen. Dann mit Küchenrolle abtrocknen. Schälen und in zwei bis drei Millimeter dicke Scheiben schneiden, anschließend halbieren. Das Öl in einer Pfanne stark erhitzen. Chili Flakes und Kreuzkümmel dazugeben. Die Pfanne hin- und herschwenken, dann die Rote Bete dazugeben und bei mittlerer Hitze einige Minuten braten, dabei hin und wieder rühren. Das Meersalz darüberstreuen.

Gerstentopf

Ein vegetarisches Gericht, das kalt fast ebenso gut schmeckt wie warm, einfach und schnell zuzubereiten ist und auch mit süßsauer eingelegtem Kürbis harmoniert.

Zutaten für zwei Portionen

> 250 g Gerstengraupen
> sechs Stangen Staudensellerie
> ein TL Salz
> ein TL Fenchelsaat, leicht gemörsert
> ein EL helle Sojasoße
> ein halber TL gemahlener Ingwer
> ein EL Zuckerrübensirup

Und so wird's gemacht

Gerste unter fließend warmem Wasser gut waschen. Sieben und in den Kochtopf geben. Wasser bis zwei Zentimeter über der Gerste einfüllen. Zum Kochen bringen, Staudensellerie in bissgerechte Stücke schneiden, mit Salz und Fenchel einrühren. Dann köcheln lassen. Nach zwanzig Minuten die Sojasoße dazugießen. Noch etwa zehn Minuten köcheln, bis die Gerste gar ist. Bei Bedarf Wasser nachfüllen. Ingwer und Sirup einrühren und kurz aufkochen.

Kürbis, süßsauer eingelegt

Der Kürbis ist in Schottland nicht nur an Halloween prominent. Hier ein Rezept für eine spezielle Art Pickles. Es funktioniert auch mit Zwetschgen oder Quitten (kürzere bzw. etwa gleiche Kochzeit).

Zutaten für zwei Einmachgläschen à 650 ml

500 ml Apfelessig
ein kg Hokaido-Kürbis, mit Schale
drei Sternanis
eine Zimtstange (15 cm lang)
10 cm frischer Ingwer, geschält und kleingeschnitten (3 bis 5 mm)
400 g Zucker

Essig in den Einmachtopf gießen. Kürbis gut waschen und abtrocknen. Mit einem Esslöffel Kerne und faserige Teile entfernen. In mundgerechte Stücke schneiden (2 bis 3 cm) und in den Topf geben. Stark aufkochen, Gewürze dazugeben und etwa 15 Minuten bei mittlerer Hitze weiterkochen, bis die Stücke gar sind. Den Zucker einrühren. Abermals aufkochen und noch fünf bis zehn Minuten bei mittlerer Hitze kochen.
Kürbisstücke und Gewürze mit einer perforierten Schöpfkelle aus dem Topf heben und in heiße, gerade sterilisierte Gläschen geben. Die Einmachflüssigkeit im Topf noch einmal aufkochen und in die Gläschen gießen. Darauf achten, dass keine Kürbisstückchen herausragen. Ggf. mit einer Nadel anstechen, damit sie besser untertauchen. Gläschen verschließen.

Whisky-Cordials: fruchtige Whisky-Drinks

Cordials sagt man seit eh und je nach, gut für das Herz zu sein. Einst wurden sie von zahllosen Heimapothekern mit Alkohol zubereitet! Hinzu kamen beispielsweise kultivierte oder wilde Früchte, auch Honig und später Zucker.

Andrew Usher sah als Kind seiner Mutter gerne beim Mixen von Cordials zu. Ob das den Anstoß für seine Erfindung Blended Scotch Whisky gab? Wie auch immer: Wir bereiten unsere Whisky-Cordials ohne Zucker zu, mit Scotch Whisky, Früchten und Gewürzen. Das Obst wird in ein dunkles (bzw. mit Packpapier abgeklebtes) Einmachglas mit mindestens 650 ml Volumen geschichtet, dann kommen Gewürze und Whisky dazu. Der Cordial wird umgerührt und verbringt die nächsten zwei Wochen mit geschlossenem Deckel im Kühlschrank, bis er gefiltert wird. In dieser Zeit wird alle zwei, drei Tage umgerührt.

Kirsch-Cordial

300 g Kirschen
zwei EL frischer (oder getrockneter) Lavendel
ein TL schwarze Pfefferkörner
300 ml Blended Scotch Whisky

Brombeer-Cordial

400 g Brombeeren
ein EL Sternanis
ein EL Korianderkörner
300 ml Blended Scotch Whisky

Mirabellen-Cordial

400 g Mirabellen (oder Zwetschgen/Pflaumen)
acht Wacholderbeeren
eine Zimtstange (etwa fünf Zentimeter lang)
375 ml Blended Scotch Whisky

Whiskys für den alltäglichen Geldbeutel, die Angus Thinnson MacDonald im Buch verköstigt

Auchentoshan, zwölf Jahre alt, Region Lowlands, Destillerie gegründet im Jahr 1823. Jahreskapazität: 2 Millionen Liter. S. 11

Glen Garioch, zwölf Jahre alt, Region Highlands, Destillerie gegründet im Jahr 1797. Jahreskapazität: 1,37 Millionen Liter. S. 17

Highland Park, zwölf Jahre alt, Region Highlands, Destillerie gegründet im Jahr 1798. Jahreskapazität: 2,5 Millionen Liter. S. 31

Springbank, zehn Jahre alt, Region Campbeltown, Destillerie gegründet im Jahr 1828. Jahreskapazität: 750.000 Liter. S. 36

Ardmore Legacy, ohne Altersangabe, Region Highlands, Destillerie gegründet im Jahr 1898. Jahreskapazität: 5,5 Millionen Liter. S. 38

Laphroaig, zehn Jahre alt, Region Islay, Destillerie gegründet im Jahr 1815. Jahreskapazität: 3,3 Millionen Liter. S. 59

Macallan, zwölf Jahre alt, Region Speyside, Destillerie gegründet 1824. Jahreskapazität: 11 Millionen Liter. S. 66

Rye Whisky von Jim Beam, Kentucky/USA, Destillerie gegründet im Jahr 1788. Jahreskapazität: Produktionszahlen gibt Beam-Suntory, der Konzern, zu dem auch Jim Beam gehört, nicht bekannt. S. 247

Die statistischen Angaben sind dem »Malt Whisky Yearbook« von Ingvar Ronde (s. Glossar) entnommen.

Seltene/teure Whiskys finden sich zum Beispiel in »101 Legendary Whiskys, You're Dying to Try But (Possibly) Never Will« von Ian Buxton (erschienen bei Headline). Auch ohne die Whiskys zu trinken/getrunken zu haben, macht es großen Spaß, in diesem Büchlein zu schmökern.

Glossar schottischer, britischer und whiskyhafter Begriffe

Bow Bar: Mehr als 300 Single Malts, dazu unzählige Biere vom Fass werden in dem kleinen, aber sehr feinen Pub in der West-Bow-Straße in der Old Town angeboten.

Canadian Whisky: Alles, was man über kanadischen Whisky wissen möchte/kann, steht im Standardwerk »Canadian Whisky. The New Portable Expert« (Random House, Kanada). Davin de Kergommeaux wird zurecht Kanadas inoffizieller Whisky-Botschafter genannt. Er beschreibt die großen Destillerien, zudem gibt es umfangreiche Informationen über Produktion und Geschichte sowie Geschmacksbeschreibungen von hundert kanadischen Whiskys; alles in einem flüssigen und angenehm lesbaren Stil verfasst.

Draff: Nach dem Einmaischen (Einweichen der Gerste mit Wasser) wird der feste Bestandteil, welcher übrig bleibt, »Draff« genannt, gerne an Kühe verfüttert. Zum flüssigen Teil, der »Wort«: siehe das Stichwort »Wash«.

Jackson, Michael (1942-2007): Der legendäre Whisky-Autor und -Journalist schenkte der Welt zahlreiche Artikel und Bücher, zum Beispiel den »Malt Whisky Companion«.

Kirchenfenster: So heißen die Schlieren, die im schräg gehaltenen Glas zurückfließen. Je älter der Whisky, umso langsamer geht das vor sich, mit dicken Schlieren. Im Englischen spricht man von »legs«, »Beinen«. Auch auf die Stärke des Scotch kann es hindeuten. Umgekehrt: Sind die Kirchenfenster dünn und schnell zurückfließend, ist der Whisky jünger bzw. nicht so kräftig.

Kühlfilterung: »Bezeichnung für ein Verfahren, das bei der Abfüllung von Whiskys in Flaschen angewendet wird. Whiskys enthalten sogenannte Congeners, bestimmte Stoffe, meist Fette, die sie unter bestimmten Umständen wolkig und trübe werden lassen, insbesondere, wenn sie kalt serviert oder mit Wasser verdünnt werden«, schreibt Walter Schobert kundig in seinem »Whisky-Lexikon« (Weltbild Verlag, S. 341). Die Produzenten kühlen die Whiskys deswegen auf fünf Grad herunter und filtern die fest gewordenen Stoffe heraus. Schobert weiter: »Das Problem ist nur, dass eben diese Stoffe auch Geschmacksträger sind.« Die Scotch Malt Whisky Society in Edinburgh wendete dieses Verfahren deshalb nie an.

Lord of the Isles: Vor dem Vertrag von Perth im Jahr 1266 wurden die westlichen schottischen Inseln von verschiedenen nordischen und gälischen Herrschern dominiert. Sie fühlten sich mehr den Königen von Norwegen als denen von Schottland verpflichtet. Somerled, der um 1117 geboren wurde, beugte sich weder Norwegen noch Schottland. Ihm allein sollten die westlichen Inseln unterstehen.

Malt Whisky Yearbook: Es gibt wenig (Whisky-)Bücher, die gleichermaßen Laien, Fortgeschrittene und Experten ansprechen und in keiner Sammlung fehlen sollten. Der jährlich erscheinende Band von Ingvar Ronde (MagDig Media Ltd) gehört zweifelsohne dazu. Auf den ersten fünfzig Seiten finden sich informative Artikel zu aktuellen und auch immerwährenden Themen. Auf 120 von knapp 300 Seiten werden dann die Malt Whisky Distilleries besprochen sowie ausgewählte Tasting Notes gegeben. Ein Rückblick auf das Whisky-Jahr und exzellente Statistiken/Tabellen runden das Buch ab.

Single Cask Whisky: Reiner und ursprünglicher kann ein Whisky nicht ins Glas fließen. Während für einen Single Malt Whisky Alkohol von 50 bis 100 Fässern verwendet wird (um die Kontinuität von Geschmack, Geruch etc. aufrecht zu erhalten), stammt Single Cask Whisky aus einem bestimmten Fass, von einer bestimmten Destillation, wird nicht kühlfiltriert (s. das entsprechende Stichwort) oder mit Wasser verdünnt, behält also seine Fass-Stärke (ca. 60 % Alkoholgehalt).

Spark, Muriel (1918-2006): Die überaus produktive Autorin stammte aus Edinburgh, verfasste Romane, Theaterstücke, Kinderbücher und Gedichte.

Stone of Destiny: Über Jahrhunderte durfte dieser Stein bei der Krönung schottischer Könige nicht fehlen. Im Crown Room des Edinburgh Castle kann er bewundert werden.

Treacle: Sirup, der bei der Produktion von Zucker entsteht. Die bekanntesten Sorten sind Golden Syrup und Black Treacle, der kräftig und leicht bitter schmeckt.

Warth, Ralph: MacDonald bezieht sich auf »Flüssiges Gold«, das er in der englischen Übersetzung mit dem Titel »Liquid Gold« (beide im Windsor Verlag erschienen) besitzt. Der Schweizer Warth, Geschäftsführer der auf Whisky-Anlagen spezialisierten RLW (Rare Limited Whisky LLC), nennt sein Buch auch Single Malt Scotch Investment Guide: »Ich empfehle dieses Buch als Lektüre und Nachschlagewerk jenen Personen, die Single Malt Scotch bereits als alternative Kapitalanlage für sich entdeckt haben, die neugierig sind, welchen Wert und welches Wertsteigerungspotenzial ihre bestehende Whisky-Sammlung birgt, und all denen, die einfach am Thema ›Anlagen in Whisky‹ interessiert sind« (S. 9). Warth bewertet nach objektiv nachvollziehbaren Kriterien Whiskys von 120 Destillerien. Mit den Beschreibungen der großen Whisky-Firmen umfasst dieser Teil über 580 von den 650 Seiten des Buchs. »Flüssiges Gold« ist das einzige Werk zum Thema und wird es, da kaum zu übertreffen, vermutlich auch bleiben.

Wash: Die zuckerhaltige Flüssigkeit, die beim Einmaischen entsteht, die so genannte »Wort« (Würze) wird in Washbacks mit Hefe gemischt, die den Zucker in Alkohol verwandelt: Diese bierähnliche, säuerliche und bittere Flüssigkeit hat einen Alkoholgehalt zwischen sieben und neun Prozent und wird »Wash« genannt.

Whisky Guide Deutschland (von Heinfried Tacke): Das deutsche Pendant zum Malt Whisky Yearbook (s. Stichwort). In dem umfangreichen, angenehm in der Hand liegenden Buch (Medienbotschaft Verlag) gibt es ebenfalls instruktive Artikel und einen Jahresrückblick. Doch das Augenmerk liegt auf deutschen Whiskys, Destillerien, Bars, Shops, Foren und Terminen. Wer sich mit heimischem Whisky befassen möchte, wird nicht enttäuscht werden.

Thema Fake Whisky/Falscher Whisky

Im Sommer des Jahres 2017 gedachte ein chinesischer Millionär, sich an einem Macallan-Whisky von 1878 zu erfreuen. Der Scotch, welcher ihm in einer St. Moritzer Hotelbar ausgeschenkt wurde, war jedoch nicht 140 Jahre alt, sondern knapp 50, stammte nicht von 1878, sondern bestenfalls aus dem Jahr 1970. Hätte das kleine Vergnügen (2 cl) nicht 10.000 Schweizer Franken gekostet, die höchste Summe, die jemals für einen Dram Whisky bezahlt wurde, niemand hätte sich darum gekümmert. Doch natürlich wurde umfangreich über die Geschichte berichtet. Der Hotelmanager las dann viel über Whisky, redete mit Experten und wurde schließlich stutzig, ob er beim Kauf der Flasche vielleicht übers Ohr gehauen worden war. Fachleute, die er beauftragte, bestätigten seinen Verdacht, und der chinesische Gentleman bekam sein Geld zurück. Nicht immer enden Geschichten über gefälschten Whisky derart:

Zwischen 2000 und 2002 erwarb Macallan 100 Flaschen antiken Whisky, von privaten Sammlern und in Auktionen. Diese Whiskys wurden weiterverkauft und auch als Vorlage zur Herstellung einer Replika-Serie verwendet. Die Destillerie publizierte ein kleines und feines Büchlein, »The Definitive Guide to Buying Vintage Macallan«. Rundum eine schöne Sache, bis dann Experten den 1861er-Jahrgang probierten und »bemerkenswert frisch und zeitgemäß« fanden. Netter lässt sich eine Fälschung kaum bezeichnen. Auch eine »Macallan & Talisker Distilleries Ltd«, wie sie auf dem Label prangte, war und ist niemandem bekannt. Macallan beauftragte zwei Experten, einen für Papier und einen weiteren für Keramik und Glas. Vier Flaschen kennzeichneten sie als Fakes. Der Rest, 96 Flaschen, wurde für echt befunden. Begründung: Flaschen und Etiketten stammten aus der genannten Zeit. Whisky-Experte Dave Broom sagte damals treffend: »Nur weil Leinwand und Rahmen aus dem 19. Jahrhundert stammen, muss das Gemälde nicht genauso alt sein.«

Im Jahr 2003 ließ Macallan Proben aus weiteren 16 Flaschen (von 1856 bis 1919) extrahieren und Laboruntersuchungen ausführen. Resultat: Alle 16 Whiskys wurden nach 1950 produziert. Veröffentlicht wurden die Ergebnisse erst 2004.

Wie die Episode im Schweizer Hotel zeigt, kann es immer wieder zu Nachbeben kommen. Mittlerweile ist auch klar, dass manche der Whiskys gerade einmal zehn Jahre alt waren/sind.

Es ist der Zeitpunkt gekommen, festzuhalten, dass die Geschichte über Auchentoshan, Glen Garioch etc. in diesem Buch mit sämtlichen Akteuren erfunden ist. Nur die Namen der Auchentoshan-Kühe sind echt. Alice VII Heather Hills Glenlivet, Alice of Kilpatrick, Alice III of Kilpatrick und Fiona XXIV Craigowmill haben auch schon Preise gewonnen. Wie wir also sehen, bieten sich Romanautoren immer wieder reale Ereignisse, welche die Imagination beflügeln. Für Tony Wang war es Rudy Kurniawan, ein Weinfälscher, der zu trauriger Berühmtheit gelangte und hinter Gittern sitzt.

Sammler seltenen Whiskys müssen aber nicht verzagen, sondern nur einige Regeln beachten. Die wichtigste lautet: Wenn es zu schön ist, um wahr zu sein, ist es meistens falsch. Dave Broom hielt auch fest, dass es bemerkenswert ist, eine einzige antike Flasche zu finden, und dann waren gleich hundert Macallan-Whiskys verfügbar!

Seltene Flaschen (ob Whisky oder Wein) sollten nicht unbedingt von einer Privatperson über das Internet bezogen werden, da das Risiko vergleichsweise hoch ist.

Jüngere Whiskys, beispielsweise zehn- oder zwölfjährige Single Malts, lassen sich im Zweifel mit anderen Exemplaren vergleichen.

Wenn der Scotch einen Alkoholgehalt von weniger als 40 Prozent hat, ist es keiner.

Weitere Hinweise sind im Roman zu finden.

Noch etwas: Macallan produziert hervorragende Single Malts! Wie auch Glen Garioch, Auchentoshan etc.